PAPERBACK

ペーパーバック版

THE FUTURE OF A RADICAL PRICE

FREE

フリー

〈無料〉から
お金を生みだす新戦略

Chris Anderson

クリス・アンダーソン

小林弘人＝監修・解説

高橋則明＝訳

NHK出版

アンへ

装幀　トサカデザイン（戸倉 巌、小酒保子）

フリー◎目次

デジタル世界のフリー

※本文中、（ ）は原注、〔 〕は訳註を表す。

※本文中の書名については、邦訳のあるものは邦題のみを、ないものは逐語訳に原題を初出のみ並記した。

コラム一覧

プロローグ

伝説のコメディーユニット、モンティ・パイソンのオリジナルメンバーでいまだ健在の面々は、自分たちのビデオがデジタル世界で大々的に著作権侵害に遭っていることに圧倒されていたが、二〇〇八年一一月にユーチューブに登場して、反撃ののろしをあげた。

この三年のあいだ、君たちユーチューブのユーザーは、われわれの作品を盗んでは何万本もの映像をユーチューブに投稿してきた。だが、今から立場は逆転する。われわれが主導権をにぎるときが来たのだ。

われわれは君たちが誰でどこに住んでいるか知っている。口にするのも恐ろしい方法で君たちを追跡することもできる。だが、われわれはとんでもなくいい人間なので、もっといい仕返しの方法を思いついた。それは、われわれ自身がユーチューブ上にモンティ・パイソンのチャンネルを立ち上げることだ。

もはや君たちが投稿してきた質の悪い映像は用なしだ。われわれが本物を届ける。そう、金庫室から持ち出した高画質の映像だ。さらに、人気の高い過去の映像だけでなく、新たに高画質にした映像も公開しよう。さらにさらに、それらはまったくの無料だ。どうだ！

しかし、われわれは見返りを要求する。

君たちの無意味でくだらないコメントはいらない。その代わりに、リンクページからわれわれの映画やテレビ作品を買ってほしい。そうすることで、この三年間、盗まれつづけてきたわれわれの苦痛や嫌悪感をやわらげてほしいのだ。

三カ月後に、この無鉄砲な無料映像配信の試みはどんな結果となっただろうか。モンティ・パイソンのDVDはアマゾンの映画とテレビ番組のベストセラーリストで二位にまで上がり、売上げは二三〇倍になった。

どうだ！

無料にした効果はあった。それも見事なほどに。噂は口コミで広まり、二〇〇万人以上がユーチューブに公開されたモンティ・パイソンの映像を見て、親は子どもたちに『ブラック・ナイト』や『デッド・パロット』のコントをおもしろいよとすすめた。視聴者は、自分たちがモンティ・パイソンをとても好きだったことを思い出し、もっと見たいとDVDを注文した。新たな映像やマッシュアップ〔複数のコンテンツを混ぜて新しいサービスや作品をつくること〕やリミックス版の人気が出て、新しい世代は「キラー・ラビット」が何を意味するのかを知った〔映画『モンティ・パイソン・アンド・ホーリ・グレイル』に登場する有名な殺人ウサギ〕。そして、これに関してモンティ・パイソン側の費用は基本的に発生していない。というのも通信帯域幅や記憶容量にかかるコストはいつもどおりユーチューブが負担しているからだ。

驚くべきは、オンラインではこれがよくある事例だということだ。似た話が無数にあり、かなり多くのものが無料で提供されている。それは、ほかのものを売りたいがためであり、さらには、まったく商売気がないことすらよくある。

私は今、この原稿を二五〇ドルのネットブック・コンピュータで書いている。それは機能が限定された小型軽量で安価のノートパソコンで、ノートパソコン市場で急成長している。私はウェブブラウザは無料のファイアフォックス［Firefox］しか使わないので、OSはなんでもいいのだが、たまたま無料のリナックスだ。ワープロはマイクロソフトのワードではなく、無料のグーグル・ドキュメントを使っている。バックアップはグーグルにまかせられるし、どこにいても原稿が書けるというメリットがある。私がこのネットブックですることは、電子メールからツイッター［Twitter］まですべて無料だ。今いるコーヒーショップのおかげで、ワイアレス・アクセスまで無料になっている。

グーグルはアメリカでもっとも儲かっている企業のひとつだし、リナックスの生態系《エコシステム》は三〇〇億ドル産業だ。私が無料のワイアレス・アクセスにつられて利用しているこのコーヒーショップでは、三ドルのラテが飛ぶように売れている。

ここに無料《フリー》のパラドックスがある。料金をとらないことで、大金を稼いでいる人々がいるのだ。すべてとは言わなくても、多くのものがタダになっていて、無料か無料同然のものから一国規模の経済ができているのだ。それはどのようにして起こり、どこへ行こうとしているのだろうか。

これが本書の中心となる疑問だ。

私にとってそれは、『ロングテール――「売れない商品」を宝の山に変える新戦略』における未解決の問題として始まった。その最初の著作で私は、売れ筋商品の棚からではなく、無限に続く商品棚からなんでも選べるようになったことで生まれた消費者の新しい需要について記した。ロングテールの潤沢な市場は、インターネットの商品スペースに限りがないことで可能になった。その流通システムは、大量《マス》市場とニッチ市場に同じように当てはまり、主力商品だけでなく目立たない商品も同等に扱える歴史上類を見ないシステムだ。その結果、乱暴なほどに多様な新しい文化が生まれ、大手メディアから音楽レーベルまで、既存文化を担う企業の脅威となっている。

無制限の商品棚を持つことを可能にする方法はひとつしかない。その商品棚のコストがタダであることだ。デジタルの流通システムでは、限界費用（流通に必要なハードウェアにかかる固定費ではなく、商品のコピーをもうひとつつくって送信するときにかかる追加費用のこと）がゼロに近いので、どんな目的にでも使えるし、流通させるものに価値があるかどうかをいちいち判断する必要もない。参加自由のシステムから、今日のウェブという奇跡が生まれ、そこに人類の知識と経験と表現がかつてないほど蓄積された。それこそが、無料の商品棚スペースが可能にしたことだ。私はその結果に驚き、深くフリーについて考えるようになり、それがとても広がっていることを知った。フリーはたんにオンラインにさまざまなコンテンツが生まれたことを説明するだけではなく、その価格決定までも説明している。さらに、この〈無料〉は、従来の小売業界で使われていた無料サンプルや景品といった、たんなるマーケティング手法ではなく、そこに付帯条件はまったくついていないようだった。将来の売上げのためのエサではなく、本当にタダなのだ。たいていの人は、グーグルのサービスを毎日何かしら利用しているが、その利用料金がクレジットカードの請求書に現れることはない。SNS（ソーシャル・ネットワーキング・サービス）のフェイスブックを使っても料金メーターが動くことはないし、ウィキペディアも無料だ。

二一世紀の無料《フリー》は二〇世紀のそれとは違う。アトム（原子）からビット（情報）に移行するどこかで、私たちが理解していたはずの現象も変質したのだ。「フリー」は言葉の意味そのままに「無料で自由」であることになった。

この事態に、経済学から発言があってしかるべきだが、まだ何も聞こえてはこない。無料に関する理論も、ゼロに向かう価格モデルもない（公平を期して言えば、のちの調査でいくつかあることはわかった。でもそれらは、「市場の二面性」というわかりにくい学術的な議論を展開するものであり、あとの章で紹介するが、一九世紀に誕生して、もはやほとんど忘れ去られた理論なのだ）。経済学がモデル化する以前に、すでにフリーのまわりにひとつの経済が出現しているのだ。

だから、本書は急速に展開中の概念について探究するものだ。私が学んだことは、フリーはよく知られていると同時に、とてもミステリアスな概念だということだ。それは強力だが、同時に誤解されてもいる。この一〇年のあいだに登場したフリーは、それ以前のフリーとは違うにもかかわらず、なぜかこれまでほとんど研究されていない。さらに、今日のフリーはさまざまな見た目の矛盾に満ちている。ものをタダであげることで金儲けができるのだ。それは本当にタダだし、金を払って得られるものよりも価値が高いことすらある。

この執筆は楽しい作業となった。私は一九世紀終わりのアメリカの大衆医薬品メーカーから、中国の海賊品市場まで調べた。贈与における心理学や、ムダをめぐる倫理観の変化を探った。エレクトロニクス業界のまわりにある、知的財産を無料にした新しいビジネスモデル（オープンソース・ハードウェアとして知られている）を試してみるというプロジェクトも始めた。本書をできるだけ多くの形式で無料にしながら、この本の制作にかかわったすべての人に報酬を払える方法について、出版社の担当と知恵を出しあった。

ある意味、これは『ロングテール』と同様、公開の調査プロジェクトだった。私は前もって私が編集長を務める『ワイアード（WIRED）』誌の記事や、自身のブログで本書の論旨を紹介した。だが前回と違ったのは、今回はオンライン上で多数の投稿者と集団で会話をするよりも、自分の頭の中で考えるほうが多かったことだ。だから本書はどちらかと言えば歴史と物語によって書きあげられたと言えるだろう。フリーについて、その未来を論じる一方で、過去のことも同じようにとりあげている。この調査で私は、最新のウェブ上の現象を調べると同時に、公文書館にもひんぱんに通って一八世紀の心理学のテキストを手にとった。いわゆる作家らしいやり方で執筆したのだ。ひとりで調べ物をして、スターバックスでイヤホンを耳に入れながら、まるで神に指図されているかのようにワープロを打っていた。

原稿を書いていないときは、旅行をしたり、人々とフリーについて話をしたりした。基本料金を無料にして、その周辺に世界規模の大きな経済をつくるというアイデアは、常に意見のわかれるものだが、なんらかの疑いを抱くという点では、ほとんどの人に共通している。年齢による差別だという批判を恐れずに言えば、疑いを抱く人は、三〇歳を境に二分することができる。三〇歳以上の人は、二〇世紀型のフリーとともに成長してきたので、当然ながらこのアイデアに懐疑的だ。無料なんてあるはずない。どうせなんらかの形でお金を払わされるんだ。それは何も新しいことではなくて、昔からあるマーケティング手法じゃないか。「無料」と聞いたときには、財布に手を伸ばして、守ったほうがいい。

一方、二〇歳より下の世代は異なる反応をする。「はあ?」。彼らはグーグル世代で、あらゆるサービスが無料であたりまえのオンラインとともに成長してきた。私たちがキャッチボールを学ぶときに、ニュートン力学を自分の中にとりこんで動くように、彼らは限界費用がゼロに近づく経済におけるとらえにくい市場力学をわがものとしている。無料のまわりに世界規模の経済がつくれるというアイデアは、彼らにとっては自明すぎる事実であって、わざわざ書くまでもないことなのだ。

このテーマは本にするのに申し分ないと私は思った。「まちがっている」と「自明のことだ」というふたつの意見にわかれる話題は、どんなものであれ、いいテーマに違いない。この本を読んだ皆さんが、最初はどちらかの意見を持っているにせよ、読み終わったときには、どちらにも与《くみ》していないことを私は願っている。フリーは新しいことではないが、変わりつづけている。そして、その変化は、人間の行動や経済的インセンティブに関する基本的な理解を見直すよう私たちに迫っているのだ。

新しいフリーを理解する者が、今日の市場を粉砕し、明日の市場を支配する。それはすでに始まっている。この本はそうした人々と、彼らが私たちに教えてくれることについて書いている。そして、過激な価格の過去と未来について——。

第1章 フリーの誕生

ゼラチンは動物の骨や皮からできる。半透明でネバネバしていて、肉を煮ると浮かんでくる。しかし、それを大量に集めて余分なものをとり除き、色と風味をつければ、まったく別のものになる。フルーツゼリーの素、ジェロ[Jell-O]だ。それは袋入りの粉末で、食肉処理場の骨や関節が原料になっているとはとても想像できない。

今日の私たちはジェロの歴史についてあまり考えることはないが、一九世紀終わりにこうしたゼリーを夕食のテーブルに置こうとしたら、とても苦労したはずだ。鍋に骨を入れて、半日間グツグツと煮て、軟骨から出る加水分解されたコラーゲンを集めなければならなかったのだから。

一八九五年のある日、ニューヨーク州ルロイに住むパール・ウェイトは台所のテーブルに座り、皿の中で固まったゼラチンをつついていた。彼は大工のかたわら、大衆医薬品の包装の内職をしていた。当時は目新しいものだったパック食品のビジネスに参入したいと思っていたウェイトは、このゼラチンをおいしいものにできれば、お金になるかもしれないと考えた。ゼラチンを主成分とするニカワをつくる会社が、数十年前から副産物として食品用ゼラチンを売っていたが、アメリカではまだ広まっていなかった。それにはもっともな理由があった。手間の割にそれほどおいしくなかったのだ。

ウェイトは食品用ゼラチンの人気を上げる方法はないかと考えた。ゼラチンを粉末にすることを発明したのはピーター・クーパーだが、彼のクーパー・ユニオン・フェイム社をはじめ、初期の食品用ゼラチンは、調理のときに自由に味も色もつけられるのがいいという理由から、色も風味もなかった。しかし、ウェイトは風味をつけたゼラチンのほうが売れると考えて、果汁と砂糖、食品用染料を加え、見た目も香りも魅力的なオレンジ、レモン、ラズベリー、イチゴの色と風味をつけた。明るくカラフルなゼリーは、どんな食卓も華やかにするだろう。食肉処理場からかけ離れたイメージにするために、ウェイトの妻メイが「ジェロ」という新しい名前をつけ、箱詰めの商品とした。

だが、さっぱり売れなかった。二〇世紀を迎えようとする消費者にとって、ジェロはあまりになじみのない、変わった商品だったのだ。キッチンではいまだにヴィクトリア時代の料理法が主流で、すべての食材の使い方は決まっていた。家庭の主婦はこう思ったのだ。

この新しいゼリーはなんなの？　サラダに入れればいいの、それともデザートにするの？

二年のあいだ、ウェイトはジェロを売るべく奮闘したが、うまくいかなかった。一八九九年に、彼はあきらめてその商売を、同じ町に住むオレーター・フランク・ウッドワードに四五〇ドルで売った。

ウッドワードにとってセールスは天職だった。ルロイの町には、大衆医薬品をはじめとして、押しの強いセールスマンがたくさんいた。ウッドワードは多くの特効薬を売り、粉末石膏《せっこう》を開発した。射撃用の石膏製ターゲットボールも売っていたし、シラミとりパウダーで満たされた石膏製のニワトリの寝床も開発した。

しかし、そんなウッドワードのジェネシー・ピュア・フード社でさえも、粉末ゼラチンの市場を開拓するのには苦労した。商店ではほとんどすべての商品をカウンターのうしろに置き、客が商品名を言って購入するスタイルが一般的な時代に、新しいジャンルでなじみのない名前の商品を売るのはむずかしかったのだ。ジェロは、アンドリュー・サミュエル・ニコが経営する地元の工場でつくられていた。売上げは低迷し、落胆したウッドワードはあるどんよりと曇った日に、売れ残りのジェロの箱の山を見つめながら、ニコにこの商売を三五ドルで買ってくれないか申し込んだ。だが、ニコは断った。

最大の問題は、消費者がジェロをどのように使えばいいのか知らないことだった。消費者がほしがらなければ、商店が仕入れることはない。アーム&ハマー社の重曹やフレイシュマン社のパン酵母など、新しく登場した袋詰めの箱入り食材は、その調理法を記した小冊子をおまけとしてつけていた。ウッドワードはジェロの使い方を教えるレシピ本がその需要をつくるだろうと思ったが、どうしたら主婦にレシピ本を見てもらえるのかわからなかった。商品につけようにも、そもそも商品が売れないのだから。

そこで一九〇二年に、ウッドワードとマーケティング責任者のウィリアム・E・ヒューメルボーは新しい作戦に挑戦した。まずは三三六ドルを出して、婦人向け雑誌の『レディース・ホーム・ジャーナル』に八センチメートルほどの広告を載せた。そこでは、ジェロは「いまアメリカでもっとも人気のデザート」という誇大な宣言がなされた。この新しいデザートは、「ホイップクリームや薄いカスタードをのせるだけでできあがり。もっと豪華にしたければ、お好みで何百種類もの食材と組み合わせ可能です」とうたっていた。

そして、さまざまな組み合わせを紹介したイラスト入りのジェロのレシピ本を一万部刷って、各家庭に無料で配るようにセールスマンに渡した。

これはセールスマンが抱える大きな問題を回避する賢い方法だった。軽装馬車《バギー》で国中を回るセールスマンは、たいていどの町でも、高い費用を払って巡回セールスマンのライセンスを取得しなければ、戸別訪問販売を禁じられていたのだ。しかし、このレシピ本は無料で配るので、セールスには当たらない。彼らは各家庭のドアを叩いて、その家の主婦にレシピ本を渡した。ジェロの原価に比べれば、冊子をつくるほうが安い。試供品を配る余裕はなかったので、ウッドワードらは次善の策をとったのだ。つまり、ジェロを買ったときにだけ必要となる情報を、消費者に無料で提供したのである。

町にレシピ本を配りおえると、次にセールスマンは商店を訪れて、まもなくジェロという新製品を買い求める客が押しよせてくるから、商品をそろえておいたほうがいいと売り込んだ。こうして、バギーの荷台に積んでいたジェロの箱がようやくさばけはじめた。

一九〇四年までに、そのキャンペーンは爆発的な成功を収めた。二年後には年間一〇〇万ドルを売上げるヒット商品になった。ジェネシー社は広告に〈ジェロ・ガール〉を登場させ、レシピ本は大人気になった。一年に一五〇〇万部を印刷した年もあり、最初の二五年間でアメリカの家庭に二億五〇〇〇万部を配った。ノーマン・ロックウェルやリン・ボール、アンガス・マクドナルドなどの著名な画家がカラーのイラストを描いた。ジェロはアメリカに普及し、どの家庭のキッチンにも置かれているものになった。

こうして、二〇世紀でもっとも強力なマーケティング手法のひとつが誕生した。すなわち、あるものをタダであげることで、別のものの需要をつくり出すことだ。ウッドワードが理解していたのは、「無料」という言葉が特別な力を持つことだった。その言葉は、消費者の心理を変え、新しい市場をつくり、古い市場を壊し、ほぼどんな商品でも魅力的に見せることができる。ウッドワードはまた、「無料イコール儲からない」ことではないこともわかっていた。商品から利益を得る道がたんに間接的になるだけだ。それはのちに小売業界では「特売品」という概念として一般的になった。

キング・ジレット

同じ頃、この新しいマーケティング手法のもっとも有名な例が、ルロイから数百キロ北にあるボストンで実行されていた。四〇歳のキング・ジレットは失意の発明家であり、辛辣な反資本家であり、コルク製の王冠栓のセールスマンだった。アイデアと情熱と裕福な家庭に恵まれていたにもかかわらず、たいした仕事ができないでいて、それを邪悪な市場競争のせいにしていた。一八九四年に著した本『人間の傾向（*The Human Drift*）』で彼は、すべての産業は市民が所有するただひとつの会社によって支配されるべきで、ナイアガラの滝の水力発電をエネルギー源とするメトロポリスという名の大きな都市に数百万人の市民を住まわせるべきだと説いた。そんななか、王冠栓の会社の社長は、ジレットに「使い捨てのものを発明しなさい」とアドバイスをした。

ある日、ジレットは、昔ながらの柄と刃がまっすぐのカミソリ（西洋カミソリ）でひげを剃っていたが、その刃はもう研げないほどすり減っていたことから、ひらめいた――この刃を薄い鉄板片にしたらいいんじゃないか。それなら、切れ味が悪くなっても刃を研ぎ直す手間などかけず、捨てることができる。数年間の冶金の実験ののち、使い捨ての刃がついたT字型の安全カミソリが完成した。

しかし、すぐにはうまくいかなかった。一年目の一九〇三年に、安全カミソリは五一本、替え刃は一六八枚しか売れなかった。それから二〇年以上、ジレットは思いつくかぎりのマーケティング手法を試した。パッケージに自分の顔を描き、彼自身を有名人にしたが、それを架空の人物だと思っている人もいた。彼は大幅な値引きをして、陸軍に数百万本売ったが、それは兵士が安全カミソリを使う習慣を身につけ、戦争から帰ってきても使ってくれればと望んだからだ。また、新しく預金をすると安全カミソリをプレゼントするという銀行の〈シェイブ・アンド・セーブ〉キャンペーン用に、大量のカミソリを売った。リグレーのチューインガムから、コーヒー、紅茶、スパイス、マシュマロのパッケージにまでカミソリをおまけとしてつけた。

こうした無料サンプルは売上げに貢献したが、それ以上にジレットを助けたのは、そのビジネスモデルだった。無料で配った安全カミソリはやがて替え刃の需要をつくったのだ。ジェロの例に当てはめると、カミソリの柄がレシピ本で、替え刃がゼラチンになるが、カミソリの柄と刃の関係はもっと密接だ。一度、使い捨てカミソリを気に入ると、長きにわたり毎日使ってくれる顧客になるからだ。

ところがおもしろいことに、ジレット社がカミソリを無料で配ったという話は、ほとんどが都市伝説なのだ。というのも、記録に残る例は、一九七〇年代に「トラックII」を発表したときしかなく、そのときも刃を替えられない安いバージョンのものを配っていた。一般的なやり方は、銀行などの大口顧客にカミソリを卸すときに大幅に値引きをすることだった。そして、替え刃の高い利益でその損をとり戻したのである。

数十億枚の替え刃を売ることで、今やこのビジネスモデルは、すべての産業のお手本となった。携帯電話をタダであげて、月々の使用料をとる。テレビゲームの端末を安く売って、ゲームソフトを高く売る。オフィスにタダでおしゃれなコーヒーメーカーを設置させて、高いコーヒーのパックを売る。

二〇世紀がこうしたマーケティング上の試みで幕を開けたことで、フリーはそれからの一〇〇年を定義する消費者革命を煽《あお》ることになった。ニューヨークのマディソン街に広告会社が立ち並び、スーパーマーケットが登場し、消費者心理が科学になり、フリーを選択手段にした。タダで受信できるラジオとテレビは国をひとつにまとめ、大衆市場《マス・マーケット》をつくった。「フリー」は現代のマーケティング担当者のスローガンとなり、消費者はいつでもそれに反応した。

二一世紀のフリー

そして、二一世紀はじめにいる私たちは、新しい形のフリーを開発しつつあり、それが今世紀を定義づけるだろう。新しいフリーは、ポケットのお金を別のポケットに移しかえるようなトリックではなく、モノやサービスのコストをほとんどゼロになるまで下げるという、驚くべき新たな力によっている。二〇世紀にフリーは強力なマーケティング手法になったが、二一世紀にはフリーがまったく新しい経済モデルになるのだ。

この新しい形のフリーは、モノの経済である原子《アトム》経済ではなく、情報通信の経済であるビット経済にもとづいている。デジタル時代のユニークな特徴は、ひとたび何かがソフトウェアになると、それがかならず無料になることだ。つまり、コストが無料になるのは当然として、ときとして価格まで無料になるのだ（たとえば鉄の価格がほぼゼロにまで落ちたとしたら、キング・ジレットはカミソリの柄も替え刃も無料で配ることができた。そして彼は、たとえばシェービング・クリームなど、まったく別のモノで金儲けをしただろう）。この経済は、歴史上はじめて、最初の価格がゼロなのにもかかわらず数十億ドルの規模を持つものになりつつあるのだ。

アトム経済においては、私たちのまわりにあるたいていのものは、時間とともに価格が高くなる。一方、オンラインの世界であるビット経済においては、ものは安くなりつづける。アトム経済はインフレ状態だが、ビット経済はデフレ状態なのだ。

二〇世紀は基本的にアトム経済だったが、二一世紀はビット経済になるだろう。アトム経済における無料とは、何かほかのものでお金を払わされることで、まるでおとり商法のようだった。結局はお金を払わなければいけないのだ。しかし、ビット経済の無料は本当にタダで、そもそも金銭がその方程式からとり除かれていることも多い。人々はアトム経済では「無料《フリー》」と聞くと当然ながら疑いを抱いたが、ビット経済では当然のように信頼する。彼らは両者の違いや、オンラインでフリーがなぜうまく機能するのかを直観的に理解しているのだ。

オンラインという大がかりな実験がこの一五年続けられてきたが、そこでは無料であることがあたりまえとなっている。二〇〇七年に『ニューヨーク・タイムズ』紙はオンライン版の閲覧をすべて無料にしたし、『ウォールストリート・ジャーナル』は、ニュースやブログなどかなりの部分を無料とし、有料と無料のハイブリッドモデルにしている。ミュージシャンのレディオヘッドやナイン・インチ・ネイルズは、自分たちの楽曲を常にオンラインで無料配信している。それはフリーにすることで、より多くの人々に音楽を届けられ、多くのファンを獲得でき、ファンの一部がコンサートに来てくれて、さらに有料のCDやグッズを買ってくれるとわかっているからだ。ゲーム業界では広告つきのオンラインゲームや、大人数が参加できる無料オンラインゲームが急速に成長している。

〈無料経済〉[freeconomics]を誕生させたのは、デジタル時代のテクノロジーの進歩だ。〈ムーアの法則〉が言うとおり、情報処理能力のコストは二年ごとに半分になり、通信帯域幅と記憶容量のコストはそれ以上のペースで下がっている。インターネットはその三つから成り立っているので、コストは相乗効果で低下する。その結果、オンラインの世界における正味のデフレ率は年五〇パーセント近くになる。それはつまり、現在のユーチューブの動画配信にかかる費用が、一年後には半分になっていることを意味する。オンラインビジネスのコストはゼロに向かっているので、それが実現しても不思議ではない。

ジョージ・ギルダーは一九八九年に『未来の覇者――マイクロコズムの世紀』ではじめてビット経済を探究した。彼はあるインタビューでビット経済と共通する要素の多い産業革命について次のように言っている。

産業革命とはつまり、生産における重要な要素にかかるコストが大幅に落ちることです。ある機能を得るためにそれまでにかかっていたコストは、新しい要素では実質的にゼロになります。一八世紀の産業革命で使われるようになった物理的な力（蒸気力）を、それまでに利用していた動物や人間の力と比べると、コストは事実上ゼロになりました。そうすると、それまではお金がかかりすぎてできなかったことが、突然にできるようになったのです。それまでは不可能だった工場の一日二四時間操業も可能になりました。

今日のもっとも興味深いビジネスモデルは、無料《フリー》からお金を生みだす道を探すところにある。遅かれ早かれ、すべての会社がフリーを利用する方法や、フリーと競いあう方法を探さざるをえなくなる。本書は、その方法について記している。

まずは、無料の歴史を概観して、無料であることが私たちの選択に強い影響を与える理由について見ていこう。それから、デジタル経済がフリーを革命的に変えて、たんなるマーケティング手法から、新しいビジネスモデルを可能にする経済的力になったことを見よう。そして最後に、無料経済の基本原則を探ってみよう。それはどこでどのように作用するのか。なぜしばしば誤解され、恐れられるのか。ではまず、「フリー」の意味から見ていこう。

WHAT IS FREE?

無料とは何か?

第2章

「フリー」入門

——非常に誤解されている言葉の早わかり講座

「フリー」という言葉は多くの意味を持つし、その意味は時間とともに変わってきた。その言葉は私たちに疑いを抱かせると同時に、何よりも強く私たちの注意を引きつける。もっとも自然な取引の形態だが、見た目ほど単純なことはほとんどない。現在、フリーのまわりに経済がつくられているのならば、フリーとは何で、どのように作用するのかを理解することから始めるべきだろう。

まずはその定義を見てみよう。フランス語やスペイン語やイタリア語などのラテン語を起源とする言語では、「自由」と「無料」は別々の単語となるのでわかりやすい。前者の単語の語源はラテン語の「liber」(自由)で、後者はラテン語の「gratis」(「ありがとう」を意味するgratiisの短縮形で、「お返しなしで」つまり「タダで」という意味)だ。たとえば、スペインで「libre」はよい意味（言論の自由など）で使われるが、「gratis」はしばしば、マーケティング上の策略を思わせる疑わしい意味を持つ。

それに対して、英語の「free」は「自由」と「無料」のふたつの意味を持つ。両義性ゆえにマーケティング上の長所もある。すなわち、「自由」といういい意味が、セールス上の策略に対する私たちのガードを下げさせるのだ。とはいえ、freeがふたつの意味を持つことはまぎらわしくもある。そのため、英語を話す人でも「タダ」のことを強調するときに、「gratis」という言葉を使うことがある。

オープンソース・ソフトウェアの世界では、「free」はいくらでも利用できるという意味での「自由」と、「無料」という両方の意味を持つ。ふたつの意味は次のように区別されて使われる。「ビール一杯無料《フリー・ビア》のフリー」と「言論の自由《フリー・スピーチ》のフリー」（だから、この業界の切れ者たちは、ビールのレシピを自由にシェアできるライセンスとして公開しながら、ソフトウェア・カンファレンスでそのレシピからつくったビールを有料にすれば、freeの両義性がふたたびあいまいになるからおもしろいと考えた。まったく、何を考えるのだか）。

それでは、どうして英語では「free」というひとつの単語になったのだろうか。驚くことに、その古い英語のルーツは「friend（友人）」と同じだという。語源学者のダグラス・ハーパーは次のように言っている。

（両方の単語は）古英語のfreon、freogan（自由、愛）に由来する。元の意味は、「最愛の、友人」だったと思われるが、ドイツ語やケルト語をはじめ、いくつかの言語でfree（自由）の意味が発達したのは、「親愛の」や「友人」の言葉が、同じ氏族の自由な一員（奴隷に対して）に使われるようになったからだろう。

「無償で与える」という意味は一五八五年に登場した。「費用からの自由」と考えられたのだ。

だからfreeは、社会的意味の自由、すなわち、奴隷からの自由と費用からの自由に由来するのだ。

本書は「費用からの自由」の意味でfreeを使う。そう、ビール一杯無料のフリーであり、後述する「フリーランチ」のフリーである。

一〇〇万種類のフリー

商売で使われる〈無料〉には多くの意味があり、それを使ういろいろなビジネスモデルがある。無料とうたいながら、本当はそうではないこともある。たとえば、「ひとつ買えば、もうひとつは「タダ」というセールス文句は、ふたつ買うと半額になりますという意味だ。「フリー・ギフト（おまけ）つき」は、商品の中におまけのコストも含まれている。「送料無料」は、商品の価格に送料が組み込まれている。

もちろん、本当に無料のときもあるが、それは新しい経済モデルではない。「無料サンプル」は単純なマーケティングの手段で、商品を紹介すると同時に、サンプルをもらったというわずかな負い目を消費者に抱かせて、商品を買う気にさせることを期待している。「お試し無料」は無料かもしれないが、期間が限られていて、試用期間が切れる前に解約しにくくなっているかもしれない。ガソリンスタンドの「タイヤの空気入れ無料」というサービスは、経済学者が「補完的商品」と呼ぶもので、無料の商品（セルフの空気入れ）が、有料の商品（ガソリンスタンドに寄り、ガソリンを入れたり、ガムを買ったりすること）に対する消費者の関心を強化するものだ。

それから、広告収入で運営されるメディアの世界がある。無料のラジオとテレビから、ほとんどのウェブまでがこれに含まれる。広告収入で運営されてコンテンツは無料というビジネスモデルは、一世紀以上の歴史を持つ。消費者がコンテンツを無料で得るために、第三者（広告主）が費用を払う三者間市場だ。

そして最後に、新しいモデルを象徴する真の無料がある。その大部分は、限界費用がゼ

どうして航空料金がタダになるのか?

毎年、約130万人がロンドンからバルセロナまで飛行機を利用する。ダブリンに本拠を置く格安航空会社ライアンエアは、その航路のチケットをわずか20ドルで売る。他の航路も同様に安いが、CEOはいつの日か航空券を無料にしたいと語る(そのときは機内をカジノにすることで相殺するつもりだ)。イギリス海峡を横断する便が、空港からホテルまでのタクシー代よりも安い仕組みはどうなっているのだろう?

コスト削減:ゲート使用料を節約するために、乗客の乗り降りは滑走路でおこなう。また、離着陸料の高い大都市の空港は避け、発着便をほしがっている比較的人気のない郊外の空港と交渉して、離着陸料を安くさせる。

追加料金をこまかく設定する:機内での飲食物、優先搭乗、2個目以降の預かり荷物、乳幼児の利用について追加料金をとる。また、ウェブサイトを通したレンタカーやホテルの予約で仲介料のキックバックを得る。機内での広告料を広告主からとる。航空券をクレジットカードで払う客から手数料をとる。

高額チケットで損失を埋めあわせる:需要の多い日は、同じチケットが100ドル以上する。

ロンドンからバルセロナまでの飛行コストは1人当たり70ドルかかる。それは次の内訳で回収している

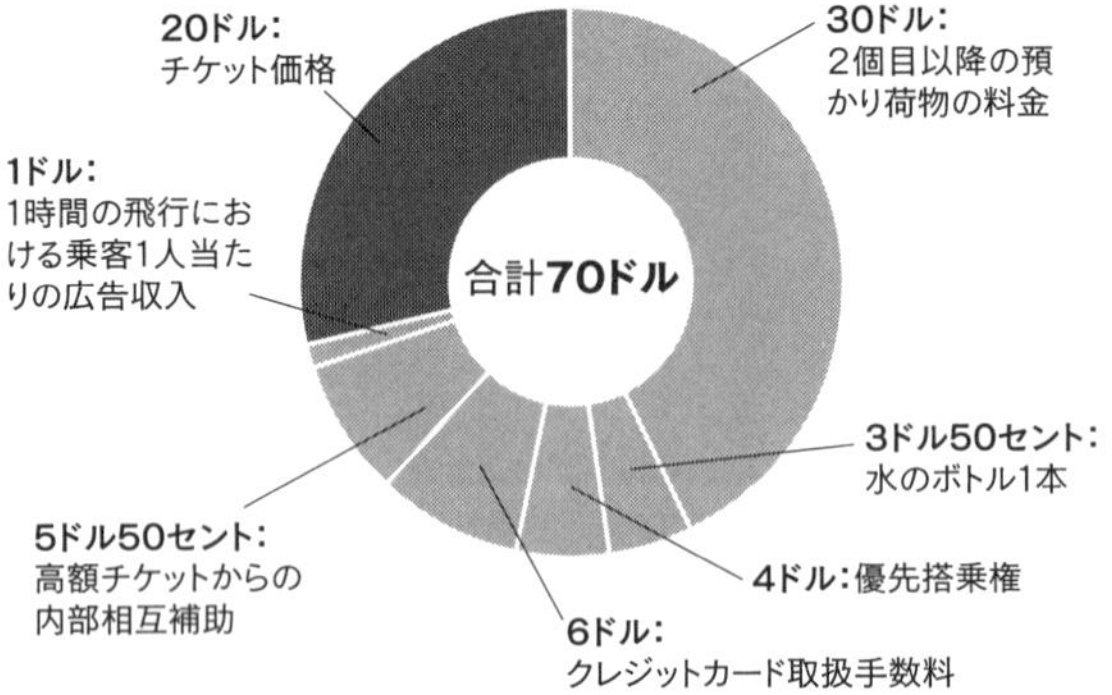

ロに近いオンライン上のデジタル経済に存在する。写真共有サービスのフリッカー［flickr］は、ほとんどのユーザーには無料であり、そこには広告すら掲載していない。グーグルが提供する大部分のサービスは無料だし、広告も載せないか、載せるとしてもメディア広告をコンテンツではなくソフトウェアやサービスに適用するという新しい方法をとっている（グーグルの提供する無料メールサービスのGメールなど）。さらに、すばらしい贈与経済《ギフト・エコノミー》がある。それは、ウィキペディアやブロゴスフィア（ブログ圏。無数のブログとそれらがつくり出すコミュニティの総称）など、評判や注目、自己表現など金銭以外のインセンティブによって成り立つ経済だ。

　これらのフリーは、四種類に大別することができる。そのうちのふたつは古くからあるが、進化したもので、残りのふたつはデジタル経済とともに登場したものだ。それらを見ていく前に、四つのフリーを一歩下がって見てみれば、それが同じひとつの事象のさまざまなバリエーションにすぎないことがわかる――つまり、商品から商品への、人から人へのお金の移動、現在と将来のあいだでのお金の移動、あるいは非貨幣経済の市場に入ってまた出ていくことだ。経済学者はそれらを「内部相互補助（他の収益でカバーすること）」と呼ぶ。

内部相互補助の世界

「この世にタダのランチはない」という言葉の本質にあるのが、この内部相互補助だ。実際にランチを食べた者がお金を払わないとすれば、それは結局、その人にタダでランチを提供しようとする誰かが払っているにすぎないのだ。

人々はときどき、こうして間接的に商品の代金を支払っている。フリーペーパーは広告収入で運営されていて、それは広告主である小売業者のマーケティング予算から出される。そして、その費用は商品の価格に上乗せされるので、最終的に読者かそのまわりの人が、価格が少し高くなった商品を買うことでそのコストを負担することになる。また、読者はそのフリーペーパーを読むことで時間というコストを費やすし、読んでいる姿を他人に見られることで、その人の評判というコストも支払っている。スーパーマーケットの無料駐車場は、商品からの利益でまかなわれているし、無料サンプルのコストは、その商品を買う客によってカバーされている。

贈与経済（46ページ参照）において、内部相互補助ははるかにわかりにくい。ブログは無料で、通常は広告もないが、私たちがブログを訪問するたびに何かしらの価値が交換されている。コンテンツを無料とする代わりに、私たちがそのブログを訪問したり、そこにリンクを張れば、そのブロガーの評判が上がる。ブロガーはその評判を利用してよい仕事を得たり、ネットワークを広げたり、多くの顧客を見つけたりできる。ときとしてその評判はお金に変わることもあるが、いろいろな方法があるので、一概に言うことはできない。

内部相互補助にはいくつかのやり方がある。

＊有料商品で無料商品をカバーする

特売品がこのビジネスの中心要素だ。映画の料金を下げて、その赤字をポップコーンの利益で埋めたり、レストランで安い食事代金を高いワインで埋めたりする。フリーはそれを大げさにしたもので、コスト割れの料金で売るのではなくまったくのタダにしたものだ。これはおまけや無料サンプルと同じくらい一般的な手法で古くからあり、私たちにもなじみ深く、比較的はっきりした経済モデルなので、ここでは深く追究しない。

＊将来の支払いが現在の無料をカバーする

二年間の契約をすれば携帯電話が無料になるのが、この典型だ。それは電話サービスの収益源が、店頭での売上げから毎月の使用料に移ることを意味する。この場合、将来の自分が現在の自分の未払い分を補うことになる。電話会社の望みは、消費者が年間の利用料金はいくらになるのだろうかと考えるのではなく、今すぐ電話機がタダで手に入ることに心を奪われることなのだ。

＊有料利用者が無料利用者をカバーする

ナイトクラブの入場料を男性は有料で女性は無料にしたり、遊園地で子どもの入園料を無料にするという手法から、裕福な層に税金を多く払わせて貧しい層に少なく払わせる（ときには免除する）累進課税、お金を払う意思や能力をもとに市場をセグメントに分けるマーケティング戦略まで、どれも一般的な価格理論のひとつだ。フリーはそれを極端におし進めて、モノやサービスを無料で受けられる消費者をつくった。その狙いは、無料消費者が有料消費者を引きよせる（ナイトクラブ）か、一緒に連れてくる（遊園地）ことであり、もしくは、無料消費者の一部が有料消費者に変わることだ。私たちは、ラスベガスでホテルやショッピングモールの派手なインテリアやアトラクションをタダで見られるが、オーナーはその一部の人がギャンブルや買い物（理想はその両方）をすることを期待しているのだ。

内部相互補助の世界は広いが、その中でフリーのビジネスモデルは大きく四種類に分けられる。

どうしてDVRがタダになるのか？

電話会社は電話通信を売り、電機メーカーは機器を売る。だが、ケーブル業界大手のコムキャストは、コアビジネス以外にもそれに付随するさまざまなモノを売っている。だから、あるモノを売るために別のモノをタダで提供するという内部相互補助を柔軟に利用できるのだ。その結果、コムキャストは約900万人の会員に、デジタルビデオレコーダー（DVR）機能付きのケーブル放送受信装置を無料で配布している。そのコストはどのように回収するのだろう？

隠れた料金：新規会員はDVRの設置費用が約20ドルかかる。

月額使用料：コムキャストのユーザーは毎月約14ドルの機器使用料を払う。DVRのコストを（かなり高目に見積って）250ドルとすると、18カ月でコストは回収できる。

その他のサービスを売る：コムキャストは無料DVRによって顧客を獲得すると、8Mbpsの高速インターネット（月額43ドル）やデジタル電話（月額約40ドル）の利用をすすめている。さらには1本5ドルのペイパービュー方式の映画サービスもある。

コムキャストはDVRのコストを18カ月で回収する

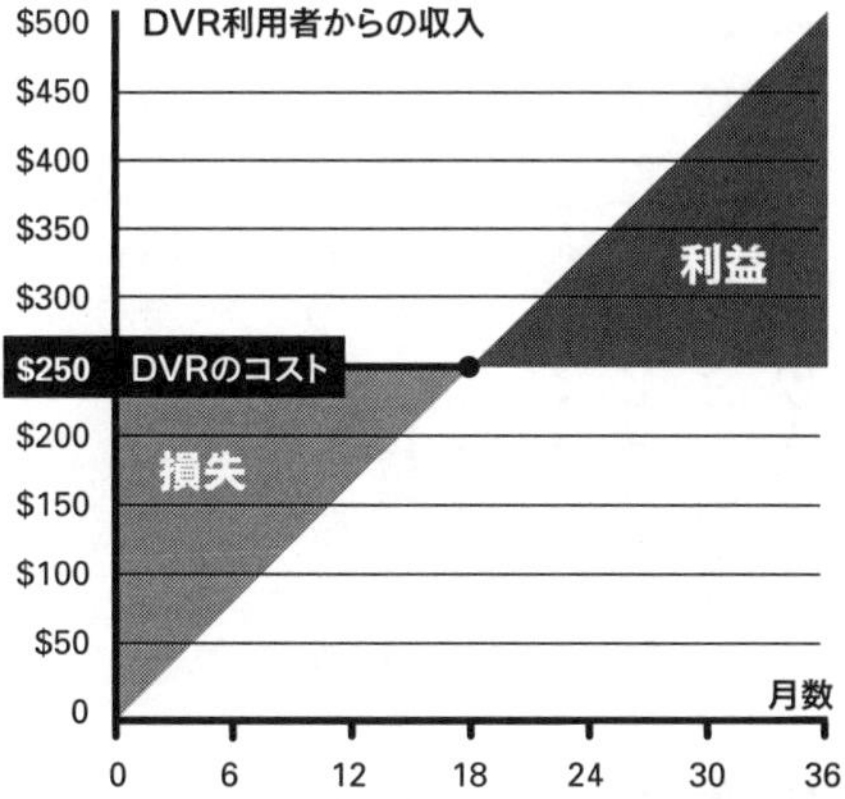

所出：COMCAST, FORRESTER RESEARCH

フリー①　直接的内部相互補助

無料なもの――消費者の気を引いて、ほかのものも買ってみようと思わせる商品ならなんでも

無料対象者――結局はみんなが、なんらかの方法で喜んで金を払う

ウォルマートが「DVDを一枚買えば、二枚目はタダ」というキャンペーンを打つのは典型的な特売品モデルのやり方だ。ウォルマートは原価を下まわる価格でDVDを売ることで消費者を店に誘い、そこで顧客に洗濯機を売ったり、カゴ一杯の買い物をさせたりして、儲けようと思っているのだ。金融商品から携帯電話のお得プランまで、どんなモノやサービスでも、えてして価格は原価ではなく心理学をもとに決められる。携帯電話会社は月々の利用料金から利益を得られなくても――通信会社を選ぶときに、消費者が真っ先に見るのは利用料金だとわかっているので、そこは低く抑える――ボイスメールの利用料金は純然たる利益になる。企業は売るモノのラインナップを見て、あるモノを無料かそれに近い値段にし、それで客を呼んで、健全な利益を出せる他の魅力的なモノを売ろうとするのだ。

フリー① 直接的内部相互補助

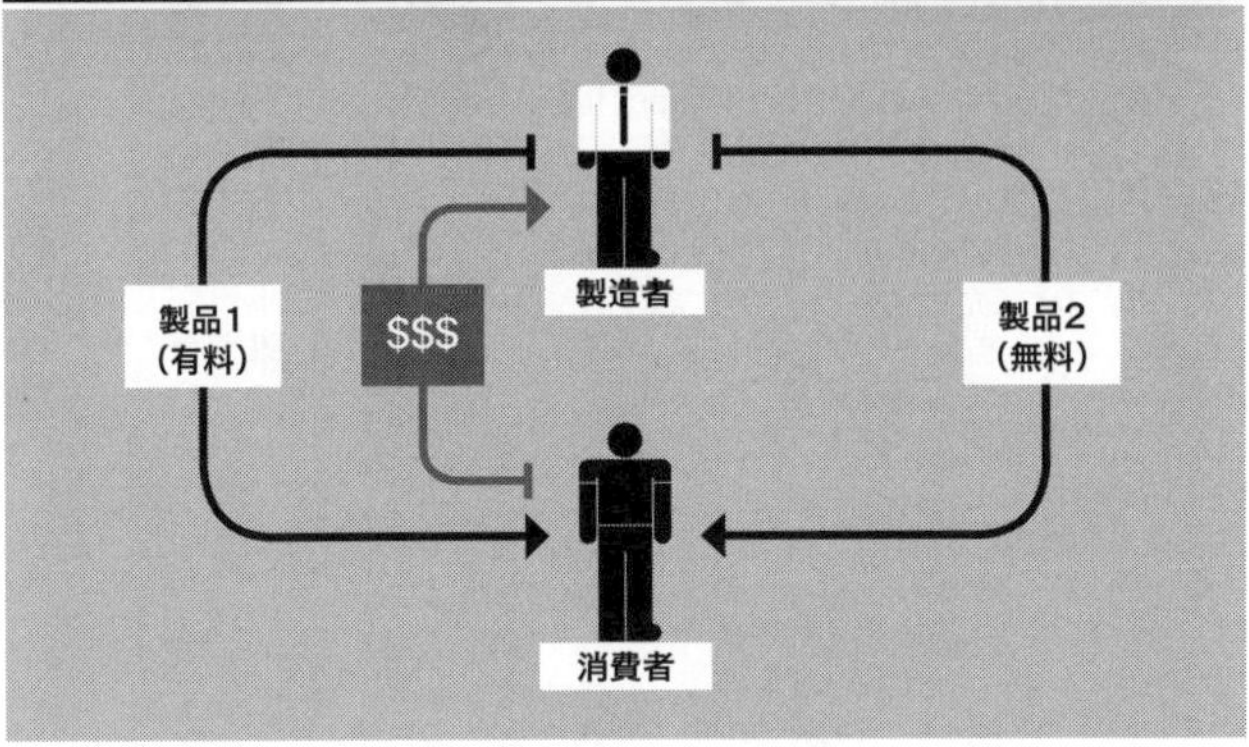

このキング・ジレットの手法は、さまざまな産業に広がっている。テクノロジーの発達によって、企業は自分たちの市場をもっと柔軟に決められるようになり、あるモノやサービスを売るために、他の商品を無料にするという選択肢も増えた。たとえば、航空会社のライアンエア［Ryanair］は、自分たちの産業は航空機の座席を売ることではなく、さまざまなサービスをおこなう旅行会社であると位置づけたことで業界の常識をくつがえした(34ページのコラム参照)。クレジットカードが無料なのは、皆さんが買い物をした小売店から銀行が手数料をとるからだ。その代わりに小売店はそのコストを皆さんに請求する(ここで顧客が支払月までに代金を払わなければ、銀行は利子を足して請求してくる)。

フリー② 三者間市場

無料なもの――コンテンツ、サービス、ソフトウェアなど
無料対象者――誰でも

これはフリーのまわりに築かれた経済でもっとも一般的な形だ。二者が無料で交換をすることで市場を形成し、第三者があとからそこに参加するためにその費用を負担する。ややこしく聞こえるかもしれないが、皆さんが毎日遭遇していることだ。そう、すべてのメディアの基本はこれなのだ。

従来からあるメディアでは、メディアが制作物をタダかそれに近い価格で消費者に提供し、そこに参加するために広告主がお金を払う。ラジオは無料だし、テレビの多くもそうだ。同じように新聞や雑誌の発行者も、制作や印刷、配達にかかる実際の費用よりはるかに少ない料金しか読者に請求しない。彼らが新聞や雑誌を売る相手は、読者ではなく広告主だからだ。これが三者間市場だ。

ある意味、メディアのこのビジネスモデルをあらゆる産業に広めた象徴がウェブだ。このモデルは、広告ですべてをカバーするという単純なものだけではない。メディアは無料

フリー②　三者間市場

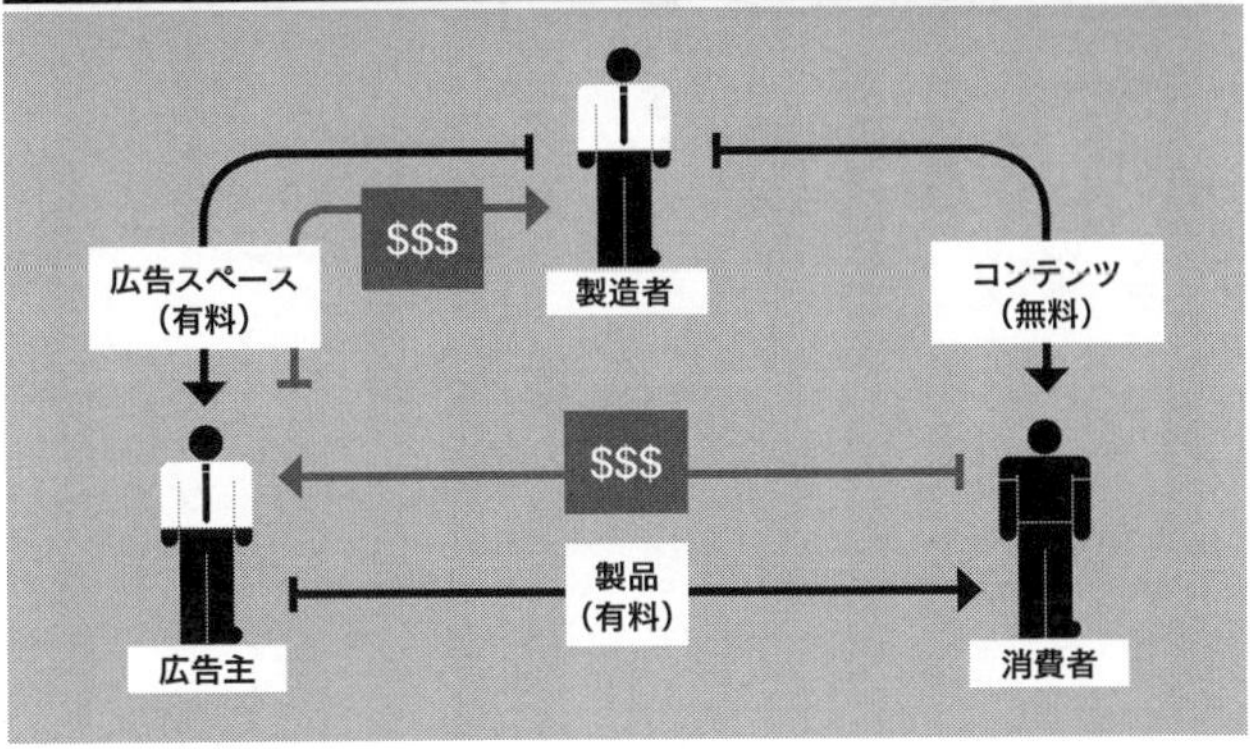

コンテンツのまわりでお金を稼ぐ方法を、顧客情報を売ることから、媒体名の使用許可、「付加価値をつけた」版の販売、直接のeコマースまで数十も考えだした（くわしくは、第9章と巻末付録のリストを参照）。現在、ウェブ企業の生態系は、それと同じモデルで成長しているのだ。

経済学者はそのようなモデルを「市場の二面性」と呼ぶ。なぜなら、お互いに支えあう二組のユーザー集団がいるからだ。広告主は広告を消費者に届けるためにメディアにお金を払い、消費者はその代わりに広告主を支援する。結局のところ、そのマーケティング費用は、商品の代金に上乗せされた形で消費者が支払うことになる。

この形はメディア以外でも成り立つ。たとえばクレジットカードでは、銀行は無料で消費者にカードを発行し、消費者が店でそれを使えば使うほど、銀行に手数料が入る。また、OSのプラットフォームを消費者にとって魅力あるものにするために、より多くの消費者に使ってもらおうと、アプリケーションソフトの開発者にOSツールを無料で配るのも同じだ。それぞれの場合、基本製品は無料だと消費者が思うように、コストは分散されたり、隠されたりする。

フリー③　フリーミアム

無料なもの——有料のプレミアム版に対する基本版
無料対象者——基本版のユーザー

「フリーミアム」[Freemium]は、ベンチャー・キャピタリストのフレッド・ウィルソンの造語で、ウェブにおけるビジネスモデルとしては一般的だ。それは多くの形態をとりうる。無料から高額のものまでさまざまなコンテンツをそろえるところもあるし、無料版にいくつかの機能を加えてプロ用の有料版をそろえるところもある(無料のフリッカーと、年間二五ドルを払うフリッカー・プロがその例だ)。

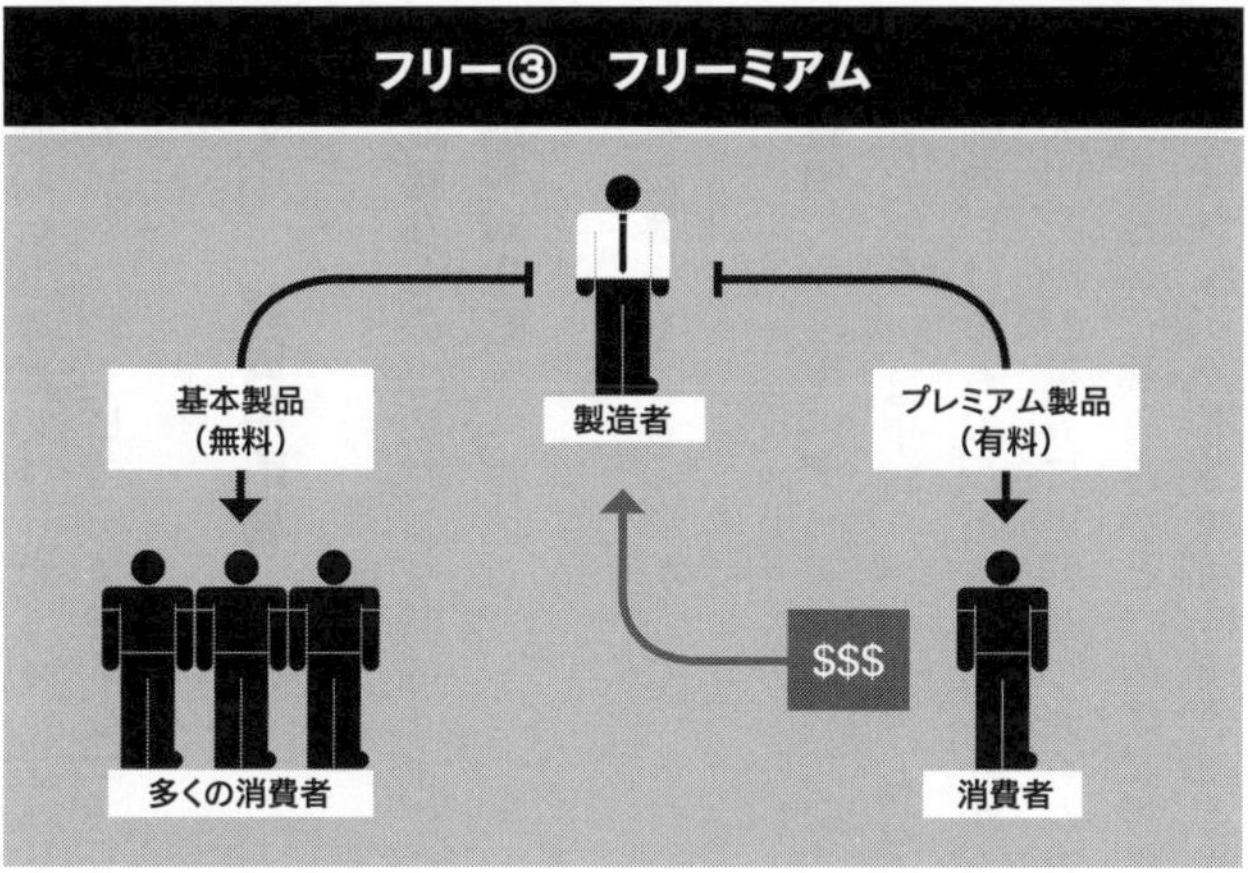

皆さんは、それなら香水売り場から街角まで、いたるところで配っている無料サンプルがこれに当たるんじゃないかと思われるかもしれない。たしかにそうだが、フリーミアムはそこに重要なひねりを加えている。従来の無料サンプルは、販売促進用にキャンディバーを配ったり、新米の母親におむつを贈ったりするものだ。そうした試供品は実費がかかるので、生産者は少量しか配れなかった。少量で消費者を引きつけて、より多くの需要を生もうとしたのだ。

一方、デジタル製品においては、無料と有料の割合はまったく異なる。典型的なオンラインサイトには五パーセント・ルールがある。つまり、五パーセントの有料ユーザーが残りの無料ユーザーを支えているのだ。フリーミアムのモデルでは、有料版を利用するユーザーひとりに対して、無料の基本版のユーザーが一九人もいる。それでもやっていける理由は、一九人の無料ユーザーにサービスを提供するコストが、無視できるほどゼロに近いからだ。

フリー④　非貨幣市場

無料なもの——対価を期待せずに、人々があげるものすべて
無料対象者——誰でも

これにはいくつもの形がある。

贈与経済　ウィキペディアには一二〇〇万項目が掲載され、フリーサイクル［Freecycle］（308ページのコラム参照）には年間八〇〇万点もの中古品が提供されているのを見れば、金銭以外にも人を動機づけるものがあるのだとわかる。利他主義は常に存在してきたが、ウェブによって個人の行動が世界に影響を与えられるようになったのだ。ある意味、流通コストのかからないことが、共有《シェア》をひとつの産業規模にしたと言える。貨幣経済の観点からすれば、それは無料であり、不当な価格競争のようにも思える。しかしその見方では、そこで創られ

フリー④　非貨幣市場

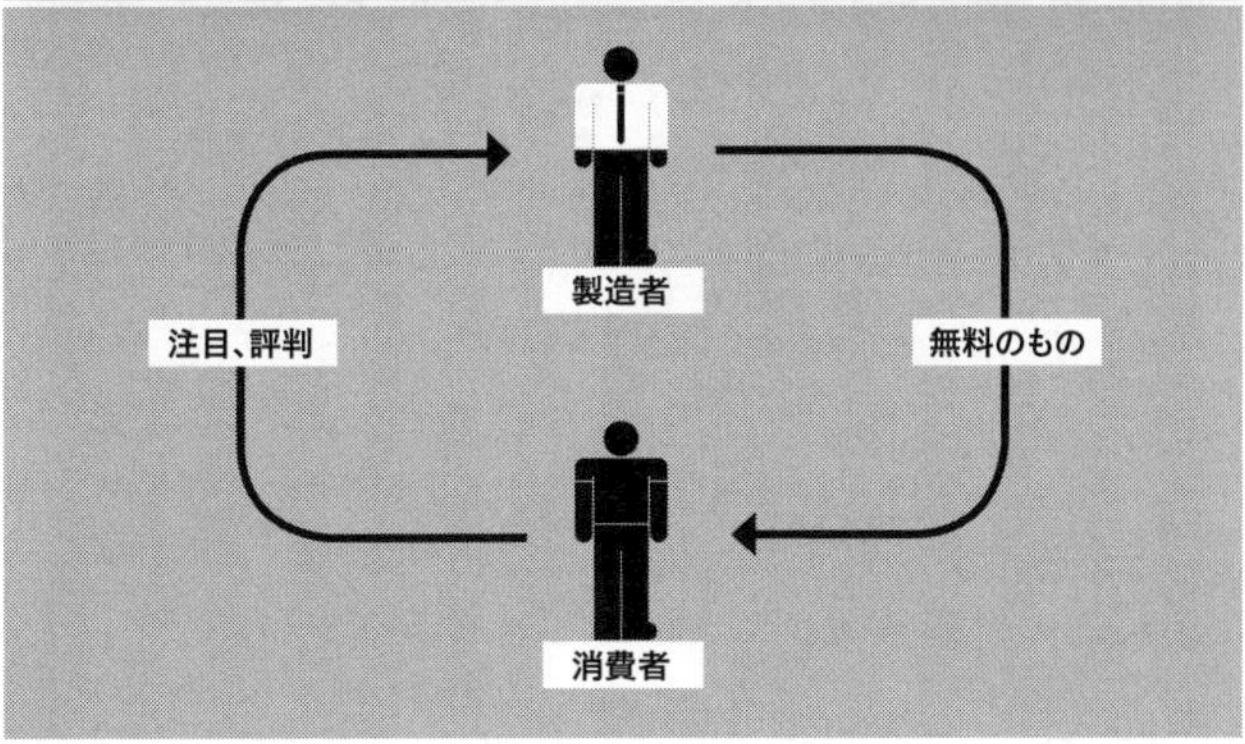

るものの価値を近視眼的にしか評価していない。

シェアをうながすものは、評判や関心であり、それよりは目立たないが、表現、喜び、善行、満足感、あるいはたんなる私利である（フリーサイクルやクレイグスリスト［Craigslist］〔不動産や求人などのローカル情報を投稿する地域コミュニティサイト〕にモノを寄付することは、自分のゴミを体よく処分することでもある）。ときに知らないうちに何かを与えていたり、いやいやながら与えたりする場合もある。たとえば、自分のウェブサイトを公開すれば、あなたの意図に関係なく、グーグルに情報を与えることになる。あるいは、あなたがリサイクルボックスに入れたアルミ缶をホームレスが持ち去ることもある。

無償の労働　私たちが無料アダルトサイトにア

クセスするには、スパムボット〔インターネットからメールアドレスを集めるスパマーが使うプログラム〕をブロックする目的で、キャプチャによって機械で判読できないようにスクランブルがかけられたテキストボックスを読みとらなければならない。そこで、あるサイトに侵入したいスパマーは、そのサイトのキャプチャをみずからつくったアダルトサイトに表示する。ユーザーがスパマーのサイトにアクセスして、そのキャプチャを判読すると、その解除キーを使ってスパマーは目当てのサイトに侵入できるようになる。そうして、スパマーはサイト内の個人情報を集めているのだ。このように、多くのユーザーが知らないうちに無償でスパマーのために働かされていることがある。

同じように私たちは、ソーシャル・ニュースサイトのディグ〔Digg〕のランキングに票を投じたり〔ディグではユーザーからの得票数で記事の掲載順が決められる〕、アメリカ版知恵袋のヤフー・アンサーズに答えを投稿したり、グーグルのサービスである無料電話番号案内のＧＯＯＧ－４１１を利用したりするときも協力している（195ページのコラム参照）。グーグルで検索をするたびにユーザーは、ターゲット広告のためのアルゴリズムにグーグルが磨きをかけるのを助けている。それぞれの場合で、サービスを利用する行為は、なんらかの価値を生みだしている。それはサービス自体を向上させることだったり、どこかで役に立つ情報をつくることだったりする。知る、知らないにかかわらず、私たちは何か無料のものを手に入れる代償として労働力を提供しているのだ。

不正コピー　この例としてはオンラインで配信される音楽が最適だ。デジタル複製とP2P（ピア・ツー・ピア）によるオンライン配信のあいだで発生するコストは、本当にゼロになった。製品が無料になるのは、ビジネスモデルのあるなしではなく、純然たる経済的重力に由来する。その力はきわめて強力なので、法律やコピー・プロテクションや罪悪感など不正コピーを妨げるどんな障害も役に立たないように思えるし、実際そのとおりになっている。ミュージシャンの中には、コンサートやCD販売、著作権使用料などで正当な収入を得るために、オンラインをマーケティング手段として割り切り、無料で楽曲を配信する者が出てきた。一方で、別のミュージシャンは、そもそも音楽は金儲けのビジネスではないと思っているので、単純に不正コピーを受け入れてきた。そこには、楽しいからとか、創造性を発揮できるからといった別の理由が存在する。もちろん、ほとんどのミュージシャンはこのタイプに当てはまる。

日常生活に見られるフリー

普段、私たちが出合うフリーを分類してみよう。最近、売店で雑誌を眺めていたら、『リアル・シンプル』誌のカバータイトルに目がいった。「無料で手に入る驚きのモノ36」。この手の見出しはよく売店で見かけるので、フリーのモデルの分類にはちょうどいいサンプルと言えるだろう。次ページの表にその雑誌に掲げられた例の半分を載せて分類しておく。

複数のモデルの要素を持つ例もあるし、競争相手が違う分野のモデルを使う例もある（無料電話番号案内の1-800-FREE411のライバルであるＧＯＯＧ－４１１は広告収入で運営されていない）。また、政府のサービスは、内部相互補助の特殊な形態になる。というのも、税金と私たちが受けるサービスとの関係は、間接的でわかりにくいからだ。

しかし、このフリーの分類はポイントを押さえていて、とてもうまくできている。完璧なモデル分けはないし、例外やふたつ以上のモデルが混ざったものもあるが、この分類はこれからの章の役に立ってくれるだろう。

第三の価格

本書はほとんどの場合で、有料と無料というふたつの価格について述べている。だが、ときには第三の価格も無視できない。無料以下、すなわちマイナスの価格だ。モノやサービスを利用するときにお金をもらえるのである。

これは皆さんが思うよりも一般的だ。マイクロソフトが検索サービスを使ってもらうた

日常生活に見られるフリーの分類

フリーの例	フリーの種類
	フリー①：直接的内部相互補助
アップルストアで開催する無料教室	顧客が何かを買うことを見込んでいる
スポーツクラブの無料体験	同上
乳幼児向け音楽教室の無料体験	同上
アイスクリームのベン＆ジェリーズのコーン無料日	同上
オンラインの写真印刷（無料サンプル）	同上
スモールビジネス向け教室（政府主催）	税金
BBC の外国語クラス（ポッドキャスト）	イギリス人納税者にとっては内部相互補助になり、外国人からすれば贈与経済になる
ポピュラリティ・ダイアラー 1 - 800 - FREE411（無料電話番号案内） フリー・リマインダー・サービス	フリー②：三者間市場（広告収入でまかなう）
	フリー③：フリーミアム（無料と有料のバージョンがある）
スカイプ（無料電話）	有料会員は携帯電話へも通話できる
ブロードウェイの子ども無料日	同伴の親は有料
MIT のオープンコースウェア（オンライン無料講座） クレイグスリストの無料ペット斡旋 フリーサイクルの物々交換 博物館／美術館（補助金と寄付で運営） ペーパーバック・スワップ・ドットコム〔本を交換するサイト〕	フリー(4)：非貨幣市場

めに報酬を払うように、オンラインではよくこのトレンドを見かけるが、従来のマーケティング手法としても長い歴史を持っている。私たちがクレジットカードやお客様カードを使うときに受けられる、その場の割引やキャッシュバック、金銭的報酬、マイレージサービスなどがそれに当たる。

もちろん、本当に無料以下のものは少ない。ほとんどの場合で、遅かれ早かれ、利用者は財布を開くことになる。だが、この方法でおもしろいのは、本当はタダでもらったお金ではないのに、消費者がしばしばそうだと考えることだ。

たとえば、キャッシュバックを受けると、私たちは単純にお金を節約したときとは違った心理状態になる。新しいトラックをローンで買った購入者が、キャッシュバックとして一〇〇〇ドルの小切手(金額はいくらでもよい)を渡されたらそれをどのように使うかを調べた研究では、購入者は宝くじに当たったときのように使う傾向を見せた。実際は将来に支払うべきローンの一部なのに、棚ぼたで手に入ったかのように景気よく使ってしまうのだ。彼らは、そのキャッシュバック分を、クレジットカードの負債と同じように、未来に自分たちが払うものだとわかっているにもかかわらず、夫はゴルフクラブを買いたがり、妻は普段なら反対するのに許してしまう。

ダン・アリエリーの著書『予想どおりに不合理——行動経済学が明かす「あなたがそれ

を選ぶわけ」』には、マイナスの価格についてのすぐれた例が記されている。たとえば、アリエリーはMITスローン・スクール（ビジネススクール）の自分のクラスで、生徒に対して、私はこれからウォルト・ホイットマンの詩『草の葉』を朗読するが、その対価はどれぐらいが適当だろうかと聞く。それから全学生にアンケート票を配って、半分の学生には彼らがその朗読を聞くのに一〇ドル払う気があるかを尋ね、残りの半分にはアリエリーが一〇ドルを払えば、朗読を聞く気があるかを尋ねた。次の質問は全学生で同じで、朗読の短いバージョン、中くらいのバージョン、長いバージョンを聞くのに、それぞれいくらの対価になるのかを尋ねた。

最初の質問は、行動経済学者が「アンカー（錨）」と呼ぶもので、消費者が公正だと思える価格を大きく左右し、それを劇的に変えることがある。この実験では、最初の質問で一〇ドルを払って朗読を聞く気があるかと尋ねられた学生は、朗読にはお金を払うものだという感覚を持ち、平均して短い朗読に一ドル、中くらいの朗読に二ドル、長いのに三ドルなら払うと答えた。

一方、最初の質問で、お金をもらえるというアンカーをおろされた学生は、短い朗読に一ドル三〇セント、中くらいに二ドル七〇セント、長い朗読に四ドル八〇セントもらえるならば、がまんして聞いてもいいと答えた。

アリエリーは、マーク・トウェインが『トム・ソーヤーの冒険』の中でこのことを例示しているという。トムは面倒くさい塀のペンキ塗りの仕事を、友人たちにうらやましい仕事だと思いこませて、その仕事を代わらせるだけでなく、その特権を譲ることの対価を得た。この話には、本来ならお金をもらえることをしているのにお金を払っている人にとっての教訓がある。トウェインは述べている。「イギリスの裕福な紳士は、かなりの出費となるという理由から、夏の日中に四頭立ての馬車を二〇マイルも三〇マイルも走らせる。もしも馬車を走らせることで報酬をもらえるとすれば、それは仕事となるので、彼らはやめてしまうだろう」

これらすべては、CDベイビー社の創設者であるデレク・シヴァーズが、「さかさまにできるビジネスモデル」と呼ぶものだ。現実の例では、ロサンジェルスにあるいくつかの音楽クラブでは、演奏するバンドにお金を払うのではなく、料金をとる。バンドにとって人前で演奏することは金銭以上に価値があるし、充分に上手《うま》くなれば卒業して、演奏料をもらえる通常の仕事ができるようになるのだ。

シヴァーズによれば、中国の一部の医師は、担当する人たちが健康ならば報酬をもらえるという。彼らが病気になれば、それは医師の責任なので、医師は報酬をもらえない。担当する人を健康にし、それを保つことが医師の目標なので、それが報酬を決めるのだ。

デンマークのあるスポーツジムは、会員が少なくとも週に一度来店すれば、会費が無料になるプログラムを実施している。だが一週間に一度も来店しなければ、その月の会費を全額納めなければならない。その心理効果は絶大だ。毎週通うことで、自信がつくし、ジムも好きになる。いつか忙しいときが来て、来店できない週が出てくる。そうすると会費を支払うが、そのときは自分しか責められない。行きもしないジムに会費を支払うというありがちな状況とは異なり、このジムの会員は脱会したいと思うよりも、もっとジムに通おうという気持ちを強くするのだ。

フリー・カンファレンス・コール・ドットコム［FreeConferenceCall.com］は、電話の利用者ではなく、電話会社から料金をもらっている。すなわち、無料で電話会議が開ける場を設けることで、その利用者に遠距離電話をかける機会をつくらせる。それにより生じた電話料金について、電話会社からアフィリエイト報酬をもらっているのだ。

それぞれの場合で、賢い会社は通常のお金の流れを逆にする。モノやサービスを無料にしたり、他の会社が料金をとるものに料金を支払ったりする。これらのアイデアとハイテクは特に関係ない。起業家が価格について創造的に考えたことで生まれたものだ。

第3章 フリーの歴史
――ゼロ、ランチ、資本主義の敵

無の問題

フリーが理解しにくい理由のひとつは、それが存在するものについてではなく、ものが存在しないことを指すものだからだ。値段があるべきところに穴が空いていて、レジの引き出しには何も入らない。私たちは具体的に見えるものをもとに考えたがるが、フリーは概念であって、指を折って数えることができない。無を表す数字を見つけるまでに、人間の文明は数千年を費やしたのだ。

無をはじめて数量化したのは、かのバビロニア人だ。紀元前三〇〇〇年頃に、現在のイラクに当たる肥沃な三日月地帯では農耕社会が栄えていたが、数の数え方に問題を抱えていた。問題は、彼らの使う六〇進法にあったのではない。六〇進法は手の指、足の指を使

って数えようとしないかぎり、私たちの時間のシステムのルーツとなっているので、実は使いやすいのだ。

そうではなく、問題は記数法にあった。

当時の他の多くの文化とは異なり、バビロニア人は数字を個別に表す記号を持っておらず、わずかにふたつの記号を使っていただけだった。「一」を表すひとつのくさび形（V）と、「一〇」を表すふたつ並んだくさび形（W）だ。したがって、ひとつのくさび形は、置く場所によって、一にも六〇にも三六〇〇にも、さらにそれを六〇倍していくどの数字をも意味した。チャールズ・サイフェはその著書『異端の数ゼロ――数学・物理学が恐れるもっとも危険な概念』で、ゼロのことを「青銅器時代におけるコンピュータのコードだ」と記している。

そろばんのような算盤で計算する文化では、これはまったく道理にかなっている。このすぐれた装置で数を足すことは、石を上下に動かすだけですむ。異なる列にある石は異なる位の数を示す。各列に石が六〇個並んだ算盤があれば、六〇進法による計算の難易度は、一〇進法と変わらないはずだ。

だが、もしもある数字をその算盤で表すときに、ある位の石がひとつも動いていない場合にはどうしたらいいだろうか。六〇は、一〇の位となる二列目にひとつのくさび形を記し、一列目には何も記さないことで表す。では、「何も記さない」ことをどうやって表せばいいのか。バビロニア人は何もないことを意味するプレースホルダーを必要とした。つまり、事実上、ゼロを発明しなければならなかった。そこで彼らはなんの値も持たずに、その列が空《から》であることを示す新しい記号をつくり出したのである。それは傾いたくさびを二個並べた記号にした。

何進法であろうと、数字を書き記すときにはプレースホルダーが必要なのだから、文字が考えだされて以来、人間は「ゼロ」を使ってきたのだと皆さんは思われるかもしれない。だが、多くの進んだ文明が記号としてのゼロは使っても、概念としてのゼロを必要としないまま生まれては消えていった。古代ローマ人はローマ数字でゼロを使わなかった（彼らの記数法には固定された列はなく、どの桁の値もとなりの桁にある数字によって決まった）。

一方、古代ギリシア人ははっきりとゼロを拒絶した。彼らの数学は幾何学にもとづいていたので、数字は長さや角度や面積などの空間を表すものだった。そのためゼロの空間は意味をなさなかったのだ。ギリシアの数学を代表するのはピタゴラスとピタゴラス学派で、ピタゴラス音階と黄金分割比という深遠な発見をした（だが皮肉なことに、直角三角形の斜辺の長さを計算するあのピタゴラスの定理は、ピタゴラスが生まれるずっと前から知られていた）。古代ギリシア人はときに算数がマイナスの数字や無理数、さらにはゼロを生みだすことを理解していたが、それらは自然の形ではないという理由で否定していた（困ったことに、黄金分割比は無理数だったが、そのことはずっと秘密にされていた）。

この視野狭窄《きょうさく》もわからないではない。数学が現実の物事を表すものだとされる社会では、何もないことを表す数字は必要ない。それは抽象的な考えであって、抽象的な数学の世界に出てくるものにすぎない。イギリスの数学者アルフレッド・ノース・ホワイトヘッドは一九一一年に次のように記した。「ゼロについて大事なことは、日常生活ではそれを使う必要がないことだ。誰も魚をゼロ匹買いに行かない。ある意味でゼロは基数の中でももっとも洗練された数字で、洗練された思考のために必要となるにすぎない」

任務はインドの数学者にまかされた。サイフェは記す。ギリシア人とは違ってインド人は数字が現実の物事だけを表すものだとは見ずに、概念としてもとらえた。東洋の神秘主義は陰と陽の二重性を通して、有形と無形のものを両方ともとりこんだ。シヴァ神は世界の創造者であると同時に破壊者だ。ニシュカラ・シヴァ神の一側面は、「何もない」、つまり空《くう》のシヴァだった。数字を現実の物質と切り離すことで、インド人は代数学を考えだせたのだ。その結果、数学を発展させていき、九世紀までには、マイナスの数字とゼロなどを論理的に導きだしていた。「zero」の語源はインドにある。インドでゼロは「空《くう》」を意味する「sunya」であり、それがアラビア語の「sifr」に転じて、西洋の学者がラテン語化し

「zephirus」として、それから現在の「zero」になったのだ。

フリーの問題

九〇〇年までに、何もないことを示す記号と代数における枠組みはできあがった。一方、経済システムはどうだったのだろうか？ ある意味でそれははじめからあった。「economics」という言葉は、古代ギリシアの「oikos（家）」と「nomos（習慣、法律）」に由来し、「家庭のルール」という意味を持っていた。そして、家ではずっとフリーがルールだった。貨幣経済が確立されたずっとあとになっても、ほとんどの文化では、家族や一族など緊密な社会集団内部で、日々の取引は価格を持たなかった。家庭内や近所づきあい、さらには職場でさえも、モノやサービスをやりとりするときにはいまだに、寛容さや信頼、善意、評判、さらには等価交換が通貨の役割を果たしている。一般的に、友人のあいだに貨幣は必要ないのだ。

しかし、見知らぬ人との取引では、社会的絆では評価できないので、お金が価値をはかる共通の基準となり、物々交換は貨幣の支払いにとって代わられた。それでも、パトロン行為から行政サービスまでフリーが適用される領域は依然として存在した。

一七世紀に国民国家ができると、金持ちから税金を多くとり、貧しい者は少ない税負担で、無料で行政サービスを受ければいいという、累進課税の考えが生まれた。行政サービスをする政府組織ができると、特別な種類のフリーが生まれた。市民一人ひとりは行政サービスにお金を払わないが、社会全体が払う。そのため市民は自分の払った税金がどれだけ直接自分に戻ってきたのかわからないのだ。

慈善行為もフリーであることはもちろんだし、納屋の棟上げ式やポトラッチ（北米先住民の贈り物とそのときの祝宴）などの地域共同体内の贈与もそうだ。週休二日制が登場し、就労年齢の上限下限を定めた労働法ができ、労働の主流が畑仕事から工場労働に、さらにデスクワークへと移ると、自由になる時間が増えた。そのため無償労働であるボランティア活動が盛んになり、今日まで続いている。

貨幣経済が普及しても、タダで何かを与えることの重要性は変わらなかった。そのもっともいい例はお金を貸したときの利子だろう。歴史的に見て、利子をとることは、特に貧しい者を相手にしたときはある種の搾取だと見なされてきた。「usury」という英単語は今日では「高利貸し」を意味するが、もともとは利子をとること一般を指していた（無利子の金貸しは現在では、贈与の一形態と考えられている）。たとえば、初期のカトリック教会は利子をとることに強く反対していて、教皇クレメンス五世は一三一一年に、利子をとる権利をキリスト教に反するものであると宣言した。

しかし、利子を悪と考えない社会もあった。歴史家のポール・ジョンソンは『ユダヤ人の歴史』〔徳間書店、石田友雄監修〕で次のように記している。

古代中東における最古の諸宗教の体系ならびにそこから生まれた世俗の法典は、高利貸しを禁じなかった。これらの社会は無生物の物資を植物、動物、人間と同様に自己再生産可能な生き物のようにみなした。したがって「食物貨幣」、あるいはいかなる種類であれ金銭的価値を持つ物資を貸す場合、それに利子を課すのは正当なことであった。オリーブ、なつめやし、種子、あるいは動物といった形をとる食物貨幣は、紀元前五〇〇〇年頃にはすでに貸し付けられていた。

だが、金銭の利益をあげることには、多くの社会がきびしい姿勢をとってきた。イスラム法は利子をとることを全面的に禁じているという解釈もあり、コーランもそれをストレートに語っている。

利息を貪る者は、悪魔にとりつかれて倒れたものがするような起き方しか出来ないであろう。それはかれらが「商売は利息をとるようなものだ。」と言うからである。しかしアッラーは、商売を許し、利息（高利）を禁じておられる。それで主から訓戒が下った後、止める者は、過去のことは許されよう。かれのことは、アッラー（の御手の中）にある。だが（その非を）繰り返す者は、業火の住人で、かれらは永遠にその中に住むのである。

――『日亜対訳・注解 聖クルアーン（第6刷）』（日本ムスリム協会）〔雌牛章第275節〕

しかし、やがて経済的実用主義が利子を受け入れさせた。キリスト教会も商人階級から政治的支援を受けたいという理由もあって、意見を変えた。ウィキペディアの「usury」の項目には次の情報がある。「一六世紀に、短期金利が劇的に下がった（年率二〇～三〇パーセントから九～一〇パーセントに）のは、効率的な銀行制度と商業技術の発達と、貨幣流通量が増えたおかげだった。金利が下がると、金貸しを非難する声は一気に小さくなった」

資本主義とその敵

一七世紀以降、市場や商人階級の役割は、多くの地域で全面的に受け入れられるようになった。通貨は保護され、その供給量は規制され、現代と同じような経済が栄えたのだ。知らない者同士でおこなわれる商取引は、比較優位と専業化のおかげで増えつづけた（人々は自分がもっとも上手につくれるモノをつくり、他の人が自分より上手につくるモノと取引をした)。通貨の信用性は、取引相手の信用力ではなく、その発行者(通常は国家)に対する信用に由来することで、価値単位としてそれまで以上に重要となった。「すべてのものには価格がある」という考えは、わずか数世紀ほどの歴史しかないのだ。

アダム・スミスにより、商業とは商店でモノを売ることだけでなく、人間の全活動について考える手段となった。人間はどのように選択をするのかを研究する学問として経済学という社会科学が生まれた。自然に関するダーウィンの説と同じように、誕生したばかりの商業に関する学問の中心には競争があった。お金は競争における参加者の成績を表した。モノをつくりつづけるためには、それを売って代金を請求することが、もっとも効果的な方法だった。自然における利己的遺伝子と同じように、経済における利潤追求はとても強力だった。

だが、市場万能主義が主流となるなかで、一部の人はお金がすべてのものの交換手段となることに異を唱えた。カール・マルクスは共同所有権を主張し、支払い能力に応じてではなく、必要に応じた分配をするべきだと訴えた。また、ロシアの貴族に生まれ、革命家になったピョートル・クロポトキンをはじめとする一九世紀の無政府主義者は、集産主義のユートピアを夢見た。ウィキペディアによれば、そこではメンバーがコミューンの事業と相互扶助のためにすすんで必要な労働をするという。

クロポトキンは一九〇二年の著作『相互扶助論』の中で、ある意味では、今日のインターネットという〈リンク経済〉（人々はウェブにメッセージを書いてお互いにリンクを張り、受け手にトラフィックや評判をもたらす）を支配するいくつかの社会的な力を予想していた。人に何かをあげることは、お金のためではなく自己満足のためだと彼は言ったのだ。その満足はコミュニティや相互扶助や支援に根ざしている。すすんで他人を助けることで、相手も同様にふるまうようになる。「原始社会」はそのように動いていたとクロポトキンは主張した。贈与経済は市場経済よりも、人間の自然の状態に近いのだと。

しかし、それを実践しようという試みはあらゆる規模で失敗した。集団の人数が一五〇人を超えると、相互扶助を監視する社会的絆がゆるみはじめるのが主な原因だった（一五〇人という数字は「ダンバー数」と呼ばれる。それは経験則により割り出された数字で、人間のコミュニティで各メンバーが強い絆で結ばれたままでいられる構成員の上限数だ〔イギリスの人類学者ロビン・ダンバーが定式化した〕）。したがって、一国規模の大きさを持つ集産主義がうまくいかないことはほとんど運命づけられていた。互恵にもとづく大きな経済がうまくいくのは、バーチャル世界の登場まで待たなければならなかったのだ。ウェブから多人数参加型ゲームまで、オンラインの社会では現実世界で私たちが持つ社会的ネットワークよりもはるかに大きいネットワークを維持できる。ソフトウェアは私たちのネットワークを広げつづけているのだ。

最初のフリーランチ

一九世紀末までに、イデオロギー上の対立はおおかた終わり、市場経済は欧米にしっかりと根づいていた。お金はもはや悪の根源ではなく、成長の触媒であり、繁栄の鍵となりつつあった。モノの価値は人々がそれに払う金額によって決まり、単純明快になった。市場経済に代わる贈与や物々交換、社会的責務にもとづいたシステムというユートピアの夢は、コミューン（共産主義的共同体）やイスラエルのキブツ（集団農場）などのささやかな実験にとどまっていた。商業の世界で、「無料《フリー》」は最初の近代的な意味を持つにいたった。つまり、マーケティング手法である。そして、そのためにすぐに疑いの目で見られるようになる。

キング・ジレットとパール・ウェイトがフリーから財をなしたときにはすでに、消費者は、「この世にフリーランチなどない」という言葉を耳にするようになっていた。これは一時期アメリカの酒場で流行した、飲み物を一杯でも注文すれば無料で食事（フリーランチ）ができるサービスについての言葉だ。食べ物はサンドイッチからコース料理まで店によってさまざまだったが、一般的に一杯の飲み物よりもはるかに高い値打ちがあった。それでも酒場の経営者は、ほとんどの客が二杯以上の飲み物を注文するはずだし、このサービスで昼の暇な時間帯でも客を呼べるだろうと考えた。

ウィキペディアで「フリーランチ」を調べると、この有名な手法の興味深い歴史をかいま見ることができる。一八七二年に『ニューヨーク・タイムズ』紙は、フリーランチの発祥地はニューオーリンズであるという記事を書いた。そこではすべての酒場で毎日、フリーランチのサービスがあったという。

記事によれば、フリーランチのおかげで、数千人の人間が生きながらえているという。

フリーランチのテーブルは、偉大なる平等主義の場だ。テーブルの前に立った人は、威厳を保とうという望みをかなぐり捨てなければならない。……この無料の食事には、あらゆる階級の人がやってきては、料理のおかわりをしようと押しあいへしあう姿を見ることができる。

サンフランシスコでは、ゴールドラッシュとともにフリーランチの習慣がやってきて数年続いた。だが、ほかの土地では禁酒運動と衝突した。アルコール禁止闘争の歴史の最中、一八七四年には、フリーランチの実態とは給仕する女性と歌がついた大盛況の酒盛りにほかならないと非難された。「アルコールが中心で、ほかのすべてのことはそのまわりを回っている」のだと。

一方で、フリーランチは実質的に社会救済機能を果たしていると擁護する意見もあったとウィキペディアは続けている。一八九四年に、社会改革者のウィリアム・T・ステッドは次のように述べている。「その年の冬に、フリーランチの酒場は、シカゴで腹を空かせた多くの人々にほどこしを与えている。酒場が救う人の数は、宗教組織や慈善団体や自治体がほどこしを与えている人々すべての数よりも多い」。ステッドはある新聞の推算を紹介した。三〇〇〇軒ある酒場の経営者は一日に六万人にほどこしを与えている、という。

サンプル、贈り物、試食品

二〇世紀に入ると、パッケージ入りの商品を扱う新しい産業とともに、ふたたびフリーが現れた。ブランドや広告戦略、それに全国的な流通体制が登場したことで、フリーはひとつの販売戦略となったのだ。無料サンプルは目新しいものではなかったが、それをマス・マーケティングとしておこなったのは、一九世紀のマーケティングの天才であるベンジャミン・バビットの功績だ。

バビットは何通りもの石けんのつくり方など、いろいろなものを発明したが、真に輝ける彼の功績は、その革新的な販売法だった。バビットの石けんは、無料サンプルをはじめて大量に配るという、広告と販促キャンペーンによってアメリカ中に名が知れ渡った。「正しくお試しいただくことだけが私の願いです」とバビットの広告はうたい、紳士然としたセールスマンが試供品を配った。

もうひとりの先駆者は、サウスダコタのウォールドラッグだ。一九三一年に、ネブラスカ出身の薬剤師だったテッド・ハステッドは、カトリック教会があるどこか小さな町で薬局を開きたいと思っていた。そして、まさにうってつけの土地を見つけた。それは人口三二六人のウォールという町で、彼はそこを「何もないところ」と呼んだ。当然ながら、経営はきびしかった。だが一九三三年に、ウォールから一〇〇キロメートル西にあるラシュモア山国立記念公園に彫られた歴代大統領の巨大な胸像がお披露目されると、ハステッドの妻のドロシーは、車で山に向かう観光客が立ち寄ってくれるように、冷たい水を無料でサービスすることを思いついた。その結果、店は地図に載るようになり、商売は大繁盛した。

今日のウォールドラッグはカウボーイをテーマにした巨大なショッピングモール兼デパートに成長している。今ではバンパー・ステッカーと販促用の看板を無料でくれるし、コーヒーは一杯五セントで、冷たい水はもちろんタダのままだ。

フリーが武器となる

二一世紀におけるフリーの力を予想させる最初の徴候は、娯楽、教養、報道とさまざまに姿を変えられるラジオというメディアが二〇世紀に登場したときに見られる。今日、市場に参入するもっとも破壊的な方法は、既存のビジネスモデルの経済的意味を消滅させることだ。つまり、既存ビジネスが収益源としている商品をタダにするのだ。すると、その市場の顧客はいっせいにその新規参入者のところへ押しかけるので、そこで別のモノを売りつければいい。携帯電話による無料の遠距離通話サービスを考えてみてほしい。それは固定回線の遠距離電話ビジネスを衰退させた。また、無料のクラシファイド広告〔特定の地域を対象とした求人や不動産情報、不要品の売買など、数行程度の簡素な広告を分類し、まとめて表示する広告〕は新聞業界に大きな影響を与えた。

七〇年前に、音楽レコードをめぐって同様の戦いがくり広げられた。一九三〇年代終わりにラジオが人気の娯楽となったが、そのときに、ミュージシャンに対するそれまでの支払い方法が問題となった。「エンサイクロペディア・ドットコム」の「アメリカの世紀」という項目には次のように記されている。「当時のラジオの音楽番組は、そのほとんどが生演奏で曲を流し、音楽家と作曲家は一度の演奏に対する報酬をもらった。しかし、ミュージシャンたちからすれば、数百万人のリスナーが聴いているのだから、一回分の演奏料は正当な報酬だと思えなかった。もしも、リスナーをコンサートホールに集めたならば、もっと高い演奏料がもらえるはずだ。それに対して放送会社は、リスナーの数を把握できないのだから、それにもとづいて演奏料を払うことはできないと主張した」。そこで、人気アーティストのほとんどを抱えるＡＳＣＡＰ（米国作曲家作詞家出版者協会）は、音楽を流す権利を与える代わりに、ラジオ局の総広告収入の三パーセントから五パーセントを求めるというきびしい条件を提示した。さらに一九四〇年に契約が切れたあとは、パーセンテージを上げるつもりだと迫った。

放送会社とＡＳＣＡＰが交渉を始めると、ラジオ局はすぐに行動を起こし、生演奏をすべて打ち切った。すでにその頃には、録音技術の進歩にともない、レコードをかけるラジオ局がどんどん増えていて、アナウンサーはディスクジョッキーとして知られるようになっていたのだ。それに対してレコード会社は、音楽レコードに「ラジオ局の使用を許可せず」というスタンプを押したが、一九四〇年に最高裁判所は、ラジオ局がレコードを買えば、それをかけてもいいという判決を出した。ＡＳＣＡＰはビング・クロスビーなどもっとも有名な会員を説得して、新たなレコーディングをやめるという対抗策をとった。

かけるレコードが減るなかで、法外な著作権使用料を請求された放送会社は、自分たちで音楽著作権管理団体（ＢＭＩ）をつくることで反撃に出た。エンサイクロペディア・ドットコムによると、「ＢＭＩは、ニューヨークを本拠とするＡＳＣＡＰに無視されていたリズム＆ブルースやカントリー＆ウエスタンなどの地方で活動するミュージシャンをすぐに引きつけた。人気で劣る彼らは、金銭よりも自分の曲が放送されることを望んだので、ラジオ局がタダで自分たちの曲を流すことを認めた。これにより、ラジオ局から著作権料をとろうというビジネスモデルは崩壊した。その代わりに、ミュージシャンはレコードやコンサートで稼ぐようになり、ラジオは重要なマーケティング手段となった」

ASCAPは、一九五〇年代から六〇年代にかけていくつもの訴訟を起こしたが、ラジオ局から高い著作権使用料を請求できるほどの力をとり戻すことはできなかった。無料のラジオ放送と、ほんのわずかな著作権使用料の支払いにより、ディスクジョッキーの全盛期が到来し、〈全米トップ40〉などラジオ局のヒットチャートが流行をつくる現象が生まれた。現在の著作権使用料は、放送時間、放送範囲、ラジオ局のタイプなどで算定されているが、ラジオ局が繁栄できるほど低い水準であることは変わらない。

結果は皮肉なものだった。フリーはASCAPが恐れたように音楽ビジネスを崩壊させることなく、反対に音楽産業を巨大で儲かるビジネスに変えた。低品質の無料バージョン(低音質でいつ曲がかかるのかわからないラジオ)は、音質のよい有料バージョンを買ってもらうためのすぐれたマーケティング手法となり、ミュージシャンの収入は、演奏からレコードの著作権使用料に移った。現在のフリーは、形を変えて同じやり方をしている。無料の音楽配信がコンサート・ビジネスを成長させるためのマーケティング手法となっているのだ。そのなかで変わらないものと言えば、音楽レーベルがあいかわらずこれに反対していることだ。

潤沢な時代

二〇世紀には、人々がフリーを概念として受け入れはじめただけでなく、そのフリーを現実のものにするための重要な現象も起きた。それはものが潤沢にある時代の到来だ。それ以前のほとんどの世代は、衣食住の欠乏を常に心配していたが、この五〇年ほどのあいだに先進国に生まれた人は、ものが潤沢にあることがあたりまえになっている。そして、人間が生きるためにもっとも必要な食料において、この潤沢さは顕著なのだ。

私が子どものとき、アメリカの貧困層の問題と言えば飢えだったが、今日では貧困層の肥満が問題になっている。この四〇年のあいだに、農業の世界で劇的な変化が起きて、人間は食物を育てるのがとてもうまくなった。技術革新によって稀少だった農産物が潤沢になったのだ。そして、この話からは、稀少な主要資源が潤沢に生産されるようになるときに何が起こるかを知る手がかりが得られる。

農作物を育てるのに必要な材料は五つしかない。太陽、空気、水、土地（栄養）、労働力だ。太陽と空気はタダだし、農作物を育てる場所の降雨量が多ければ、水もタダになる。残る労働力と土地と肥料はタダではないので、農作物の価格の大半はその費用となる。

産業革命は一九世紀になると農業を機械化し、労働コストを大きく下げて、収穫量を増やした。だが食料経済を本当に変えたのは、一九六〇年代に発展途上国で農業の効率化を進め、労働力の削減へとつながった〈緑の革命〉だ。この第二の革命の鍵は、化学にあった。

人類の歴史の大半において、人間が得られる食物の量を決めてきたのは肥料だ。農作物の収穫高は、動物と人間の排泄物を中心とした肥料をどれだけ使えるかで決まった。そして、農地で家畜と作物による栄養サイクルの相乗効果を望むのならば、両者の使う土地を分けざるをえなかった。しかし一九世紀の終わりに、植物学者は植物に必要な主栄養が窒素とリン、カリウムであることを解明しはじめた。

二〇世紀に入ると、一部の化学者がそれらの栄養素を合成する研究にとりかかった。そして、飛躍的進歩はBASF社で働くフリッツ・ハーバーの発見によってもたらされた。空気と天然ガスを高圧・高温下で混ぜることによって、空気の中から窒素をアンモニアの形でとりだすことに成功したのだ。安価な窒素肥料は一九一〇年代にカール・ボッシュの手で商品化された。それにより農産物の生産量は大きく増え、マルサス主義的災厄、つまり人口爆発による飢餓という長年危惧されてきた事態を避けられるようになった。現在、アンモニアの製造で世界の天然ガスの約五パーセントを消費していて、それは世界のエネルギー消費の二パーセントに当たる。

この窒素肥料は、肥やしに頼っていた農民を解放した。窒素肥料と化学殺虫剤、化学除草剤によって緑の革命はなし遂げられ、世界の食糧生産量を約一〇〇倍に増やすことで地球は増加する人口を養えるようになった。特に新たに登場した中産階級は食物連鎖の高いレベルにある食べ物を望み、穀物よりも資源集約的な肉を好むようになった。

食料生産量が上がった効果は劇的だった。アメリカの家庭の平均収入に占める食費の割合は、一九五五年の三分の一から、現在では一五パーセント以下にまで落ちた。

トウモロコシ尽くし

農作物の潤沢さを私たちが毎日実感できるものと言えば、トウモロコシ経済だ。その実《み》にデンプンが詰まったこの特別な植物は、人間が何千年ものあいだ、品種改良により実を大きくしてきたので、一エーカー当たりの生産高は地上のどの作物よりも高い。

トウモロコシ経済は通常、少なくとも食料に関しては、潤沢さの経済に根ざしている。歴史家はしばしば、米と小麦、トウモロコシという三つの穀物を通して主要な古代文明を見てきた。米はタンパク質が豊富だが、育てるのがむずかしい。小麦はその逆に育てやすいが、タンパク質が少ない。トウモロコシだけが育てるのが簡単なうえに、タンパク質が豊富なのだ。

歴史家によれば、それらの穀物が必要とする労働量に対する実に含まれるタンパク質の量の割合が、その穀物を主食とする文明の進む道に影響を与えたという。その割合が高ければ高いほど、少ない労働で自分たちを養えるので、「社会の余剰」が発生する。それが与える影響は肯定的なものに限らない。米と小麦を主食とする社会は農耕社会で、内側へ向く文化になりやすい。おそらく米と小麦を育てる過程で彼らはかなりのエネルギーをとられてしまうからだ。一方、マヤやアステカなどトウモロコシを主食とする文化は、時間とエネルギーが余っていたので、よく近隣の部族を攻撃したという。この分析によれば、アステカ人を好戦的にしたのは潤沢なトウモロコシだったのだ。

今日の私たちは、トウモロコシを食べる以外の用途にも使っている。合成肥料と育種技術により、トウモロコシは太陽と水を他のどんな植物よりも効率よくデンプンに変換できるようになり、人間が食べきれないほどの量をつくれるようになった。そのためトウモロコシは絵の具から容器までさまざまな製品の材料となっている。安いトウモロコシによって私たちの食卓から多くの食材が追い出されたし、牛などの家畜を飼う代わりにトウモロコシを加工する機械が導入されるようになった。

マイケル・ポーランが『雑食動物のジレンマ――ある4つの食事の自然史』でこう指摘

している。チキンナゲットは「トウモロコシ尽くしだ。ニワトリはトウモロコシをエサに育てられているし、ナゲットにはつなぎとしてコーンスターチが使われているし、バターにもコーンフラワーが入っているし、コーンオイルで揚げている。それにあまり知られていないだろうが、ナゲットに入っている酵母やレシチン、モノグリセリド、ジグリセリド、トリグリセリド、魅力的な金色にして鮮度を保つためのクエン酸もすべてトウモロコシを原料にしているのだ」

今のスーパーマーケットにある商品の四分の一にトウモロコシが入っている、とポーランは書いている。そして、それは食品だけではない。練り歯みがきや化粧品から、使い捨ておむつ、洗剤までさまざまな商品に加えて、商品を詰める段ボール箱にもトウモロコシが使われている。スーパーマーケットの建物も、壁張り用材やパテ材、床のリノリウム、接着剤にトウモロコシが含まれている。

あり余るトウモロコシは、今ではエタノールという形で車の燃料にも使われている。だが、そのことで潤沢さの限界が試されることになった。トウモロコシの価格は数十年間下がりつづけたあとで、原油価格の高騰につられて、ここ数年上がってきたのだ。それでも、イノベーションは商品価格が上がることを忌み嫌うので、トウモロコシが高くなれば、トウモロコシが生育しないような場所でも育つスイッチグラスや他の繊維素（セルロース）からエタノールをつくる研究に拍車がかかるだけだ。セルロースを分解する魔法の酵素が発見されれば、トウモロコシの価格はふたたび下がって、それとともに他の食品の価格も下がるだろう。

賭けに敗れたエーリック

一次産品が時間とともに安くなるという考えは、直観に反している。食べ物は少なくとも再収穫できるが、鉱物はできない。地球は限られた資源であり、鉱石をとればとるほど、残りは少なくなる。これは典型的な稀少性のパターンだ。一九七二年に、シンクタンクのローマクラブは『成長の限界』という本を出し、有限な資源に比して急激な人口の増加がもたらす災厄的結果をシミュレートして示した。「人口爆発」の危険は地球に耐えきれないほどの負荷をかけると指摘するその本は、世界で三〇〇〇万部を売り、環境運動に明確な目的を与えた。

だが、こうしたマルサス主義的な絶望のシナリオに同意しない人もいた。一九世紀と二〇世紀の歴史を見れば、人間は人口増加のペースよりも速く賢くなることがわかる。人間の持つ創意工夫の才をもってすれば、地球の資源を消費する以上のペースで掘り出す方法が見つかるだろう。そのため需要よりも供給のほうが早く増えるので、価格の低下をもたらすのだ（もちろん、資源は限られているので、これは永久には続かない。しかしここでの要点は、ローマクラブが考えたよりも資源は潤沢にあったということだ）。こうした意見の是非をめぐる議論から、歴史上もっとも有名な賭けのひとつが生まれた。稀少説と潤沢説が対決したのだ。

一九八〇年九月に人口学者で生物学者のポール・エーリックと、経済学者のジュリアン・サイモンが、『季刊社会科学（*Social Science Quarterly*）』誌上で、主要一次産品における将来の価格について賭けをした。

サイモンは、「民間がコントロールする原材料（穀物と原油を含む）の価格は、長期的に見て上昇しない」というみずからの考えに一万ドルを賭けようと申し出た。エーリックは賭けに応じて、そのときから一〇年後の一九九〇年九月二九日を賭けの清算日とした。インフレ調整後の指定金属の価格が今よりも一〇年後に上がっていればエーリックの勝ちで、下がっていればサイモンの勝ちとなる。エーリックは銅、クロム、ニッケル、スズ、タングステンの五種類の金属を指定した。

『ワイアード』誌のエド・レジスがその結果を報告している。一九八〇年から九〇年までに、世界の人口は八億人以上も増え、一〇年間の増加数としては過去最大を記録した。それでも一九九〇年九月には、エーリックの指定した五つの金属のうち四つで価格が下がっていたのだ。クロムは一九八〇年に一ポンド当たり三ドル九〇セントだったが、一〇年後には三ドル七〇セントになっていた。スズは一九八〇年の八ドル七二セントから三ドル八八セントと半分以下にまで落ちていた。

なぜサイモンは賭けに勝てたのだろうか？ 理由のひとつは、彼が優秀な経済学者で、代替効果について理解していたからだ。これは、ある資源が稀少となり、価格が上がりすぎると、人々は潤沢に供給できる代替品を見つけようとするので、稀少な資源の需要が減ることだ（石油の代替品を見つけようという近年の競争がいい例だ）。正しくもサイモンは、人間の創意工夫の才と科学技術の学習曲線が、ある資源を使いきる前に新しい資源を使えるようにするだろうと考えていた。

エーリックが悲観的すぎたことも、サイモンの勝因だ。エーリックは、一九七五年までに「信じられないほど広大な範囲で」飢饉が起こり、一九七〇年代と八〇年代で何億人もが餓死し、世界は「真の欠乏の時代」に入ると予測していた（これがはずれたにもかかわらず、彼は一九九〇年にマッカーサー財団の天才賞を受賞した。受賞理由は、「環境問題に対する世間の理解を大いに高めた」ことだった）。

人間はものが潤沢なことよりも、稀少なことを理解しやすいようにできている。なぜなら私たちは生存のために、脅威や危険に過度に反応するように進化してきたからだ。私たちの生存戦術のひとつに、ものがなくなりそうな危険に注意を向けることがある。進化の観点から言えば、潤沢にあることはなんの問題にもならないが、稀少な場合は奪いあいになる。賭けはサイモンが勝ったが、世間はエーリックの主張も一理あると考えたようだ。

レジスは報告する。「サイモンには、人々が何事につけ最悪の事態を信じたがることが理解できなかった。人々は事実の力に抗する予防接種を受けているかのように、自分たちの考えに反する証拠があってもそれに感化されないのだ」。エーリックの悲観的な予測は昔も今も影響力を持っている。それに対して、サイモンの観察に興味があるのは、商品トレーダーだけのようだ。

たくさんありすぎて気づかない

トウモロコシの例のように、私たちはその一生のあいだにものが潤沢になっていく例を実際に経験しても見落としがちだ。ひとたびものが潤沢になると、ふだん空気を意識せずに呼吸をしているのと同じで、私たちはそれを無視しやすくなるのだ。経済学が「稀少なものの選択」の科学だと定義されるのはここに理由がある。潤沢にあるときは選択の必要がないので、それについて考えなくていいのだ。

これには大小さまざまな例がある。コロラド大学の工学博士だったペトル・ベックマンは次のように記した。「中世ヨーロッパで海に面していない地域では、ときに塩が不足したので、塩は金《きん》と同じように『通貨』として使われた。現代の塩はどうだろうか？　どの料理にもタダ同然で入れられる調味料だ。安すぎて誰も気にしない」

潤沢さを広い視点で見ると、他の国からの豊富な労働力をもたらすグローバリゼーションなど、すべてを押し流す影響力を持つものもある。今日、衣服などの生活必需品はとても安いので、使い捨てが普通だ。一九〇〇年に、もっとも基本的な男性用肌シャツは（Tシャツと布地も縫製もほぼ同じもの）、アメリカで卸売価格が約一ドルだった。安くはなく、小売り段階ではさらに高くなっていた。その結果、平均的アメリカ人はシャツを八枚しか持っていなかった。

今でも、Tシャツの卸売価格は一ドルだ。しかし今日の一ドルは一〇〇年前に比べ、二五分の一の価値しかないので、一〇〇年前のシャツ一枚は今のTシャツ二五枚に相当する。そのため、今では誰も古着を着る必要はなく、ホームレスの中にはシャワーや洗濯の機会よりも、タダで服を得られる機会のほうが多いので、しばらく着ると捨ててしまう者もいる。

だが、二〇世紀における潤沢さのもっとも身近な例は、プラスチックだろう。それはアトム（原子）なのにビット（情報）と同じくタダに等しく、加工しやすい。究極の代替商品であるプラスチックは、製造と材料のコストを実質的にゼロにまで下げた。それは彫る必要も、機械加工する必要も、色を塗ったり、鋳造したり、型を合わせて打ち抜いたりする必要もない。ただ型に入れてつくればよく、形も質感も色もお望みのままだ。一九〇七年にレオ・ベークランドが全合成樹脂の開発に成功すると、キング・ジレットがカミソリにとり入れた使い捨て文化の概念があらゆるものに拡張された。ベークランドの名をとって、合成樹脂の商品は「ベークライト」と名づけられた。その会社のロゴのBの文字は、無限大を表す∞にも見えて、ベークライトの応用法は無限のように思えた。

第二次世界大戦中に、プラスチックは重要な戦略物資となり、アメリカ政府は一〇億ドルをかけて合成樹脂製造工場をつくった。戦後、その生産能力はすべて消費者市場に向けられ、この加工しやすい素材はとても安くなった。ヘザー・ロジャーズはその著書『絶望的な明日──知られざるゴミの一生（*Gone Tomorrow: The Hidden Life of Garbage*）』で列挙している。「タッパーやフォルマイカ製のテーブル、グラスファイバー製の椅子、ビニールレザークロスのソファ、フラフープ、使い捨てボールペン、シリーパテ〔おもちゃのシリコンゴム粘土〕、ナイロン製のパンティ・ストッキング」などが続々と生みだされた。

プラスチックの第一世代は、使い捨てではなく、すぐれた素材として売られた。それは金属よりも望みの形に加工しやすいし、木よりも長持ちする。ところが、第二世代のプラスチックやビニール、ポリスチレンはとても安くなったので、無造作に捨てられるようになった。一九六〇年代には、カラフルな使い捨て商品が、モノ不足を克服した工業技術の勝利を告げる現代社会の象徴になった。工業製品を捨てることはムダではなく、進んだ文明の特権だったのだ。

ところが一九七〇年代に入ると、使い捨て文化が環境に与えるコストが目立つようになり、過剰にあふれるモノに対する姿勢が変わりはじめた。プラスチックはタダ同然の価格だったが、それはたんに適切な価格づけがなされていなかったからだ。環境に悪影響を与えるという外部不経済のコストも考えれば、マクドナルドのハッピーミール・セットについてくるおもちゃを一回遊んだだけで捨ててしまうのは、うしろめたく思うべきなのかもしれない。こうして、リサイクル運動が始まった。ありあまる資源に対して私たちは、個人の心理（どうしようが私の勝手だ）ではなく、集団の心理（私たちは好き勝手にしてはならない）で考えるようになったのだ。

潤沢さの勝利

二〇世紀について特筆されるべきは、潤沢さがもたらした大きな社会的・経済的変化だ。自動車は、膨大に蓄えられた石油を地下から採掘できるようになったことで実現した。石油は、稀少な鯨油に代わり、どこでも手に入る液体燃料となった。巨大コンテナのおかげで、港での積み卸しに大勢の港湾労働者は必要なくなった。そのため船積みの費用は安くなり、余った労働力をほかにまわせるようになった。そして、コンピュータは情報を潤沢にした。

水が常に低いところへ流れるように、経済も潤沢なほうへと流れた。あらゆる製品はコモディティ化〔競合商品のあいだで機能、品質、ブランド力などの差異が失われ、低価格化・普及品化すること〕されて安くなっていき、企業は儲けを求めて新しい稀少性を探した。潤沢にあるモノのコストが底値にまで下がるとき、その商品に隣接した別のモノの価値を押しあげることがある。マネジメントの専門家であるクレイトン・クリステンセンはこれを「魅力的利益保存の法則」と呼んだ。

二〇〇〇年にマネジメントのカリスマであるセス・ゴーディンは『バイラルマーケティング』にこう書いている。「二〇年前に、フォーチュン誌の世界トップ企業五〇〇社の上位一〇〇社は、地中から何かを掘り出すか、鉄鉱石や石油などの天然資源をモノに変える会社だった」。現在は、まったく様変わりしたとゴーディンは言う。

上位一〇〇社に、航空宇宙産業や自動車、化学、食品、金属加工、重工業などモノをつくる会社は三二社しかいない。それ以外の六八社のほとんどは資源ではなく、アイデアを加工している。ヘルスケアや電気通信などのサービスを提供する会社がある。ほかには、医薬品や半導体などの知的財産をつくる会社があり、そこでは製造コストよりも開発コストのほうがはるかに大きい。また、大規模小売業や卸売業は、他人のつくったモノで市場を形成している。六八社の内訳を記しておこう。

生命保険、医療保険（12社）
ヘルスケア（6）
商業銀行（5）
卸売業（5）
食品医薬品店（5）
総合小売業（4）
製薬（4）
有価証券（4）
専門小売店（4）
電気通信（4）
コンピュータ、事務機器（3）
エンターテインメント（3）

総合フィナンシャル業務（2）
郵便、小包、貨物の配送（2）
ネットワーク、その他の通信機器（2）
コンピュータ・ソフトウェア（1）
貯蓄銀行（1）
半導体その他の電子部品（1）

エーリックとサイモンの賭けから私たちが学んだことは、コモディティ化した商品は安くなり、その価値はよそに移っていくということだ。石油産出国のように商品を売って大金を稼ぐことは今でも可能だが、最高の収益をあげるのは、頭脳によって付加価値がつけられたものだ。それがこのリストからわかる。数十年前には、最高の価値は製造業にあった。それからグローバリゼーションが製造業をコモディティ化して、価格が下がり、価値のあるものは、まだコモディティ化していないものへと移っていった。手と目の協調によって生みだされるものから、脳と口の協調によって生みだされるものへと移ったのだ。今日の知識労働者は稀少性を求めてコモディティ化の川をさかのぼっていくが、それは昨日の工場労働者の姿であり、その前の農民の姿なのだ。

今日、稀少なのは、元米国労働長官のロバート・ライシュが「シンボリック・アナリスト」と呼ぶ、知識と技能と抽象的思考をあわせ持つ有能な知識労働者だ。むずかしいのは、人間とコンピュータの仕事の最適な配分を考えることで、その線引きは常に動いている。

たとえば株式売買などの人間の仕事をコンピュータに教えれば、その仕事のコストはほとんどゼロになり、仕事のなくなった人間はもっとむずかしい仕事にチャレンジするか、そのままでいるかにわかれる。前者は前よりも高い給料をもらえるようになるが、後者の給料は下がる。前者はある産業が潤沢なモノに満たされるときのチャンスとなり、後者はお荷物となる。前者のグループを後者よりも大きくするのが社会の務めだ。

潤沢さにもとづく思考は、何が安くなるのかを見つけるだけでなく、価値がどの方向へ移ろうとしていて、その結果、なんの価値が上がるのかを探ることで、それを利用しようとすることでもある。それは、一九世紀はじめにイギリスの経済学者デイヴィッド・リカードが国同士の比較優位を唱える前からずっと、成長の原動力となってきた。これまでの潤沢さは、他国の潤沢な資源や安い労働力による製品で成り立っていたが、今日の潤沢さは、シリコンチップと光ファイバーによる新しい世界の製品によってつくられているのだ。

第4章 フリーの心理学
——気分はいいけど、よすぎないか?

一九九六年、『ヴィレッジ・ヴォイス』紙はついに降参した。四〇年の歴史を持つ伝説の新聞が有料販売をやめたのだ。多くの週刊新聞と同じように無料にして、町の中の新聞スタンドや協力してくれる小売店に置くことにした。これは一般に、ヴィレッジ・ヴォイス紙が、もはやあのヴィレッジ・ヴォイス紙ではなくなった日とされている。雑誌『ニューヨーク』は二〇〇五年に、この新聞についてこんな見出しの記事を書いた。「あの世からの声《ヴォイス》——ダウンタウンの伝説的な新聞は、一〇年近く前に無料になってからも、昔の自分の亡霊を追いかけている」

それと対照的なのが、同じ週刊新聞の『オニオン』だ。一九八八年にウィスコンシン州立大学のあるマディソンで創刊した無料の大判新聞で、風刺のきいた記事を売りにしている。『オニオン』紙は二〇年のあいだに一大帝国を築きあげた。配給する都市を一〇も増やし、ウェブサイトも開設して、毎月、数百万人の訪問者がある。出版事業も手がけ、テレビ番組のみならず、長編映画の制作にまで手を伸ばしている。『オニオン』は無料紙として生まれ、無料を続け、繁栄しているのだ。

一見すると、このふたつの新聞の話は矛盾している。まるでフリーが一紙を葬り、もう一紙を活気づけたかのようだ。つまり、一方でフリーはある商品の価値を下げたのに、他方では爆発的ヒットに導いた、というわけだ。

だが話はそう単純ではない。まずは、無料にしたことで『ヴィレッジ・ヴォイス』紙が葬られたわけではなかった事実をお伝えしよう。『ニューヨーク』誌の記事は伝える。

この新聞が無料になったことで、記者の多くは自分の書いた記事の影響力が弱まったと感じていることを聞かされると、発行者のデイヴィッド・シュナイダーマンはそれを一蹴し、選択の余地はなかったと言った。「発行部数が最盛期の一六万部から一三万部にまで落ちていました。でも、今は二五万部です。……二倍近い人に読まれているのです。……無料にしたことは新聞をダメにしたのではなく、逆に救いました。発行を続けられ、利益も出しているのですから」

結局のところ、『ヴィレッジ・ヴォイス』紙は無料に踏み切る数年前から、すでにビジネスのファンダメンタルズが弱っていたのだと言える。原因と結果を混同してはいけない。

人はどうして、場合によって〈無料〉を質の低下だと考えるときと、考えないときがあるのだろうか。それは無料に対する感情が絶対的なものではなく、相対的なものだからだ。それまでお金を払っていたものが無料になると、私たちは質が落ちたと考えやすい。でも、最初から無料だったものは、質が悪いとは思わないのだ。レストランで無料のベーグルを出されたら古いんじゃないかと思うのに、テーブルに置いてある無料のケチャップはそう思わない。グーグルが質の悪い検索エンジンだと誰も思わない理由は、最初から料金を請求していないからだ。

『オニオン』紙と『ヴィレッジ・ヴォイス』紙の例を見れば、フリーについて、私たちがある重大な思い違いをしていることがわかる。ゼロかゼロでないか、というふたつだけを考えていてはわからないのだ。今日のメディア市場において、フリーの心理学（それゆえに価格づけも）はもっと微妙な心理のあやを扱っている。身近なところで、月刊誌を例に考えてみよう。それを手に入れるには三つの方法がある。オンライン版を見る。これはタダだ。ただし、ウェブの表示を早くするために、印刷物よりもデザインを簡素化し、写真は解像度を落としてある。あるいは売店で、たとえば四ドル九五セントを払って買う。また年間購読予約すれば、一二冊でわずか一〇ドル、一冊当たり八三セントで家まで届けてくれる。タダ、一冊四ドル九五セント、八三セントという三つの価格はどこから出てくるのだろうか?

ウェブの価格(タダ)は簡単だ。コンテンツの配信コストはゼロと見なせる程度なので、フリーを利用してできるかぎり多くの読者を獲得しようとしているのだ。一ページ当たり平均して二本の広告が掲載されていて、広告スペースは一〇〇〇ビュー当たり五ドルから二〇ドルで売っている。ひとりの人間がページを見るたびに、一~四セントの収入となる計算だ。一方、一ページを準備するコストは一セントの数分の一しかかからない(コンテンツをつくるのに費用がかかっているが、それは読者全員で償却すればいいので、読者が多くなればなるほど、ページ当たりのコストは下がる)。

次にわかりやすいのが、売店売りの四ドル九五セントだ。その半分弱が売店の収入となり、残りは出版社に入り、印刷代と配達代を引くと一~二ドルの利益となる。だが、ほとんどの雑誌は刷った半分以上が売れ残り、回収され、処分される。それは利益のかなりの部分を削りとる。では、なぜわざわざ売店で売るのだろうか。それが定期購読者を獲得するいい方法だからだ。ダイレクトメールで雑誌を紹介するよりも、実物を見てもらったほうがいい。くわえて、雑誌に掲載される広告収入はかなりの額になる。

ここまでのふたつの価格は、心理学ではなく経済学によって決まっている。だが、年間定期購読の一〇ドルはなかなかおもしろい。一二冊を印刷し、各家庭に配達する費用は一五ドルになる。さらに定期購読者を募集する宣伝等の費用もあるので、年間コストは三〇ドルを超える。それで一〇ドルしか請求しないのだ。でも、そこに魔法はない。雑誌の広告収入が損失分を埋めあわせていて、さらに一〇ドルの直接収入が上乗せされる。広告収入があるために、定期購読料を赤字にしても利益が出るビジネスモデルになっているのだ。定期購読期間が三年を超えると、最初の宣伝等の費用も償却できるので、さらに利益を生む。

だが、なぜ一〇ドルなのだろう。コストの六割以上を内部相互補助でまかなえるのならば、タダにすることもできそうだ。ここで心理学の出番となる。

単純な答えはこうだ。金額はいくらでもかまわないが、小切手を切る、あるいはクレジットカードの番号を入力するという行動は、決断を示す行動であり、それによって広告主が読者を見る目がガラリと変わるのだ。たとえ額面が一セントでも、小切手を切る行為はその雑誌を本当にほしがっていることを示すので、届いたら中を読み、大切に保存するだろうと予想できる。実際に広告主は、いらないダイレクトメールと同じように扱われるかもしれないフリーマガジンに払う掲載料の五倍を、登録した読者が大切にする雑誌には払ってもいいいと思っている。

しかしながら、読者に無料で配っている雑誌も多くある。それは「コントロールド・サーキュレーション」方式と呼ばれるもので、「情報」という通貨を基礎にしている。これらの雑誌はターゲットを絞ったビジネス誌であることが多い。たとえば、CFO（最高財務責任者）や企業の中で決裁権を持つ人々向けのものや、流行の仕掛け人をターゲットにしたライフスタイル雑誌などだ。これらのビジネス誌の読者は、使えるお金をたんまり持っている重要人物ばかりであり（まあ、発行者はそう主張している）、雑誌の発行者はその情報を利用して広告主に高い掲載料を請求する。この場合、読者名簿には多くの有望企業幹部が名をつらねていて、形式上は、彼らがその雑誌をほしいと申し込んできたのだから、広告主からすれば、それだけでお金を払って広告を出す価値がある。

同様にターゲットを絞った雑誌の無料配布で、『ヴァイス（*Vice*）』も成功した。二〇代の若者をターゲットにした挑戦的なライフスタイル雑誌で、流行のコーヒーショップやレコード店、ブティックなどに置かれている。一九九〇年代にカナダで創刊されたが、その後アメリカから世界に展開し、広告主が普通ならリーチできないような影響力のある読者にアクセスできるようにしている。ささやかに始めた出版業が、ついにはレコード・レーベルや衣料の小売りチェーン、ヴァイス・フィルム、VBSテレビ、ウェブテレビ事業をおこなうまでに発展した。

多くの出版社が雑誌を無料で配らない理由はすでに説明した。では、なぜ一〇ドルという定期購読料にしたのだろうか。その価格は知覚の問題だ。つまり雑誌の評価を落とさない範囲で最低価格にしているのだ。読者にとっては安いほうがいいので、安いほど契約しやすくなる。だが、広告主にしてみれば、消費者が雑誌に払う金額が高ければ高いほど、雑誌の価値は高くなる。そこで一〇ドルという金額が、多くの定期購読者を獲得できて、なおかつ、広告主から見たその雑誌の評価が落ちない金額になるのだ（値段が安いものは価値が低いと読者も考えるだろうが、広告主の反応と違い、読者の反応は測定できない）。

ペニー・ギャップ

雑誌については、無料にするよりは少しでも料金を請求するほうが有効だとわかった。だが、他のほとんどの場合では、一ペニー（一セント）というとるに足りない値段がつくだけで、圧倒的多数の消費者の手を止めてしまうのだ。一セントははした金なのに、なぜそんなに強い影響力を持つのだろうか。

その答えは、値段がつくことで私たちは選択を迫られるからだ。それだけで行動をやめさせる力を持つ。値段がついているものに出会うたびに、あたかも私たちの脳の中に合図の旗があがるようだ。その旗はこう言っている。「それだけの値打ちがあるものか?」。いくらであろうとお金を請求されることで、私たちは財布の口を開けるほど本当にそれがほしいのかと自分に確認しなければならなくなる。一方タダならば、その旗があがることはなく、ずっと簡単に決断できるのだ。

ジョージ・ワシントン大学で経済学を教えるニック・サボは、その旗に「心理的取引コスト」というふさわしい名前をつけた。簡単に言えば、考えることに費やされるコストだ。人間は生来、怠け者なので、できるだけ物事を考えたくない。だから、私たちは考えずにすむものを選びやすいのだ。

「取引コスト」という言葉は、企業理論に語源を持つ。ノーベル経済学賞に輝くロナルド・コースは、企業の存在理由を、グループ内やグループ同士で交わすコミュニケーションにかかる間接コストを最小にするためだと説明した。ここで言うコミュニケーションとは主に、誰がどの仕事をしているか、誰が信用できるかなど、情報を処理しなければならないときの認知作業を指している。

サボはこれを購買決定行動にまで拡大した。彼は〈マイクロペイメント〉というアイデアについて研究した。たとえば、ウェブページの閲覧を一ドルにしたり、連載マンガのダウンロードを数分の一ユーロにするといった少額の支払いを可能にすることで、ビジネスを成立させようとする決済システムだ。そしてサボは、そのようなビジネスモデルはすべて失敗する運命にあると結論づけた。なぜなら、選択肢の経済コストをいくら最小にしても、認知作業のコストは残るからだ。

たとえば、私たちが〈一セントを節約する一〇のアイデア〉というパワーポイントを使ったプレゼンテーションを受けるとしよう。頭の中では、全部で本当に一〇セントの節約になるのか、あるいは、個々のアイデアが本当に一セントの節約になるのかを考えようとするが、多くの人は考えるのがいやになるはずだ。節約金額が少なすぎて、検討に値しないからだ。一方で、少額の値段をつけたものの売上げは全部合わせても小さい。つまり、それは顧客にとっても売る側にとっても最悪なのだ。顧客は割に合わない認知作業をさせられ、売る側も割に合わない少額の売上げしかない（サボは正しく、少額支払いのビジネスはほとんどが失敗している）。

いくらであっても料金を請求することで、心理的障壁が生まれ、多くの人はわざわざその壁を乗り越えようとは思わない。それに対して、フリーは決断を早めて、試してみようかと思う人を増やす。フリーは直接の収入を放棄する代わりに、広く潜在的顧客を探してくれるのだ。

作家でニューヨーク大学講師のクレイ・シャーキーは、心理的取引コストを検証して、コンテンツ制作者は自分の提供するものから料金をとろうという夢をあきらめるのが賢明だと結論づけた。

収入よりも注目を集めたいクリエーターにとって、無料にすることは理にかなっています。参加者の大部分が課金をするなかで、コンテンツをタダにすることで競争優位が得られます。そして、酔っぱらいが言うように、床に寝ていれば転ぶことはないのです。タダ以上のサービスはないので、タダで優位に立った者は、並ばれることはあっても負けることはありません。もちろん、「私のブログを読んでくれた人にはお金をあげます」というサービスは可能ですが、長期にわたり持続できるはずがありません。

無料コンテンツは、生物学者が「進化的安定戦略」と呼ぶものです。それはほかに同じ戦略を使う者がいないときに有効です。あるいは、誰もがその戦略を使うときに有効となります。なぜなら、そのような環境では、課金を始めた者は不利になるからです。無料コンテンツの世界では、マイクロペイメントのように比較的簡単な手続きでさえも、ユーザーの支持を大きく失います。そしてユーザーは代わりとしてタダのものを喜んで受け入れるのです。

つまり心理バイアスに関しては（すべての経済活動は心理学に根ざしている）、「これはそれだけの値打ちがあるのか？」という疑問の旗をあげさせない方法があれば、うまくいくのだ。注意すべきは、フリーに対する心理的取引コストはほかにもあることだ。本当にタダなのかと心配することから、無料新聞が環境に与える影響を考えたり、自分がケチだと思われないかと心配したりする（私の友人が家の外に不要な家具を出して、「ご自由にお持ち帰りください」という張り紙をしておくと、持っていかれるのはきまって夜中のうちだという）など、金銭以外のコストを考えることもある。そうしたコストを別にすれば、方程式からお金をとり除くことは、成功の可能性を大いに高めるだろう。

ファースト・ラウンド・キャピタル社のベンチャー・キャピタリストのジョシュ・コペルマンは、お金を支払うことに対するこの心理的障壁を調べて、世間で教えている価格戦略がまったくまちがっていることを知った。需要供給曲線は従来の経済学で言われていたようなカーブを描くことはなく、実際にはふたつの大きく異なる市場があるのだ。それは無料の市場とそれ以外の市場だ。フリーは需要曲線を曲げると言ってよい。ペンシルヴェニア大学ウォートン校のカーティク・ホサナガー教授は次のように言う。「価格がゼロにおける需要は、価格が非常に低いときの需要の数倍以上になります。ゼロになったとたんに、需要は非線形的な伸びを示すのです」

コペルマンはそれを「ペニー・ギャップ」と呼んだ。彼のもとにはよく起業家がビジネスプランを持ってやってくるという。そのプランは、サンプルを試した人の五パーセントが製品を買ってくれれば商売になるものだが、実際にうまくいくことはめったにない。その理由をコペルマンは説明する。

ほとんどの起業家は、需要の価格弾力性が常に存在することを前提にしています。つまり、売るものの価格を下げれば下げるほど、需要が上がるはずだと考えます。これが罠なのです。彼らは、「月々わずか二ドル」というビジネスプランを用意すれば、収益チャートが右肩上がりになるはずだと期待するのです。

しかし、実際は売上げを五ドルから五〇〇〇万ドルに増やすのは、ベンチャー事業にとってもっともむずかしい仕事ではありません。ユーザーになにがしかのお金を払わせることがもっともむずかしいのです。すべてのベンチャー事業が抱える最大のギャップは、無料のサービスと一セントでも請求するサービスとのあいだにあるのです。

消費者からすると、安いことと無料とのあいだには大きな差がある。ものをタダであげれば、バイラルマーケティング〔いわゆる口コミを利用するマーケティング戦略〕になりうる。一セントでも請求すれば、それはまったく別で、苦労して顧客をかき集めるビジネスのひとつになってしまう。つまり、無料はひとつの市場を形成し、いくらであろうと有料になると別の市場になるのだ。多くの場合で、それがすばらしい市場とダメな市場の違いになる。

コスト・ゼロがもたらすコスト

伝統的な経済学はフリーについてほとんど語ってこなかった。なぜなら、理論的にそれが金銭の領域に存在しなかったからだ。しかし、一九七〇年代に入ると、経済学に新たな分野が生まれて、人を経済的行動に駆りたてる心理学を調べはじめた。その分野は行動経済学と呼ばれ、今日、その対象はゲーム理論から実験経済学にまで及んでいる。最終的にこの学問が説明しようとしているのは、人がどうやって経済的選択をするのか、どういうときに合理的な選択をしないのかだ。

『予想どおりに不合理』〔早川書房、熊谷淳子訳〕の中でダン・アリエリーは、「無料」という言葉がなぜ強い影響力を持っているのかを知るために、彼と同僚がおこなった実験を紹介している。「値段ゼロは単なる価格ではない。ゼロは感情のホットボタン、つまり引き金であり、不合理な興奮の源なのだ」。だがこれを測定するのは、口で言うほど簡単ではない。だからこそアリエリーはそれに挑戦した。

最初の実験ではチョコレートを使った（行動経済学者は時間も予算も限られているので、その実験の多くは、折りたたみテーブルとお菓子、そして無作為に選んだ学生が使われることが多い。そのため、実験結果はこまかい数字ではなく、そこに現れる傾向を見てもらいたい）。研究者は二種類のチョコを売った。ひとつはスイスの高級チョコとして知られるリンツのトリュフで、もうひとつはおなじみのハーシーのキスチョコだった。研究者はリンツのチョコに一粒一五セント（卸売価格の約半分）、ハーシーに一セントという値をつけた。被験者は実に合理的な行動をとった。ふたつのチョコの品質の差は、価格の差を補ってあまりあると考えた人が多く、七三パーセントがリンツを選び、二七パーセントがハーシーを選んだ。

次にアリエリーは、両者の価格を一セントずつ下げることで、方程式の中にフリーを持ちこんだ。リンツのトリュフが一四セント、ハーシーのキスチョコが無料だ。すると、突然になんでもないキスチョコの人気が爆発し、六九パーセントの支持を得たのだ。両者の価格差は一四セントで前と変わらないので、価格と品質の費用対効果も変わらないはずだった。だが、無料が持ち込まれたとたんに、被験者の好みが逆転したのだ。

この事例では、無料のものとそうでないものを比べたときに被験者に心理的混乱が生じたのがわかる。だが無料のものを選ぶのがまったく道理にかなっていることもある。デパートで、ワゴンに入った無料で持ち帰り自由のスポーツ用靴下をもらう場合などだ。少しみったれに見えることを別とすれば、好きなだけタダの靴下を持っていっても悪いことはない。しかし、かかとにパッドが入っていて、つま先が金色の靴下を買おうという明確な目的を持ってデパートに行ったとしよう。靴下売り場に行くと、ワゴンに入った無料の靴下にまどわされて、結局、タダだという理由だけで、ほしくもない靴下（かかとにパッドがなく、つま先が金色ではない）を持って帰ることになる。

なぜそれほどにフリーは魅惑的なのだろうか。アリエリーは次のように説明している。

たいていの商取引にはよい面と悪い面があるが、何かが無料！になると、わたしたちは悪い面を忘れさり、無料！であることに感動して、提供されているものを実際よりずっと価値あるものと思ってしまう。なぜだろう。それは、人間が失うことを本質的に恐れるからではないかと思う。無料！のほんとうの魅力は、恐れと結びついている。無料！のものを選べば、目に見えて何かを失うという心配はない（なにしろ無料なのだ）。ところが、無料でないものを選ぶと、まずい選択をしたかもしれないという危険性がどうしても残る。だから、どちらにするかと言われれば、無料のほうを選ぶ。

アリエリーと同様の実験がより大きな規模で、私たちの身のまわりでおこなわれている。それは偶然の産物であることも多い。その例がオンライン書店大手のアマゾンの送料無料サービスだ。アマゾンでオンライン・ショッピングをした者は誰でも、二五ドル以上の買い物をすれば、送料が無料になることを知っている。アマゾンのもくろみは、一六ドル九五セントの本を買おうとした顧客が、合計代金を二五ドル以上にするために、もう一冊注文することだ。アマゾンがこのサービスを発表するや、そのもくろみは大成功を収め、世界各国で二冊目の注文が爆発的に増えた。ただし、フランスを除いては。

どうしてフランスは違う反応をしたのだろう。サービス内容が違っていたことが原因だった。フランスのアマゾンはまちがって送料を一フラン（約二〇円）という安価にしてしまったのだ。送料がそれだけ安いと、二冊目の注文はまったく増えなかった。しかし、アマゾンが送料を他の国並みに上げると、フランスの消費者も世界の消費者と同じように、二冊目の本を買い物カゴに入れるようになった（ちなみに、このサービスについてアマゾンは訴訟を起こされた。一九八一年にフランスでは、書籍販売者が定価から五パーセント以上の値引きをすることを禁じた法律がつくられていた。二〇〇七年に、フランスの書籍販売者組合は、送料を考慮すればアマゾンのサービスはこの法律に違反すると裁判所に訴えたのである。組合が勝ったが、アマゾンのすごいところは、サービスをやめるよりは一日一五〇〇ドルの罰金を払うほうを選んだことだ。結局、フリーは違いを生む以上の効果を持っていたのだ）。

アメリカでオンラインによる靴販売をおこなうザッポス［Zappos］は、さらに先を行っている。顧客への送料が無料なだけでなく、顧客から返品するときも無料としたのだ。オンラインで靴を買うのは、その靴が自分に合うかどうかわからないという心理的障壁があるが、ザッポスはそのサービスによって障壁をとり除こうとした。驚くことにザッポスが顧客に望むのは、自宅で試すために大量の靴をとり寄せることだ。気に入った靴があれば買って、残りは返品し、買うものの代金だけを支払えばよい。配送コストは靴の価格に組み込まれているので、激安価格ではないが、多くの消費者はその便利さに免じてその価格を支払っている。

心理学的観点からザッポスのケースを見れば、フリーは単純にリスクを減らす働きをしている。私たちが靴屋に行くのは、その靴が自分の足に合い、見た目も気に入るかどうかを確かめるためだ。追加費用なしで消費者に靴を届けることで、ザッポスは小売り店舗とリスクを同じにし、便利さという優位を得た。CEOのトニー・シェイは言う。「唯一の問題は、たくさんの靴を注文して返品することに、いまだに多くの人が罪悪感を覚えていることです。返品してこないのは問題ではありませんが（売れたということですから）、返品をもうしわけないと思うがゆえに、はじめから注文しないことが問題なのです」

ここでも、フリーの敵はムダということになる。靴を多めに注文し、返品することはムダだと思えるし、実際にそうだ。ザッポスの従業員や配送業者の労働から、運搬にかかる二酸化炭素の排出までムダになる。単純に方程式からお金をはずしただけでは、消費者のコストに対する認識をすべてとり除くことはできない。ザッポスの場合、消費者の財布を脅かすわけではないあいまいな社会的・環境的コストが問題になっているのだ。

行動経済学は、フリーに対する私たちの複雑な反応の多くを、「社会領域」における意思決定と、「金銭領域」における意思決定に分けて説明する。ザッポスの無料配達は、金銭領域では無料だが、社会領域ではそうではない。消費者は頭の中で、六足の靴を送ってもらい、一足だけを買って、五足を送り返すこと全体の社会的コストを計算しようとする。その計算は不可能なので、一部の消費者はそこで考えるのをやめて、無料なのにはじめから申し出を受けないのだ。

アリエリーはふたつの領域の差を別の実験で示した。彼は大学の寮の冷蔵庫にコカ・コーラを六缶入れておいた。また、近くに小銭を入れた皿も置いておいた。学生はすぐにコーラを持っていったが、小銭には手をつけなかった。コーラはお金で買うものだと知っていながら、学生たちはそれをタダと見なした。一方で、現金を持っていくのは窃盗だと思ったのである。

タダのものは大切にしない

私は最近グーグル社で会議に出席した。そこにはスナック菓子をずらりと並べた噂に聞くラックがあって、健康に気をつかったトレイルバーから、絶対に体に悪そうなゼリービーンズまでそろっていた。科学的な会議だったので、出席者のほとんどは研究者や学者で、グーグルの社員ではなかった。それでも出席者は、無料で供される豪華なごちそうの数々に感激して、何度もラックの前に足を運んだ。会議の初日が終わったときには、食べ残しの菓子が散乱していた。

もしも、グーグルがこのスナック菓子に一〇セントでも料金を請求したらどうなっただろうか。想像するとなかなかおもしろい。きっとお菓子をとる人は激減して、食べきる人が増えただろう。それに、お菓子を手にした人は自分の決断により満足したはずだ。自分が本当にお菓子をほしいのかを考えただろうし、お腹が空くまで待ったはずだからだ。そして、あまり考えずにお菓子を食べてしまったことであとから自己嫌悪に陥ることもなかったただろう（うわの空で、強いショウガ味の飴をいくつか口に入れてしまった私のように）。

これはフリーが及ぼしうる悪い影響のひとつだ。タダで手に入れたものにはあまり注意を払わないから、大切にしないのだ。フリーは暴飲暴食やとりすぎ、考えなしの消費、ムダ、罪悪感、貪欲さを奨励する。それほどほしくなくても、タダのものがそこにあるだけで、つい手を伸ばしてしまう。そのときに、ほんのわずかな金額でも請求すれば、はるかに責任のある行動をもたらすはずだ。

ブログの「ペニー・クローザー」は、ある友人の話を紹介している。その友人は、自前の移動手段を持たずに困っている貧困層に向けた慈善活動をおこなっている。バスの乗車パスを渡しているのだ。だが残念なことに、この三〇ドルもする乗車パスをなくす人が多かった。そこでこの慈善団体は新しいルールを定めた。パスの発行に一ドルの手数料をとることにしたのだ。すると、パスの紛失がほとんどなくなったという。わずか一ドルでもお金を払うという行為が、パスを見る目を大きく変えたのだ。お金を払ったことで、人々はなくさないように気をつけるようになった。パスはもともと彼らにとって価値があったが、一ドルを払うことによって、さらにその価値を上げたのだ。

このふたつの話を裏側から見れば、ほんのわずかな金額でも課金することによって、大きく参入者を減らすのだと言える。グーグルの場合、有料になればお菓子を食べる人が大きく減ったたろう。慈善活動の場合も、乗車パスの再発行件数が大きく減った。これがフリーにおけるトレードオフの関係だ。フリーはモノやサービスを最大数の人々に届ける最良の方法だが、それを目標としていないときには（グーグルはスナック菓子の消費を最大にしたいわけではない）、逆効果になりかねない。強力な手段はどれもそうだが、フリーも慎重に使わないと、利益以上の損害を与える恐れがあるのだ。

時間とお金の方程式

皆さんは人生のどこかの時点で、朝起きると、自分が時間よりもお金のほうを多く持っていることに気づくかもしれない。そうすると、あなたは行動を変えるべきだと思うだろう。預金の引き出し手数料を払わないために四ブロック先にあるＡＴＭまで行くことも、安いガソリンスタンドを探してえんえんと車を走らせることも、家のペンキ塗りを自分ですることもやめるのだ。

第二章で触れたフリーミアム経済もその大部分がこの時間とお金の関係にもとづいている。たとえば、メイプルストーリーなどの無料オンラインゲームでは、いろいろなアイテムを買うことができる。テレポストーンを買えば、一瞬で場所を移動できるので、長い時間歩く必要もバスを待つ必要もない。そうしたアイテムだけでプレーヤーの能力値が上がることは少ないが、より早く能力値を上げることができる。

子どものときは、お金よりも時間を多く持っているだろう。だから、手間がかかっても無料のMP3ファイルの交換をするしかない(でも違法だ)。かつてスティーヴ・ジョブズは次のように指摘した。P2Pのサービスで音楽をダウンロードすれば、問題のあるファイルフォーマットを扱うことになりやすい。アルバム情報がなかったり、目当てでない歌がダウンロードされたり、音質が悪かったりする可能性がある。お金を払わないために時間をかけることは、「最低賃金以下で働いていること」を意味するのだ、と。それでも、時間がたくさんあってお金がなければ、それは合理的行動になる。そういう人にとってタダは正当な価格なのだ。

だが、年をとって時間とお金の関係が逆になると、正規のダウンロードにかかる九九セントはたいした金額に思えなくなる。そうすると、フリーミアムの世界において、お金を払う顧客になるのだ。

私が趣味を活かして始めたプロジェクトに、DIYドローンズ[DIY Drones]という、飛行ロボット技術を開発して売るオープンソースのハードウェア会社がある。皆さんもオープンソース・ソフトウェアという概念はなじみがあると思うが、それをハードウェアにまで広げたのは新しいアイデアだ。プリント基板から、アンドロイド携帯電話などのコンシューマ向け電子ガジェットまで、ハードウェアがオープンソースになりつつある。

まだ始まったばかりにもかかわらず、このオープンソース・ハードウェアはフリーからお金を稼ぐとても興味深い例になっている。コストゼロで伝達できるビット（情報）ではなく、限界費用の発生するアトム（原子）がかかわる試みとして、オープンソースの世界に新しい次元を加えたのだ。

大部分のオープンソース・ハードウェア会社は次のように運営されている。すべてのプラン、プリント基板のファイル、ソフトウェア、指示書は誰でも無料で利用できる。自分でつくりたい人は、自由につくっていい（その際に改良を加えたときは、それを報告してくれることが望ましい）。自分でそうする手間やリスクを望まないのなら、動作保証がされた組み立て済みの製品を買うこともできる。

たとえば、ＤＩＹドローンズの無人操縦システムは、アルドゥイーノというオープンソースのマイクロプロセッサを搭載している。そのマイクロプロセッサの設計情報は公開されているので、皆さんが自分で組み立てることもできるし、組み立て済みのプリント基板を買うこともできる。ほとんどの人は後者を選ぶ。アルドゥイーノ設計チームは、このプリント基板をつくって売る企業や小売店から、特許権使用料を得ることでお金を稼ぐ。

リモア・フリードが立ち上げた電子工作キットの会社、アダフルート・インダストリーズを見ればわかるように、このモデルはいいビジネスになるはずだ。リモアと共同経営者のフィリップ・トロンはフリーを利用して、そのまわりに単純なビジネスモデルをつくった。恥知らずにも私はそれをＤＩＹドローンズにそのまま取り入れたというわけだ。

そのビジネスモデルは次のようなものだ。

1．無料情報のまわりにコミュニティを築き、個々のトピックスに助言をする。

2．そのコミュニティの助けを借りて、人々がほしがっているものを設計し、助力のお返しに、基本機能を持つ製品を無料にする。

3．時間や技術やリスクに対する許容度よりもお金がある人に対しては、有料の機能拡張版を売る（ほとんどの人がこれに当てはまるだろう）。

4．この過程をくり返して、黒字にするために四割の利益率を確保する。

実にシンプルだ。トロンは言う。「消費者が集まるコミュニティがないかぎり、本やビデオや雑誌を出すことは考えられません。結局、物語性の問題なのです。人々は物語の始まりや中盤、結末や筋を知りたがるのです。どこかに購入ボタンがあれば、彼らはときどきそれをクリックして、私たちがまじめに働いていることに対してご褒美をくれるのです」

この事例をフリーの心理学の一例として見れば、ふたつのことがわかる。ひとつは、私たちが時間の値打ちを考えるときの頭の中の計算だ。先に紹介したスティーヴ・ジョブズの発言によれば、ファイルのやりとりで集めた乱雑なメタデータを苦労して整理することは、最低賃金以下で働くのと同じなのだ。それよりは一曲九九セント払って、正規にダウンロードするほうが時間の節約になるとジョブズは言っている（ここでは合法性や公正さの議論はしないでおく）。

もうひとつは、私たちが有料のものを選ぶ理由は、目当てのものが得られないリスクを下げるためだ。有料のものには保証がつくが、一般にフリーには保証がない。アダフルート社では完成品の電子部品を売っているが、それがきちんと作動することは信頼できる。一方、自分で組み立てた電子部品はそのかぎりではない。

だが、フリーは信用を広めるのに役立つ。アダフルート社の場合では、無料かつオープンソース版の製品が利用できるので、ユーザーはそれをリスクなしに検査し、試すことができる。さらに、自分のニーズに合うように改良可能な無料版があるという事実は、より大きなユーザー・コミュニティを引きつける。だから、その製品に関して多くのユーザーから知識が寄せられるし、困ったときには助けてもらえることも保証されている（心理学では、これを「模倣欲求」と呼ぶ。基本的には、他人がしていることを自分もしたいと思うことだ。なぜなら、他人の決断こそが自分自身の決断を正当化するからだ。これで群衆行動から若者に流行するストリート・ファッションのアイテムまで、いろいろなことを説明できる)。

無料《フリー》が有料と連携したときにうまく機能するのはこれが理由だ。お金よりも時間がある人、その逆の人、自分の技能に自信があって、自分の手でものをつくりたい人、その逆に誰かにやってもらいたい人など、幅広い消費者心理が存在する。そして、無料と有料を組み合わせれば、そうした心理をすべてカバーできるのだ。

海賊の脳

ここまでくわしく触れていなかったフリーの最後の形として、海賊行為(不正コピー)がある。海賊行為は特別な形の窃盗で、海賊版をつくることもそれを利用することも、どちらかと言えば被害者がいない犯罪だと見なされている点で共通している(私はここで良い悪いを論じているのではない。ただ心理学的観点から消費者が海賊行為をどう見ているかを話したいのだ)。海賊版は本物の代用品にはなりにくい。その代わりに、本物を買う余裕がない人や、そもそも本物を買う気のない人にもその製品が行き渡るようになる。

海賊行為が特殊な窃盗である理由は、正当な所有者に被害の実態がないからだ。音楽アルバムの海賊版をつくるときに、その行為はミュージシャンから何かを盗むわけではなく、ミュージシャンの持つものを複製しただけだ。この違いは重要で、つまり現実に損失を受けたのではなく、利益を減らされたわけだ。その被害はせいぜいのところ、海賊版のせいで売れなかった分の機会損失ということになる（海賊行為については、第14章でふたたび触れる。中国の海賊版市場を見ていくが、そこでは正当な権利者にとって海賊行為がかならずしもマイナスの結果をもたらすとは限らない）。

海賊行為はフリーの強制だ。製品のつくり手側は無料にするつもりがないのに、市場がそれを押しつける。音楽業界と大部分のソフトウェア業界にとって、これは日々の現実だ。どれほど不正コピーを防ごうと努力しても、フリーが事実上の価格になっている。

クリフ・ハリスというコンピュータゲームの開発者が、人々が不正コピーをする理由をつきとめようとした。ハリスは作成したゲームに、自分ではかなり安いと思える二〇ドルの価格をつけた。だが、ゲームはたえず不正コピーされた。なぜだろう？

ハリスは、テクノロジー関連のコミュニティ型ニュースサイトである「スラッシュドット」［Slashdot］の読者に理由を尋ねてみた。すると数百もの返事があり、しかもそのほとんどが、一〇〇語以上を費やした長い回答だった。ハリスは言う。「まるで多くの人が長いあいだ、この質問への答えをゲーム開発者に教えるのを待っていたかのようでした」

『ワイアード』誌のケヴィン・ケリーがこのハリスの試みを報告している。

彼は回答の中にいくつかのパターンを見つけて驚いた。第一に、回答者が彼のゲーム（及びゲーム全般）に対して、二〇ドルでも高すぎるという共通した感情を持っていたことだ。次に、購入してプレーを始めるまでの過程を面倒にしているものすべて――コピー・プロテクション、デジタルデータの著作権管理技術（DRM）、オンライン上の複雑な購入手順――言いかえれば、プレーしたいという衝動と実際にプレーすることとのあいだに立つ障害すべてが、タダで手に入れる道を選ぶことを正当化するものと見なされていた。そして、イデオロギー上の理由（資本主義や知的所有権への反抗、アウトローのように生きるのが「男らしさ」だという考え）は少数だった。

ハリスの偉いところは、こうした本音の回答を見て姿勢を改め、自分のビジネスモデルを変えようと決意したことだ。ゲームの価格を半分の一〇ドルに下げ、それまで使っていたささやかなコピー・プロテクションをとり払った。ウェブストアを使いやすくし、ワンクリックで買い物ができるようにすると約束し、無料デモの時間を増やした。もっとも重要なのは、彼がゲームの質を上げる必要があるというお告げを得たことだった。

ある意味で、不正コピー市場の消費者はハリスのゲームに対して、彼自身が考えているほどの価値はないと教えていたのだ。ハリスは人々に価値を認めさせないかぎり、それに逆らってもムダだと知った。

ハリスの経験から得られる教訓は、デジタル市場ではフリーはほとんどの場合で選択肢として存在することだ。企業がそうしなくても、誰かが無料にする方法を見つける。複製をつくる限界コストがゼロに近いときに、フリーをじゃまする障壁はほとんどが心理的なものになる。つまり、法律を犯すことの恐れ、公平感、自分の時間に対する価値観、お金を払う習慣の有無、無料版を軽視する傾向の有無などだ。デジタル世界の制作者のほとんどは、遅かれ早かれフリーと競いあうことになるだろう。ハリスはそれを理解して、どうすればいいかを考えた。彼はみずからの調査によって、違法コピーをする者の心の中をのぞき込み、人々がお金を支払うべき理由を求めていることを知ったのだ。

DIGITAL FREE

デジタル世界のフリー

第5章 安すぎて気にならない

――ウェブの教訓＝毎年価格が半分になるものは、かならず無料になる

一九五四年、核時代の夜明けに、米国原子力委員会のルイス・ストラウス委員長は、ニューヨーク市でサイエンスライターたちを前に、未来にはすばらしい出来事が待っていると予言した。疾病は克服され、老化の原因はつきとめられる。近いうちに海上を楽々と移動できるようになるし、高速で空を飛べるようになる。周期的に各地で起きている大凶作は過去のものとなる。そして、もっとも有名な予言は次のものだった。「電気エネルギーはとても安価になり、われわれの子どもたちが気にせずに家庭で電気を使えるようになると期待していいだろう」

楽天的な時代だった。宇宙時代が始まり、近代医学は古くからある病気を克服しつつあり、化学はよりよい暮らしをもたらし、化学肥料が大地を潤していた。情報化時代が無限

の可能性をたずさえて始まろうとしていた。発明できるものはなんでも発明されて、すぐに商標をつけられ、箱詰めにされて、お金のある消費者という新興階級に買われていった。

科学技術がアメリカに空前の成長をもたらすという戦後の楽観主義は、国に誇りをもたらし、家庭に幸福をもたらした。人間の思考と賢い機械類の力が合わさって、戦争を終わらせ、人間をわずらわしい家事から解放することを約束していた。宇宙の植民地に住めるようになるかどうかはもはや問題ではなく、そこで何を着ればいいかが問題となっていた。テレビ番組の『宇宙家族ジェットソン』の世界のほうが、『フリントストーン』の世界よりも身近に思えた。人類がいつの日か宇宙空間をタクシーで移動し、ロボットを執事とすることは、かつて洞穴に住んでいた事実と同じくらい確かなことに思えた。

そして、戦後の科学技術ブームによって私たちは、歴史上類を見ないほどに生産性を上げて、経済を成長させる道を歩きだした。だが、それはストラウスが予測したほどバラ色の未来ではなかった。電気は気にならないほど安くはならなかったのだ。

ウラン燃料のコストは石炭に比べれば低かったものの、原子炉と発電所の建設という初期費用がかなり高くなることがわかったし、放射性廃棄物の処理という未解決の問題もあった。そして、その高い費用と危険性は、スリーマイル島とチェルノブイリの事故により倍加した。

今日の原子力エネルギーのコストは石炭と同程度であり、電気の経済学は少しも変わらなかったのだ。

(有名な発言のご多分に漏れず、ストラウスの発言もしばしば誤解される。まず第一に、彼はおそらくウランの核分裂ではなく、水素融合のことを話したのだろう。水素融合の実用化は当時[そして今でも]、まだ数十年も先の話だと言われていた。ウランの核分裂、つまり、原子力はすでに利用されていて、ストラウスをはじめ誰もが、発電所の建設などの高額な設備費を含めると石炭発電よりも高くなるだろうと考えていた。

第二に、「安すぎて気にならない」とは無料を意味するわけではない。「いちいち注意を払うほどは高くない」という意味だ。当時は電気料金が高かったので、世界貿易センタービルなどこの頃に建てられたビルは、各部屋に照明のスイッチがなかった。ビルの管理者がクリスマスツリーのようにフロアごとにまとめて照明をつけたり消したりしていたのだ。だから電気は気にならないほど安くなることを期待されていた)

それでも、もしストラウスの予言が当たっていたらどうなっただろうか。もしも電気がタダ同然になっていたら。電気がかかわるほとんどすべてのものは、変化しただろう。他のエネルギー源と比較することなく、人間は電気を使いたいだけ使うだろう。ムダにしても安いから気にする必要はないのだ。

熱転換率など気にすることなく、建物はすべて電気で暖められる。車もすべて電気自動車になる（タダ同然の電気がインセンティブとなり、効率的なバッテリー技術が開発される）。海水をきれいな真水に変える大規模な淡水化工場ができて、誰でも好きなだけ水が飲めるようになり、内陸地に水を引き、砂漠を肥沃な土地に変えることも可能になる。

農業における自然の三つの生産要素のうち、もともと空気と太陽がタダのところに、水も加わることになる。そして、人間は食べる以上に穀物をつくれるようになり、余ったものの多くは生物燃料の材料になる。すると化石燃料がバカみたいに高く汚いものに見える。二酸化炭素排出量は急減し（石油と石炭は二酸化炭素を排出するが、植物はそれを大気中からとりこんで、燃えるときに吐き出すだけだ）、「地球温暖化」という言葉は生まれなかっただろう。

要するに、「安すぎて気にならない」は世界を変えたかもしれないのだ。

実現可能性はあるだろうか。電気について言えば、無理だろう（ただ太陽光発電が可能にするかもしれないが）。だが、電気と同じくらい私たちの経済にかかわっている他の三つのテクノロジーは、すでに実現している。それはコンピュータの情報処理能力とデジタル記憶容量と通信帯域幅だ。その三つは安すぎて気にならないレベルに近づいているのだ。

そこにいたるペースには圧倒されるばかりだ。半世紀近く前にゴードン・ムーアがその傾向線に気づき、のちにそれは〈ムーアの法則〉と呼ばれた。もっと驚くのは、ムーアが言及した情報処理能力は、三つの中でもっとも性能の向上が遅いものだったことだ。半導体チップは一八カ月ごとにトランジスタ数を二倍にしている（だから、二年前後で同じ価格のiPod《アイポッド》の新モデルが、旧モデルの二倍の音楽を納められるようになるのだ）。ハードドライブの記憶容量はそれ以上のペースで増えている。ハードディスクが保存できるバイト数は一年で二倍になっているので、私たちはＴｉＶｏ〔ティーヴォ。デジタルビデオレコーダーとして全米最大のシェアを持つ〕に数百時間の動画を保存しておけるのだ。通信帯域幅はさらにペースが速い。データが光ファイバーケーブルを通って伝達される速度は、約九カ月で二倍になっている。だからもはやＴｉＶｏさえなくてもかまわない。動画を見たいときには、フールー〔Hulu〕のようなインターネットのストリーミング配信サービスを利用すればいいのだ。

　各テクノロジーのもたらす経済効果はさらに強烈だ。容量や速度が二倍になれば、コストは半分になる。二年ごとに同じ価格のコンピュータの性能は二倍になり、同じ性能のコンピュータの価格は半分になる、ということだ。

　トランジスタを例に見てみよう。一九六一年には一個が一〇ドルだった。二年後には五ドルになった。さらに二年がたった一九六五年四月、ムーアが『エレクトロニクス』誌にかの予測を発表したときには、二ドル五〇セントに下がっていた。一九六八年までに一ドルまで低下した。その七年後には一〇セントになった。さらにその七年後には一セントになり、まだ下がりつづけている。

今日、インテル社の最新プロセッサのチップには、二〇億個のトランジスタが集積されていて、三〇〇ドルしかしない。つまり、トランジスタ一個のコストは約〇・〇〇〇〇一五セントだ。それは、安すぎて気にならないものだと言えよう。

情報処理能力と記憶容量、通信帯域幅が速くなり、性能が上がり、安くなるという三重の相乗効果をオンラインは享受している。だから、私たちはユーチューブのようなサービスを無料で受けられるのだ。そこでは、量的に限度なく動画をスムーズに見ることができ、画質もどんどんよくなっている。それらは、ほんの数年前には目の飛び出るほど費用がかかることだった。

産業経済の主要生産要素の価格がこれだけ速く、長いあいだ落ちつづけることは、歴史上類を見ない。これが、たんなるマーケティング手法や内部相互補助を超えた新しい形のフリーを推進している。価格が上がるのがあたりまえの世界で、この三つのテクノロジーに関するコストはどれもが下がりつづけていて、限りなくゼロに近づいているのだ。

安くなることを予測する

製造コストが長期にわたり下がりつづけるならば、ほかでは正気の沙汰とは思えないような価格スキームを試すこともできる。今日のコストをもとに価格を決めるのではなく、明日に要するであろうコストから価格を決めるのだ。低い価格設定は需要を刺激し、需要増がコストをさらに下げて、明日が来たときには予想よりもさらにコストは下がっていることになる。それで利益をあげられるのだ。

例をあげよう。一九六〇年代はじめにフェアチャイルド・セミコンダクター社は、開発まもないトランジスタ1211を陸軍に売っていた。製造コストは一個一〇〇ドルもした。同社は、エレクトロニクスメーカーのRCAが新しいUHFテレビチューナーにトランジスタを使うことを期待した。当時のRCAは一個一ドル五セントの真空管を使っていた。

フェアチャイルド社の伝説的創業者であるロバート・ノイスと、エース営業マンのジェリー・サンダースは、トランジスタの生産量が増えれば、コストも急激に下がることがわかっていた。だが、はじめて民間に売り込むためには、生産量が増えるまで待つのではなく、今すぐ価格を下げる必要があった。そこで彼らは価格を下げた。それも大幅に。トランジスタ1211の価格をはじめから一ドル五セントにしたのだ。どうすればそこまで安くできるのかは、その時点では誰にもわからなかった。サンダースは回想する。「われわれはまだ建ててもいない工場で、まだ開発していない工程によりチップをつくることになりましたが、結論ははっきりしていました。つまり、来週には一ドル五セントという値段をつけることです。われわれは未来の価格で売ったのです」

その価格戦略は成功した。価格の下降カーブを追い越した一ドル五セントという価格付けで、UHFチューナーの市場で九割のシェアを占めた。二年後には1211の価格を五〇セントに下げても、まだ利益を出すことができるようになった。ケヴィン・ケリーはその著書『ニューエコノミー勝者の条件』で、この効果を「安くなることを予測する」と名づけている。

ヘンリー・フォードもT型フォードの工場で同じトレンドを享受したと考えられる。車のような物体がデジタル・テクノロジーと同じように価格を下げることは不可能のように思える。そのためには地中から掘り出す鉄鉱石の量を毎年二倍にして、鉄をつくらなければならない。車を構成するすべての部品が半導体のように安くなる必要がある。ワイパーやトランスミッションがムーアの法則に従うのだ。そして従業員についても、毎年、その賃金を半分にするか、機械化により半数をクビにしないと無理そうだ。

だが、自動車産業が興った最初の数十年間に生きていた人ならば、それは想像できないことではなかった。一九〇六年から一九一八年までに、自動車の同じ性能にかかる費用は広がれば、採算はよくなる。

経済面以外の利点はもっと大きい。車は温室効果ガスを排出しないし、外国の石油に依存する割合も下がる。この利点から、政府と企業の支援が得られ、同社が事業を始めるにあたり、公的な充電インフラがいくつもつくられた。経済面で採算が合えば、事業を展開する地域は広がるだろう。

このモデルは電気よりもガソリン価格の上昇が速ければ成り立つ

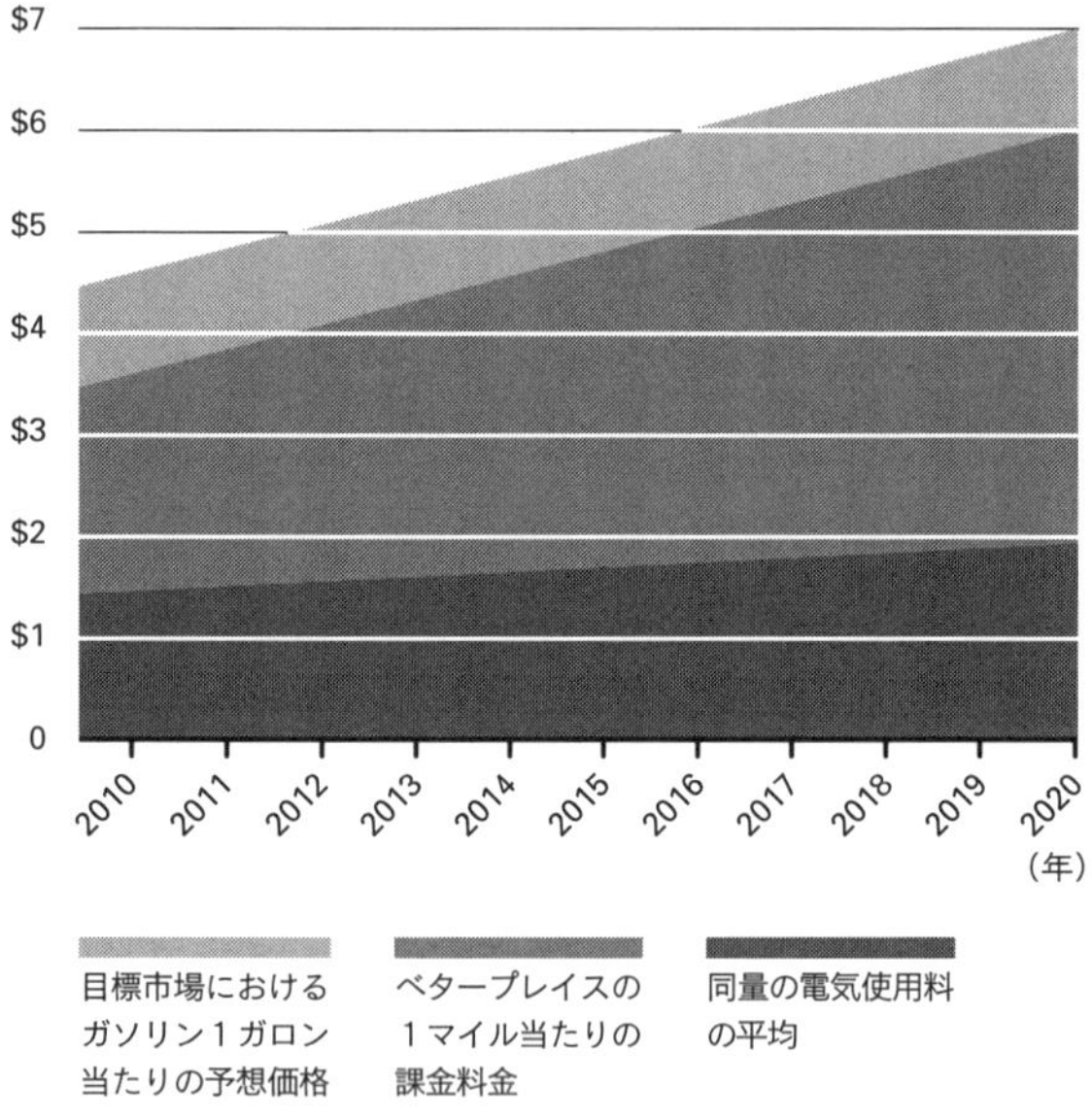

どうして車がタダになるのか？

ライアンエアが航空ビジネスを再定義して、座席を売ることから、旅行そのものを売ることに軸足を移したように、ベタープレイス社も自動車業界を定義し直している。ガソリンが高くなった現在、人々は車を買ったあとのコスト——年間の支出は3000ドルを超えるほどだ——を考えるようになった。携帯端末をタダであげるという携帯電話会社のビジネスモデルにアイデアを得て、ベタープレイスは自動車をタダであげて、走行距離に課金する。さらに、その料金は従来の車のガソリン価格よりも安いのだ。

ベタープレイスがこれをできるのは、電気代がガソリン代よりも安いからだ。利用者は3年間のリース契約を結べば、無料で電気自動車を貸与してもらえる（サービスが受けられる地域に住んでいることも条件になる。現在はイスラエル、デンマーク、オーストラリアと、サンフランシスコのベイエリアで計画が進められている〔ハワイ、日本、カナダでも計画が進行中〕）。自宅で充電できるし、車載ナビに専用の充電ステーションやその他の充電可能な施設が表示される。急いでいるときは、専用の充電ステーションに行けば、ガソリンを満タンにするよりも早くバッテリーをとり替えてくれる。

このビジネスを最初に展開するイスラエルでは、1マイル（1.6キロメートル）を走行するときのガソリン代と電気代の価格差は現在、1ガロン当たり約3ドルだ。ヨーロッパ諸国のように、ガソリン税率が高く再生利用可能エネルギーが豊富な国では、ガソリンと電気の価格差は4ドルまで広がる。ベタープレイスはその差額で、自動車代金のコストを補塡するのだ。

2種類の顧客が予定されている。車を買って、バッテリーを無料で借りる客と、両方とも無料で借りる客だ。前者の顧客が節約していることを実感できるように、ベタープレイスは、1マイル当たりの充電料金をガソリン代よりも低く設定する。石油は有限だが、再生利用可能電力は無限なので、ガソリン価格の上昇が電気よりも速いという予測に会社は賭けているのだ。利用者が年間1万マイルを走るとして、ガソリン車を利用すると、たとえば1マイル当たり0.15ドルのコストがかかるときに、ベタープレイスは利用者から0.12ドルしか請求しない。そのときの電気料金が0.02ドルならば、差額の0.10ドルが同社の利益となる。それは年間で1000ドルの利益となり、数年でバッテリーのコストを償却できる（バッテリーは少なくとも10年は使える）。ガソリンと電気の価格差が広がれば、ベタープレイスはより早くバッテリー代を償却できて、利益をあげられるのだ。

後者の顧客には、1マイル当たり0.50ドル（年間1万5000ドル）を請求して、自動車とバッテリーのコストを償却する。ガソリンと電気の価格差が

二年ごとに半分に落ちて、一九一八年の価格は一〇年前の五分の一になっていた。

ヘンリー・フォードは手作業の工程を、電気を動力とする流れ作業に変えて、人的労働コストを下げた。それから、注文に合わせてつくっていた部品を標準化された部品に変えることで、さらに労働コストを下げ、大量生産した車を数百万台も売ったのである。

しかし、フォードの革新的な流れ作業の開発によって実現した目を見張るコスト減少曲線は、いつまでも続かなかった。自動車のコストパフォーマンスの改善はゆっくりとなり、今日では一年に数パーセントにすぎない。それよりは、地中から鉄鉱石を掘り出す効率のほうがはるかによくなっているほどだ。自動車製造にたずさわる従業員の半分はロボットに変わったが、それも短期間のうちになし遂げたことではない。自動車は安くなり、性能も上がったが、デジタル・テクノロジーのペースにはとうてい及ばない。だから今日でも車は高級品なのだ。

環境の観点からは、車が高級品なのは悪いことではない。たとえ物理的商品の価格がマイクロチップと同じように下がっても、それによって起こる過剰生産がもたらす外部不経済がすぐに明白になるからだ。ピクサーの映画『WALL・E／ウォーリー』を観た人ならば、ゴミの山となった地球から脱出せざるをえなくなった人類を見て、この問題が想像できるはずだ。

一方、デジタルの領域では、潤沢につくられるのは結局のところ、短命な情報にすぎない。電子や光子、磁束であり、生産が過剰になっても、ムーアの法則を妨げることはない。その結果はムーア自身が指摘したように、すばらしいものだ。「ムーアの法則はマーフィーの法則に反するものだ。あらゆることがどんどんよくなる」

なぜムーアの法則は成立するのか

産業プロセスのほとんどは、時間の経過と規模の拡大により、学習曲線として知られるプラスの効果が現れる。半導体をつくるプロセスにもそれが当てはまるが、半導体の場合の効果はより速く、長期にわたる。

「学習曲線」という言葉は、一九世紀にドイツの心理学者ヘルマン・エビングハウスによって紹介された。彼は、人は反復して覚えることによって記憶力テストの成績が上がることを実証した。しかし、学習曲線はすぐに広い意味で使われるようになった。ウィキペディアは学習曲線を次のように解説している。「根本的な意味は、ある課題をくり返せばくり返すほど、それをこなす時間が短くなることだ」。その初期の例としては、一九三六年に米国ライト・パターソン空軍基地の管理者が、飛行機の生産量が二倍になるたびに、組立作業時間が一〇～一五パーセント減ることを確認している。

一九六〇年代後半にボストン・コンサルティング・グループ（BCG）がハイテク産業を調べたところ、単純な学習曲線よりも速いペースで生産性が上昇する例も多いことがわかった。学習曲線はほとんどが人間の学習によっているが、ハイテク産業の例は規模が関係していそうだった。大量生産される商品の生産量が二倍になるたびに、コストは一〇〜二五パーセント減っていたのだ。BCGはそれを「経験曲線」と名づけた。そこには、労働者個人の学習とともに、管理の効率化からサプライチェーンの最適化まで組織の学習も含まれている。

しかし一九七〇年代に入ると、新たに登場した半導体の価格が経験曲線で説明できるペースをも超えて低下した。トランジスタの価格はBCGの予測ラインの最低価格を維持しながら落ちつづけた。フェアチャイルド社のトランジスタ1211はある一〇年間で、四〇〇〇倍も販売量を増やした。それは二の約一二乗なので、経験曲線による予測では価格が三〇分の一になるはずだったが、現実には一〇〇〇分の一になっていた。あきらかに別の要素も働いていたのだ。

半導体に現れた違いは、ハイテク製品の多くに見られる特徴だ。つまりそれらは物質よりも知恵がはるかに重要となる製品なのだ。経済用語では、そのインプット（材料）はほとんどが知的財であり、物質財は少ない。マイクロチップは結局のところ、たんなる砂（シリコン）がとても賢くくっつけられたものなのだ。ジョージ・ギルダーは『未来の覇者』で次のように言っている。

生産において物質の占める割合がとても小さい場合には、生産量を増やすにあたって物質的問題はあまり障害にならない。半導体は物質経済の崩壊を示している。

つまりアイデアは事実上、コストを要せず無制限に伝わっていくのだ。もちろん、これは今に始まったことではない。かのトマス・ジェファーソンは特許制度の生みの親でもあり、誰よりもうまくそのことを表現した。

私からアイデアを聞いた者は、私のアイデアを減らすことなく、それを利用することができる。まるで私のロウソクから火をもらった者が、私のロウソクを暗くすることなくあかりを受け継ぐように。

要するに、アイデアとは究極の潤沢な商品で、伝達のための限界費用はゼロなのだ。アイデアが生まれると、みずから広く遠くへと伝わることを望み、触れたものすべてを潤沢にする〈社会でそのように広まる考えを「ミーム」と呼ぶ〉。

だが、ビジネスにおいては企業は知的財産権法を利用して、人為的にアイデア不足を生みだすことでお金を儲ける。それが特許や著作権や企業秘密だ。つまり、アイデアは多くの人に伝わるのが自然だが、その流れをしばらくのあいだせき止めて利益をあげようとしているのだ。こうした権利は、発明家の創造に経済的インセンティブを与えるもので、一定期間はそのアイデアについて独占レント〈ある人や企業がアイデアや市場を独占することによって得られる利潤〉を請求できるライセンスであり、創案者はそのアイデアを活かしたビジネスを立ち上げて利益を得ることができる。だが、最後には特許が切れて、秘密は外に出る。アイデアを永久に止めておくことはできない。

物質からではなく、アイデアからつくられるものが多くなれば、それだけ速くものは安くなっていく。これがデジタル世界のフリーにつながる潤沢さのルーツだが、今日この現象は簡潔に〈ムーアの法則〉と呼ばれている。

しかし、この法則はデジタル製品に限ったものではない。情報が主要な構成要素となる産業ならなんでも、後述する複合学習曲線をたどるようになり、価格を下げながら性能を上げていきやすい。たとえば医薬品がそうだ。かつての「理由はわからないけれど、これは効く」という状態から〈だから、薬の「発見」と言った〉、今では分子生物学の原理から薬の作用するプロセスをたどれるようになり、薬が効く理由がわかるようになった。基礎にある科学とはつまり情報であり、観察された効き目は逸話にすぎなくなった。根本を理解できれば、よりよい薬をより速く大量につくることができるのだ。

ＤＮＡ配列検査の価格も一・九年ごとに半分になっているし、ほどなく個人の遺伝子構造検査も情報産業のひとつになるだろう。医師のコストが高くなる一方で、ソフトウェアは安くなりつづけ、ゼロへと向かっていくので、医療と診断サービスがソフトウェアによって提供される機会がますます増えるだろう。

ナノテクノロジーも同様で、カスタムデザインされた分子の自己組織化といった技術により、製造業を情報産業に変えるはずだ。エネルギー産業ももはや化石燃料を燃やすことだけでなく、光電池を使って太陽光を実用規模の電気に変えたり、草をエタノールに変える酵素を設計したりするなど、情報産業になる。それまでコンピュータと縁のなかった産業も、腕力中心から頭脳中心に変わることで、ムーアの法則に似た幾何級数的成長と価格下落を見せるようになるのだ。

ミードの法則

ゴードン・ムーアはみずから〈ムーアの法則〉と名づけたわけではない。名づけ親はカリフォルニア工科大学のカーヴァー・ミード教授だ。ミードは、ムーアが唱えたトランジスタの集積性に関する二倍の法則がもたらす経済的帰結——コンピュータの能力が二年ごとに二倍になれば、コストは半分になる——に最初に注目した人物だ。もっと重要なのは、人間がデジタル技術についてどう考え、利用するかによって何が変わるのかをはじめて真剣に考えたのがミードだったことだ。そして、それまでに考えられていたことがすべてまちがいだったことに彼は気づいたのだ。

一九七〇年代終わりに、ミードはカリフォルニア工科大学で半導体の設計を教えていた。集積回路の基礎を定め、それがのちに超大規模集積回路（VLSI）を生むことになる。VLSIは今日のコンピュータで広く使われている。先達のムーアと同じように、ミードにも一八カ月で性能が二倍になる法則が、見渡すかぎりどこまでも続いていることがわかった。それは通常の学習曲線や経験曲線だけに従っているのではなく、ミードが「複合学習曲線」と名づけたものにも従っていた。学習曲線と連続する発明が合わさった曲線だ。

半世紀以上にわたり、半導体の研究者は約一〇年ごとに大きなイノベーションを考えついてきたので、半導体産業は何度も価格を急激に下げる曲線を経験してきた。ある製造プロセスの効率性を改善する余地がほとんどなくなってくると、それがインセンティブとなって、劇的に新しく、よりよい製造プロセスが考えだされるのだ。物理学者のリチャード・

複合学習曲線

半導体リソグラフィーの各世代は、新たなイノベーションを呼びおこし、そのたびに学習曲線は深いカーブを描いた。

半導体価格の下落

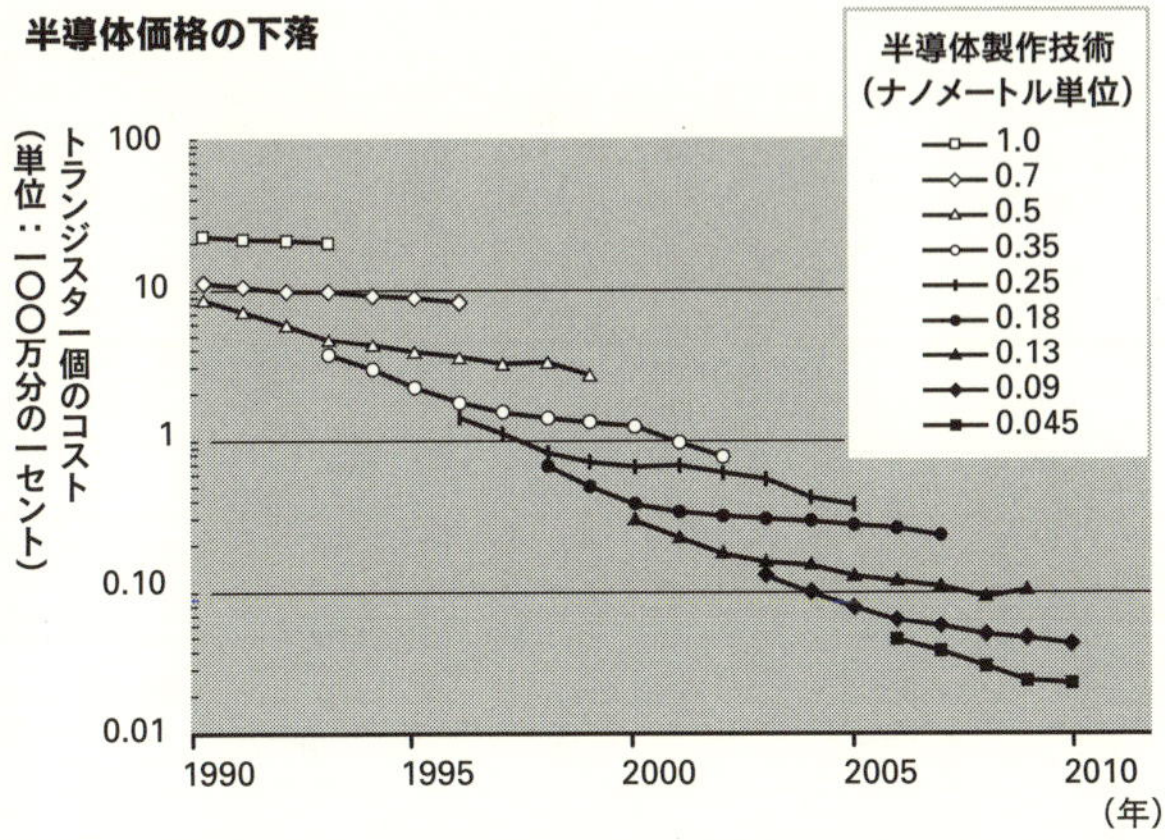

ファインマンが、原子レベルの世界には「底のほうにずいぶんと余裕がある」と言ったとおりで、そこから二〇世紀後半の新しい物理学が花開き、研究者は不気味なほど定期的に新しい方法を見つけてきた。

新素材や新しいエッチング工程、新しいチップ・アーキテクチャ、または並列処理のようなまったく新しい次元の方法が開発されるたびに、学習曲線は見あげんばかりの急坂になった。コンピュータ産業におけるすべてのイノベーションと学習曲線を合わせると、コスト減少は見たこともないペースになる。トランジスタをはじめ、コンピュータの性能を構成するユニットのほとんどが、いやおうなくゼロに向かっていくのだ。

ミードは、この経済効果が必然的にある倫理上の規範にかかわってくることを理解していた。トランジスタが安すぎて気にならないものになるのなら、私たちは実際に気にするべきではないし、そのコストについて考えるのをやめるべきだ。稀少な商品として節約するのではなく、潤沢にあるものとして扱えばいい。言いかえれば、「ムダに」しはじめるべきなのだ。

「ムダ」という言葉は悪い意味があるし、一九七〇年代の情報技術の世界では特にそうだった。その世代のコンピュータ専門家は誰もが、君たちの仕事は高価なコンピュータ資源を倹約しながら少しずつ使うことだと教わった。メインフレームがガラス張りの部屋に収められていた時代には、システムオペレータは、どのプログラムで高価な計算機を動かすかを選ぶ権限をふるっていた。彼らの役目はトランジスタを守ることであり、どのプログラムが重要かを決めるだけでなく、プログラマーに対しては、コンピュータで計算させる時間を最短にするようにうながしていた。

情報化時代初期には、このシステム・アドミニストレータという聖職者こそが支配者だった。彼らの承認がないとコンピュータを使えないので、プログラムを書くときには、彼らの考える適切なIT資源の使用基準に合わせる必要があった。ソフトウェアはビジネス目的に絞られ、CPUサイクルの利用は効率的に、野心は抑えぎみにされた。その試験に合格すれば、プログラマーはコンピュータのスロットにパンチカードを差し込むことを許され、その二日後に、エラーメッセージの書かれたプリントアウトが出てきて、最初から同じ工程をくり返すはめになったのだ。

その結果、初期の開発者は、自分たちのコア・アルゴリズムを効率的に動かすコードを書くことに注力して、ユーザー・インターフェースのことは考えなかった。これはコマンドラインの時代であり、ソフトウェアの仕事はCPUを働かすことではなく、CPUのために働くことだった。

当時のエンジニアもムーアの法則をある程度理解していて、将来のコンピュータは当時のメインフレームよりも小さく、安くなるとわかっていた。だが、一般家庭に置けるほど小さく安くなるとは想像だにしていなかった。そもそも家庭にコンピュータを置く目的がわからなかった。長く考えたすえに、一九六〇年代終わりのコンピュータ業界はひとつの答えを思いついた。料理のレシピを整理することだ。そして、一九六九年に世界最初のパーソナル・コンピュータが、ハネウェル社からスマートな台所用電気製品として、調理台と一体型で売り出された。その年、高級デパートのニーマン・マーカスの商品カタログに、このパソコンが掲載された。バーゲン価格で一万六〇〇ドルだった。そのパソコンの入力手段はフロントパネルにあるトグルスイッチだけで、主婦は一六進法を使うしかなかった。これが一台でも売れたかどうかはわからない。

そこにミードが登場して、プログラマーたちにムダを奨励した。しかし、彼らは途方に暮れた。コンピュータをムダに使えといったって、どうすればいいんだ？

うなるマウス

一九七〇年代にゼロックス社のパロアルト研究所で働いていたアラン・ケイというエンジニアが、そのやり方を示してみせた。コアとなる演算処理のためにトランジスタを節約するのではなく、ケイはコンピュータの概念を発展させて（ダイナブック構想）、ディスプレー上が魅力的になるようにシリコンチップをムダに配置したのだ。アイコンを描いたり、マウスでポインタを動かしたり、画面をウィンドウで分割したり、さらには、ただかっこよく見えるという理由で、機能のないアニメーションを加えたりした。

浪費をして、見て楽しいものをつくる目的はなんだろう。それは子どもを含む一般の人にコンピュータを使いやすくすることだ。ケイのＧＵＩ（操作の対象が絵で表現されるグラフィカル・ユーザー・インターフェース）の仕事は、ゼロックス社のアルトやのちのアップル社のマッキントッシュにインスピレーションを与え、一般の人にコンピュータを開放することで世界を変えたのである。

技術者の仕事はどんなテクノロジーがためになるかを決めることではない、とケイにはわかっていた。テクノロジーを安く、使いやすくし、誰もが使えるようにユビキタスなものにして世界中に普及させ、あらゆる場所に届けることだ。それをどう使うかはユーザーが決めればいい。一人ひとりが異なるニーズや発想や知識や世界とのかかわり方を持っているからだ。

ケイはコンピュータを民主化する方法を示すことで、ムーアの法則がガラス張りの部屋の中だけではなく、各家庭や車やポケットの中でも実現するようにした。コンピュータの使い道をみんなで探すことで、デジタル写真やゲーム、TiVo、iPodが開発されたのだ(だが、レシピを整理したがる人は少ない)。

エンジニアは私たちにインターネットとウェブ(TCP/IPとhttp://)の技術的インフラを提供した。しかし、それを使う方法を考えだしたのは私たちユーザーだ。テクノロジーが無料で誰にでも開かれているために、ユーザーがいろいろと試しながら、そこにコンテンツやアイデアや自分自身を詰め込んだのだ。技術者は器をつくり、そこに私たちが飲み物を満たしたのである。

もちろんテクノロジーが安いことと無料であることとは違う。ケイの時代に高性能コンピュータは高価だったし、今でも高い。六桁にもなるひとそろいのサーバーの費用を支払ったばかりのCIO（最高情報責任者）なら誰もが口をそろえてそう言うだろう。必要な設備を買いそろえるときにはテクノロジーは無料だとは思えない。それでもユーザーのほうから眺めれば、違った経済の姿が見えてくる。高価なハードドライブの集合（高額な固定費）は、何万人ものユーザーにサービスを提供できるのだから（低い限界費用）。

今日のウェブは規模がすべてだ。資源を集中させるために、できるだけ多くのユーザーを集める方法を見つけ、コストをユーザーに薄く広く負担してもらうことでテクノロジーの性能をさらに上げていく。データセンターにずらりと並んだハード類にかかる費用が重要なのではなく、それで何ができるかが重要なのだ。そこでできることが、魔法にかかったかのように規則正しく毎年増える一方で、そのコストは下がりつづけ、ユーザー個々人が負担する限界費用はゼロに近づいている。

ミードとケイの予想は、コンピュータを基礎とする産業に重大な影響を与えた。ソフトウェア開発者はメモリやCPUサイクル不足の心配から解放されて、より野心的になり、ユーザー・インターフェースなどの高次機能や、エンターテインメントなどの新しい市場を目指すようになった。その結果、ソフトウェアは魅力を広げ、より多くのユーザーを引きつけ、そのユーザーがコンピュータのさらなる使い道を見つけた。トランジスタをムダにしながら試行錯誤をしたおかげで、世界は変わったのだ。

おもしろいのは、トランジスタや記憶容量、通信帯域幅が完全に無料にならなくても、無料に近い効果が発揮されることだ。無視できるほど充分に安ければいいのだ。古代ギリシアの哲学者ゼノンはこれと似た状況にとり組んだ。〈ゼノンのパラドックス〉では、人が壁に向かって走るとする。走って壁までの距離を半分に縮める。さらに走ってまた半分に縮める。さらに走って半分に……。しかし、そうやって永遠に距離を半分に縮めていくと、どうすれば人は壁にたどり着けるのだろうか？（たどり着けないのが正解だ。数ナノメートルの距離に接近すると、原子の反発作用がとても強くなり、それ以上近づけなくなるからだ。ニュートンはこれを数学上のパラドックスとして、微分積分学を発明することで解決した）

経済においても同じことが考えられる。もしもテクノロジーの単価（メガバイト単価やメガビット毎秒、ＦＬＯＰＳ〔フロップス。一秒間で処理できる浮動小数点演算の回数を示す〕）が一八カ月ごとに半分になるのならば、どれだけゼロに近づけば、それを切り捨ててゼロと見なせるのだろうか。その時点はたいてい思ったより早く来る、というのが答えだ。

ミードが理解していたのは、ものの価格がゼロに向かうと心理的スイッチがパチッと入ることだった。完全に無料にはならないかもしれないが、価格がゼロに近づくと、まるでそれがタダであるかのように扱われるという強みを持つ。ストラウスの言った、安すぎて気にならないではなく、安くて問題にならない、である。

鉄とガラス

ムーアの法則と半導体の話はほとんどがデジタル経済の寓話とも言えるものだが、前述のとおり、実際は記憶容量と通信帯域幅という関連テクノロジーのほうがゼロを目指す競争で前を走っている。

まず、磁気記憶装置の要となる技術は、シリコンにより細い線を描くことではなく、金属ディスクの上になんとかして磁性体を載せることだ。皆さんのパソコンのハードドライブは次のように動いている。回転するディスクの上に、小さな磁気ヘッドが〇・〇〇二マイクロメートルの距離に浮いていて、ディスクの渦巻き線を読みとり、そこにある一と〇を表す磁性体を解読していく（その情報が集まることで、パワーポイントを動かせるのだし、動画をダウンロードできるのだ）。ディスクにより多くの情報を入れる方法は、トラックをより小さくすることで、そのためにはさらに小型で高性能のヘッドをディスクのより近くに据える必要があり、そのディスクの磁性体もより小さく高性能にしなければならない。

これにはスイスの高級時計メーカーも真っ青になるほどの正確さで組み立てられることと、強い磁場を持てるようにディスクが鉄製であることが重要だ。記憶装置は半導体と異なる物理特性にもとづいているが、ミードの複合学習曲線はここでも有効だった。半導体におけるムーアの法則がほとんど当てはまらないにもかかわらず、記憶容量はムーアの法則を上まわるペースで増加し、コストは下がりつづけた。ここでも物理的要素に対する知的要素の割合が高く、イノベーションがひんぱんに起こったのだ。

通信帯域幅も別の物理特性と材料工学にもとづいている。データの長距離伝送は電子ではなく光子の問題だ。光変調器が二進数コードのオン・オフ情報をさまざまな波長のレーザー光のパルスに変える。パルスは光ファイバーの中を旅するが、とても純粋なので、光はあまり失われることもゆがむこともなく、内側の壁に反射しながら一〇〇キロメートルは進んでいける。

これは材料工学や緻密な機械工学の問題ではなく光学の領域だ。それでも物理的要素に対する知的要素の割合が高いので、イノベーションが何度ももたらされ、そのたびに進歩のサイクルが始まる。ここでもミードの複合学習曲線が当てはまり、光ファイバー・ネットワークと光変調器は、情報処理と記憶容量よりも速く、約一年で性能が二倍になるペースで向上している。

潤沢さにできること

通信帯域幅が気にしなくていいほど安くなったことが、ユーチューブを生んだ。それはだけでなく、すばやく既存のテレビ業界に革命を起こした（破壊したと言う人もいる）。記憶容量が気にしなくていいほど安くなったことで、グーグルのGメールで大容量の受信箱が無料になったただけでなく、TiVoやマイスペースなどのサービスが生まれ、iPodもMP3ファイルについてはほぼ無限に収納できるようになった。

iPod発売以前には、誰もポケットの中に自分の音楽コレクションすべてを持っていたいとは思わなかった。だがアップル社のエンジニアは、記憶容量が潤沢であることの経済的意味を理解していたのだ。彼らは、コスト当たりのディスクドライブ容量が増えるペースは、プロセッサよりも速いことを見てとった。巨大な音楽カタログを持ち歩きたいという需要がiPodの開発をうながしたのではない。物理学と工学がうながしたのだ。アップルのエンジニアは、ミードの言葉を借りれば、「テクノロジーの声を聞いた」だけだった。

彼らは二〇〇〇年に東芝がおこなった発表に注目した。「近いうちに一・八インチのハードディスクに五ギガバイトを記憶できるようになります」。それはどのくらいの記憶容量だろうか。トランプのカードよりも小さなドライブに音楽が一〇〇〇曲納められるくらいだ。そこでアップル社は単純にそのテクノロジーを製品化して発売した。すると、供給はみずからの需要をつくり出した。消費者は自分の音楽ライブラリを持ち歩くことなど考えてもみなかったが、いざそれができるとなったら、たちまちその便利さを理解した。すべての音楽を持っていれば、今日は何を聴こうかといちいち用意する必要はなくなるのだ。

情報処理能力、記憶容量、通信帯域幅というテクノロジーの三重の相乗効果はウェブという形で結びつき、潤沢さが生みだされた。九〇年代後半のITバブルの時代にはやった冗談がある。「インターネットの世界にはふたつの数字しかない。無限とゼロだ」。無限については少なくともIT関連会社の株式の市場価値としては誤りだったことがわかった。しかし、ゼロについては今でもちゃんと生きている。ウェブ経済は無料の地になりつつあるが、その理由はイデオロギーではなく経済学にある。価格は限界費用まで下がり、オンラインにおける限界費用はすでに、ゼロに等しい端数になっているのだ。

ムーアの法則が持つ意味をコンピュータ業界が理解するのに数十年かかったように、インターネットにおいて情報処理能力と記憶容量、通信帯域幅の向上が結びついたことでもたらされる複合的結果を理解するのにも数十年かかるかもしれない。

ルイス・ストラウスが電気は安くなって気にならなくなると予言したときに、電気はすでに経済の全分野とかかわっていた。それが潤沢になれば何をもたらすのか想像するのはワクワクすることだった。今では情報も電気と同じ程度に、経済の大部分と結びついている。

情報とはお金の流れであり、財布の現金を別にすれば、お金とはビットにほかならない。情報とは私たちのコミュニケーションでもある。電話口で発せられた言葉は瞬時にデータに変換される。テレビや映画、音楽はそもそもデジタル情報として生まれ、ビット世界のあらゆるものへと姿を変え、そのつくり方や使われ方が変わっていく。電気それ自体も次第に情報産業になりつつある。〈スマート・グリッド〉〔次世代送電網。IT技術によって、供給者と消費者のあいだで効率的な電力のやりとりをする〕によって、送電網の中心に電気を送るときも、端に電気を送るときも、ネットワークを一方向から双方向に変えているのだ。近いうちに、太陽光パネルや電気自動車と電気をやりとりして、需要を調節できるようになるだろう。

ビットになるものはなんでも、より安く、よりよく、より速くというユニークな経済特性を持つことになる。たとえば防犯ベルをデジタル化すれば、タダに近い潤沢な記憶容量、通信帯域幅、情報処理能力を持つセンサーの役目も、インターネットのコミュニケーション・ノードの役目も果たすようになる。こうしたことがインセンティブになって、物事がどんどんデジタルに切り替えられている。デジタル化されれば一気に大きなビット世界の一員となり、そこでは作業スピードがどんどん加速していくのだ。

かつて電気がそうだったように、ビットは産業のステロイドであり、あらゆるものを安くし、その性能を上げる。電気と違うのは、ビットが毎年、魔法のように向上しつづける点だ。電気のような一度限りの革新ではなく、ビットは革新を続け、世代を経るごとに価格が半分に、性能が二倍になって、まったく新しい可能性を切り開いている。

しかし、私たちは経済学の最初の授業で、価格は科学ではなく、需要と供給で決まると教わらなかっただろうか。それは今でも正しいので安心してほしい。いつのときも、どんな商品も価格は需要と供給で決まる。それでも、長い期間における価格の傾向を決めるのはテクノロジーであり、商品がコモディティ化すればそれだけ安くなるのだ。一九世紀はじめに活躍したフランスの経済学者ジャン・バティスト・セーの名をとった〈セーの法則〉は、「供給はそれに等しい需要をつくる」と言っている。言いかえると、トランジスタの数を一〇〇万倍にした集積回路を開発すれば、世界がその使い道を見つけてくれるのだ。

いつのときも、世界はその時点で生産されているものを少しだけ多く、あるいは少なく望み、需要と供給の増減にともなってすぐに価格も動く。だが長い期間で見ると、生産コストの低下は価格の低下という全体的傾向を保証し、需要と供給の一時的不均衡は、ゼロへと向かう不可避の流れにさざ波を与えるにすぎない。

このように今日の経済全体は複合学習曲線の上に成り立っている。そのことを理解するのに一世代を費やし、これを全面的に展開するにはさらに数世代を必要とするだろうと考えると、それだけで気が遠くなる。それが意味するところを最初に気づいたのは経済学者ではなく、もっとアングラな人々——ある鉄道模型マニアだった。

第6章 「情報はフリーになりたがる」

──デジタル時代を定義づけた言葉の歴史

一九八四年に、ジャーナリストのスティーヴン・レヴィが『ハッカーズ』を出版した。それは、あるマニアックなサブカルチャーの年代記だ。だがそのサブカルチャーはパソコン(最終的にはインターネットまでも)をつくっただけでなく、ユニークな社会的精神をも一緒につくりあげた。本の中でレヴィは「ハッカー倫理」七カ条を紹介している。

1. コンピュータへのアクセス及びその使い方を教えるあらゆるものは、無制限かつ全面的でなければならない。
2. 常に実践的な命令に従うこと。
3. すべての情報《インフォメーション》はフリーになるべきだ。

4. 権威を信じるな——非中央集権を進めよう。
5. ハッカーはその身分や年齢、人種、地位などインチキな基準ではなく、そのハッキング能力によって評価されるべきだ。
6. コンピュータで芸術や美をつくり出すことは可能だ。
7. コンピュータはわれわれの生活をよいほうに変えられる。

第三条の元は、一九五九年にマサチューセッツ工科大学（MIT）のテック鉄道模型クラブに所属していたピーター・サムソンが発した言葉だ。そのクラブは世界初のコンピュータ・オタクのコミュニティであり、おそらく生まれてこのかたデートをしたこともないような野暮ったい人間の集まりだった。ウィキペディアはレヴィの本を引きながら、彼らが重要な理由を次のように記している。

そのクラブにはふたつのグループがあった。ひとつは模型やジオラマに興味を持つグループで、もうひとつは〈信号及び電力小委員会〉をつくって、鉄道を走らせるための回路をつくっていた。後者は、のちに「ハッカー」という言葉をはじめ、多くの俗語《スラング》をはやらせた若者たちで、最後にはコンピュータとプログラミングに引きつけられた。彼らがまず関心を持ったのは、大学の二六号棟にあるＩＢＭ７０４という数百万ドルもするコンピュータだった。しかし、そのメインフレームにアクセスできるのは一部の者に限られていた。のちに、元クラブ員のジャック・デニスの手配によって彼らも三〇〇万ドルのコンピュータＴＸ－０が使えるようになった。そのコンピュータは大学がリンカーン研究所から長期貸与を受けたものだった。彼らはいつもＴＸ－０の置かれている場所に深夜までたむろしていて、コンピュータを使う予定の人が姿を現さなければ、すぐにでも使おうと狙っていた。

レヴィの本はケヴィン・ケリーとスチュアート・ブランドのレーダーに引っかかった。ケリーはのちに『ワイアード』誌の編集長となる（今でも一匹狼でありながら、私たちのアドバイザーとして残ってくれている）。ブランドは元メリー・プランクスター〔一九六〇年代に全米を旅したサイケデリックなヒッピー集団〕で、『ホール・アース・カタログ』という雑誌の創刊者だった。それは、対抗文化《カウンターカルチャー》の生んだ出版物の中でおそらくもっとも影響力を持ったもので、ケリーが編集にたずさわった。一九八三年にブランドは『ホール・アース・ソフトウェア・カタログ』を創刊する費用として一三〇万ドルの前金を渡された。一九六〇年代終わりから七〇年代はじめに『ホール・アース・カタログ』が〈大地に返れ〉というＤＩＹ運動の啓蒙書となったように、『ソフトウェア・カタログ』も、拡大しつつあるＰＣ文化で同じ役割を果たすことを目標とした。

レヴィの本を見つけたブランドとケリーは、三世代のハッカーを一堂に集める会合を開くことにした。のちにケリーが当時のことをスタンフォード大学でコミュニケーション学を教えるフレッド・ターナーに語ったところによれば、ケリーとブランドはハッキングが「より大きな文化の前触れ」なのかどうかを知りたいと思っていたし、「ハッカーの倫理とは何かをそのグループがすすんで表明するならば、それを目撃したいし、表明しないのならば、表明させたい」と思っていた。

一九八四年一一月、約一五〇人のハッカーが、サンフランシスコからゴールデンゲート・ブリッジを渡った対岸のマリン・ヘッドランズにあるフォート・クロンカイトにやってきた。週末を使った二日間の会合には次の人たちも出席した。スティーヴ・ウォズニアック（アップル社の共同設立者）、テッド・ネルソン（ハイパーテキストの開発者）、リチャード・ストールマン（ＭＩＴのコンピュータ科学者で、のちにフリーソフトウェア財団を設立する）、ジョン・ドレイパー、別名「キャプテン・クランチ」――なぜなら彼は、キャプテン・クランチという商品名のシリアルの箱におまけでついているおもちゃの笛を使って、タダで電話をかける方法を見つけたからだ。ブランドとケリーはハッカーたちに、食事とベッドのほかに、コンピュータと映像機器を用意した。

ふたつの話題が特に話しあわれた。「ハッカーの倫理」をどう定義するかと、コンピュータ産業にどんなビジネスが生まれつつあるのか、という話だ。ここでブランドがデジタル時代の黎明期にふさわしい形でサムソンの言葉を言いかえて、ハッカーの第三条を次のように話した。

一方で、情報は高価になりたがる。なぜなら貴重だからだ。正しいところに正しい情報があれば、私たちの人生さえ変わりうるのだ。他方で、情報はフリーになりたがる。なぜなら情報を引き出すコストは下がりつづけているからだ。今はこのふたつの流れがせめぎ合っているのだ。

これは、インターネット経済を表すもっとも重要で、そしてもっとも誤解されている言葉だろう。

特に重要なのは、この発言がテクノロジーとアイデアを経済的に結びつけている点だ。ムーアの法則は、コンピュータの計算能力を機械面からとらえたものだった。しかし情報は実体のないコモディティで、それに従って機械は動作する。物理学はトランジスタがいつの日か無料になることを決定づけたが、トランジスタが処理するビット、すなわち情報の価値は、無料にも高価にもなりうるのだ。

たぶん情報は安くなるだろう。なぜなら、ビットは簡単に複製できるからだ。あるいはコンピュータによる完璧な演算処理が情報の質を上げるので、高価になるかもしれない。実際どちらになるかわからないから、ブランドの両極端な発言がなされたのだ。

通常、彼の発言は後半部分の「情報はフリーになりたがる」だけが記憶されている。それはサムソンの元の発言とはふたつの点で異なっている。第一に、サムソンは「フリー」を「自由」の意味で使った。当時はメインフレームの時代で、いかにしてコンピュータにアクセスするかが大きな問題だった。しかし、ブランドは本書と同じで、「フリー」に「無料」の意味を持たせたのだ。

第二の相違は、ブランドがサムソンの発言の「フリーになるべきだ」を「フリーになりたがる」にした点だ。ブランドの定式化が力を持つ理由の大半は、情報を擬人化することで、政治的スタンス(〜になるべきだ)として表明するのではなく、情報がそれを望んでいるとしたことにある。中立の価値観とすることで、情報の解放を迫る政治的イデオロギーを掲げるストールマンのような情熱的ハッカーから「フリー」をもぎとり、たんなる自然の摂理であるかのように表現した。つまり、情報が無料になりたがるのは、生命が子孫を残したがり、水が低いところに流れたがるのと同じなのだ。

ブランドの発言が誤解されているのは、後半しか記憶されずに、前半の「情報は高価になりたがる。なぜなら貴重だからだ」が無視されているからだ。たぶん、それが矛盾にも、同義語重複にも見えるからだろう。ブランドの発言は次のように理解するのがいいかもしれない。

コモディティ化した情報（誰もが同じものを得られる）は無料になりたがる。カスタマイズされた情報（その人にだけ与えられる特別なもの）は高価になりたがる。

だが、これでも一〇〇パーセント正解ではない。グーグルは、ウェブのサービスとしては特別でもカスタマイズされてもいないが、検索をした人にとって意味のある情報をくれるではないか。それならこう言いかえてみよう。

潤沢な情報は無料になりたがる。稀少な情報は高価になりたがる。

ここでは「潤沢」な情報と「稀少」な情報の限界費用を考慮している。低い限界費用で複製、伝達できる情報は無料になりたがり、限界費用の高い情報は高価になりたがる。だから、皆さんはオンラインで本書のコピー（潤沢でコモディティ化された情報）を無料で読める〔アメリカ国内では期間限定で、グーグル・ブックスやスクリブドで無料公開された〕。一方、私が皆さんの町まで行って、皆さんのビジネスに合ったフリーに関する話をするのは別だ。私は喜んで飛んでいくが、皆さんは私の（稀少な）時間に対してお金を払うことになる。私は子だくさんで、子どもたちの学費も高いので、私への報酬が無料になりたがることはない。

ブランドの説明

だが、これはあくまでも私の解釈だ。ブランドの予言の影響力を考えれば、発言の内容と真意を本人に確かめるべきだと思い、私は彼に会うことにした。

私の最初の質問は、伝説的な発言の特定の部分に関するものだ。「どうしてあなたはハッカー倫理の第三条について、情報はフリーに『なるべきだ』を『なりたがる』に変えたのですか？」

「理由はふたつあります」と彼は言った。「第一に言葉として響きがよいからです。詩的で神話的で、『べきだ』の指を振って指図するイメージを避けられます」。だが、重要なのは第二の理由だ。「それは視点をあなた自身からある現象へと変えます。その現象とは、情報自身の問題だという考えを共有することで、そこから価値が生まれるというものです」。つまり、情報について私たちがくだす決定よりも、情報の機能を重視したのだ。情報を有料にするか無料にするかという人間の哲学など問題ではなく、情報が持つ基本的な経済性がはっきりと無料になることを望んでいる、というわけだ。

次の質問は、彼の発言の中で忘れられがちな前半部分に関してだ。「どうして無料と高価のふたつを並べたのでしょうか?」

彼は両端を並べることで、情報の持つパラドックスを引き出したのだと答えた。

知的財産に関する議論では、保護に賛成反対どちらの意見もまったく筋が通っているので、それはパラドックスだと言えます。パラドックスは私たちが関心を持つ物事の多くを動かしています。たとえば結婚生活がそうです。彼女と一緒にはいられない。でも彼女なしではいられない。両方の発言ともに真実です。そして、その両者の力関係が結婚生活を何よりもおもしろくしているのです。

パラドックスと矛盾はまったく違います。矛盾はそこで止まってしまいますが、パラドックスは前進しつづけます。なぜなら、私たちが片方の側の真実を知るたびに、別の側の真実に背後からつかまえられるからです。

あのハッカー会議では、無料のシェアウェアを配る人もいれば、コピー防止措置をほどこした企業向けソフトウェアを数千ドルで売る人もいました。ソフトの価格設定はまだ手探り状態で、高くなるものも安くなるものもありました。つまり、市場はまだどれが適正な感覚なのかわかっていなかったのです。どんなデータのやりとりでも有料になることがありましたし、まったくおかしな価格にも人々はがまんしました。だからボロ儲けした会社もありましたよ。

ほかにブランドが絶妙のセンスを見せたのは、文章に「インフォメーション（情報）」という単語を使ったことだ。ここでの「インフォメーション」は比較的新しい使われ方で、一九四八年に現代情報理論の創始者であるクロード・シャノンが情報理論に関する有名な論文を発表したときを起源とする。それ以前の人々は、コード化されたアイデアや指示という特定の状態を表すときには別の単語を使っていたか、あるいはそもそもそれを表す単語はなかった。シャノン自身も、論文のアイデアを温めている一九三九年には「インテリジェンス」という単語を用いていた。インフォメーションの代わりに使われていた単語には、「ランゲージ」や「シンボル」、「サイン」があった。情報化時代になるまでは、「インフォメーション」という単語はニュースに関して使われていて、「新しいインフォメーションがある」と言うと、単純に「事実」を意味していた。

シャノンはAT&Tに勤めていたので、彼の理論は信号処理にもとづいていた。情報を雑音の対極に位置づけ、コヒーレント信号〔信号波の位相・振幅に一定の関係があること〕とインコヒーレント信号を区別する方法を考えた。それはアナログ信号でもデジタル信号でも可能だが、今日の情報とは通常、デジタル信号を指す。すべてかゼロかを表すそのオン・オフの信号は、私たちがどのように解読するかによって情報にもなれば雑音にもなる。

ワープロはMP3ファイルを雑音と見なすし、TiVoはスプレッドシートを読めないが、情報という観点からすれば、すべてビットの連続であることに変わりはない。ビットはたんにオン・オフというふたつの状態の違いを表すだけで、それが意味を持つこともあれば、持たないこともある。しかし、イギリス生まれの人類学者、グレゴリー・ベイトソンが言ったように、情報は「違いを生む違い」なのだ。

ブランドが「インフォメーション」という単語を使ったときに、それはデジタル方式で符号化された情報を意味していた。そこには、バーチャル・コミュニティの〈ホール・アース・エレクトロニック・リンク〉(WELL)を共同でつくるなど、ブランドのそれまでのデジタル・ネットワークの経験が反映されている。そうした経験からブランドが学んだことは、ビットとその内容はまったく別物だということだ。ビットは少なくとも経済的にはタダに等しいが、それが意味する内容は受けとる側次第で、ムダなものから値段をつけられないほど価値があるものまでさまざまなのだ。

「私がＷＥＬＬで手本のひとつとしたのは、電話会社です」とブランドは言う。「そこは会話を売るのではありません。誰が何を話そうと気にしません。ただ電話を持っていて、それを利用することに対して料金を課すだけです。コンテンツは関係ないのです」

物質界ではパブが似ているとブランドは言う。そこはコミュニティとおしゃべりのための場所を提供するが、それについては料金をとらない。潤滑油となるビールの代金をとるだけだ。「ビールのジョッキなり電話の発信音なり、料金を請求できる何かほかのものを見つけるのです。隣接広告のようなものです。常に情報以外のもので料金をとれるようにする必要があります」

どうして人々は自分の発言を半分しか引用しないのだろう、とブランドは二五年間も気にかけてきたのだろうか。彼はその質問に対して、それがミームにはよく起きることだと答えた。「意図するしないにかかわらず、ミームはもっとも効果的な形で受け継がれます。たとえば、ウィンストン・チャーチルは『血と涙と汗』とは言いませんでした。実際は『血と労苦と涙と汗』と言ったのです〔一九四〇年の首相就任時の議会演説。「血と労苦と涙と汗のほかに、私がさしあげられるものはありません」〕。あとのほうが響きがいいかもしれませんが、そのうちのひとつの言葉に訴えかける力がなかったのです。だからこれが真似されて広まっていくなかで、最適な形に編集されたのです」

第7章 フリーと競争する

——その方法を学ぶのにマイクロソフトは数十年かかったのに、ヤフーは数カ月ですんだ

一九七五年二月三日、当時まだ一九歳の大学生だったマイクロソフトのビル・ゲイツは、「コンピュータ愛好家への公開書簡状」なるものを記し、彼が新たに設立した会社が四万ドルを費やして開発したソフトウェアが、不正に無料でコピーされていることを訴えた。そして、もしもこの事態が続けば、私たちは新しいソフトを開発することができなくなり、みんなが困るでしょう、と警告した。

愛好家の大多数は気づくべきだ。あなたたちは、自分たちのソフトウェアを盗んでいることを。ハードにはお金を払わなければならないが、ソフトは共有すればいい。そ

のために働いている人間の報酬なんて知ったことか、とあなたたちは考えているのでしょう。

結局、事態は好転した。パソコンがオタクな趣味人の世界から一般のユーザーのもとへと移ると、普通の人はコピー技術に精通していないので、ソフトを利用するためにはお金を払うのがあたりまえだと考えたのだ。アップルⅡやIBM‐PCというパソコンが登場すると、マニュアルを備えた箱入りのソフトを売る店が出現した。ソフトは産業となり、マイクロソフトは大儲けしたのだ。

だが、フリーと争う日が終わったわけではなかった。不正コピーはけっして完全にはなくならない。そして、ソフトの記録メディアがコピーしにくいフロッピーディスクからCDへと変わると、音楽CDと同じように不正コピーが急増した。マイクロソフトは正規のパッケージの中にユーザーが入力するセキュリティコードを入れたが、そのコードもコピーされたし、パッケージにつけたホログラムもコピーされた。先進国では不正コピーに対して訴訟を起こし、啓発キャンペーンをし、業界団体をあげて活動したし、不正コピーを取り締まるように外交活動もしたが、発展途上国はさながら無法地帯だった。

中国では、パソコン市場の急成長を不正コピーが加速させていた。マイクロソフトの製品だけでなく、ゲームから教育用プログラムまであらゆるものの海賊版が販売された。表向き、マイクロソフトはこれにきびしい姿勢を見せた。しかし、ゲイツと会社は現実主義的で、不正コピーを撲滅することは無理だとわかっていた。努力すればするほど高い費用がかかるうえに、正規のユーザーに面倒な認証手続きを強いることになる。また、不正コピーは悪い面ばかりではない。少なくともそのソフトを使ってくれることを意味していて、知名度が高いことは、いつの日か発展途上国が成長したときに、真の市場シェアに反映されるはずだ。

「中国では一年に三〇〇万台のコンピュータが売れているにもかかわらず、人々は私たちのソフトウェアにお金を払ってくれません」。一九九八年にゲイツは、ワシントン大学の学生の前でそう語った。「でも、いつの日か払ってくれるようになるでしょう。だから、どうせ盗むのならば、わが社の製品を盗んでほしい。彼らがわが社の製品に夢中になっていれば、次の一〇年間で私たちはお金を集める方法を考えだせるはずです」

そして、そのときが来た。中国は以前より豊かになり、コンピュータは安くなった。今の流行は、機能を絞りこんで価格を二五〇ドル程度にしたラップトップのネットブックだ。マイクロソフトはネットブック用ＯＳを、通常版の四分の一以下の約二〇ドルで提供している。不正コピーによってユーザーはマイクロソフトの製品を使っているので、新しい製品を選ぶときも必然的にマイクロソフトを選ぶようになった。数十年に及ぶ不正コピーの時代を経て、今日の中国では海賊版市場と並んで有料の市場も巨大になっている。マイクロソフトが優位を保つなか、消費者はより金持ちになり、無認可ソフトを手に入れるための面倒をがまんできなくなってきたのだ。ゲイツの戦略は、不正コピーを根絶しようときびしい措置をとるのではなく、ある程度低い水準に保つための対策をするだけだったが、それが功を奏したのだ。

無料のお試し

一九九〇年代に、マイクロソフトは海外で不正コピーと戦っていたが、アメリカ国内では別の種類のフリーと競っていた。ＯＳ戦争に勝ったあとで、ワープロやスプレッドシートなどのアプリケーションソフトでもリードを保つべく戦っていたのだ。ライバルのワードパーフェクト・オフィスやロータス・スマートスイートは、自社ソフトを新しいコンピュータにバンドルしてもらおうと、パソコンメーカーに最低価格で売り込みをかけていた。その狙いは、パソコンを買ったユーザーはインストール済みのソフトを使おうとするので、使い方を覚えるし、ファイルが溜まるので、有料のアップグレード版が出たら買ってくれるだろうというものだ。

どうして医療ソフトウェアがタダになるのか?

2007年11月以降、サンフランシスコに拠点を置く新興企業のプラクティス・フュージョン社の無料ソフトウェアに、数千人の医師がサインアップして、電子カルテと医療業務管理ツールのシステムを利用している。そうしたソフトウェア製品は通常5万ドルはする。なぜ同社は電子カルテシステムを無料で提供できるのだろうか?

フリーミアム+広告:

2種類のソフトを用意して、フリーミアム・モデルとした。ひとつは無料だが、グーグル・アドセンスのような広告がつく。もうひとつは広告なしで月額100ドルかかる。プラクティス・フュージョンの電子カルテシステムを利用するようになった最初の医師2000人のうちで、有料バージョンを選んだのは1割以下だった。しかし、真の収入源はほかにある。

データを売る:

無料ソフトにより、同社が充分な数のユーザー(医師)を集めれば、そこで医師が次々と患者のデータベースをつくる。特定の病気を研究する医療機関は、多数の患者の長期にわたる医療記録を必要としているので、研究対象ごとに(たとえば、ぜんそくを持つ白人で肥満の中年)、匿名にしたデータは50ドルから500ドルで売れる。1人の医師が250人の患者を扱うとすれば、最初にユーザーとなった2000人の医師から50万件の記録が集められる。さまざまな機関が種々の研究をしているので、1人の患者のデータは複数の機関に売ることができる。1人のデータが平均500ドルで売れれば、2000人の医師にソフトを5万ドルで売るよりもはるかに大きな収入を得られるのだ。

データを売るほうが、ソフトを売るよりも儲かる

研究データからの収入推計
2.5億ドル
従来型のソフトウェアを売る場合の収入推計
1億ドル

ライバルのこの作戦により、マイクロソフトの市場シェアは伸び悩むようになり、ゲイツは憂慮した。そこで同じやり方で対抗することにした。ビジネスソフト製品群である〈オフィス〉の簡易版となる〈マイクロソフト・ワークス〉を開発して、パソコンメーカーに一〇ドルで卸したのだ。それはライバルに匹敵する低価格だったし、ワークスはオフィスとの互換性もあったので、ユーザーを自社の縄張りに引きとめておくことができた。ワークス自体ではたいして儲からなかったが、戦略は成功だった。

マイクロソフトは、パソコンの世界がデスクトップからウェブに移るときにも同じ戦略をとった。ネットスケープ社がウェブブラウザの〈ナビゲーター〉を無料で発表したことで、生まれたばかりのウェブ業界は早くも非収益化された。さらに困ったことに、この無料ブラウザはネットスケープ社のウェブサーバー・ソフトと組み合わせることで最高のパフォーマンスを発揮するように設計されていて、マイクロソフトが利益をあげているサーバーOS市場を切り崩そうともくろんでいたのだ。

ここでもマイクロソフトは対応を迫られた。すみやかに自前で無料ウェブブラウザの〈インターネット・エクスプローラー〉を開発し、自分たちの全OSにバンドルした。これでネットスケープの成長を抑えることはできたが、会社は一〇年に及び、独占禁止法による訴訟を抱え、競争抑制的行動に対する制裁金というツケを払わされることになった。独禁法取締官は、無料ソフトを有料ソフトとセットにすることを攻撃した。フリー自体はいいが、独占的企業が競争相手を排除するためにそれを使うのはダメだ、というのだ。

独禁法の理論では、市場で支配的な企業は、有料の製品（独占レントを引き出しうる）に無料で別の製品をつけることで、さらに市場を独占してその利益を享受できるので、フリーを利用することに慎重であるべきだと唱える。結局マイクロソフトは、ブラウザからバックアップ用のユーティリティソフトまで無料ソフトをOSにバンドルすることを許されたが、その代償として、制裁金と弁護士費用は数億ドルに達し、企業イメージはダウンした。

事例1　マイクロソフト対リナックス

フリーソフトウェアのもうひとつの形式は、オープンソースだ。名称は違えども、マイクロソフトは数十年にわたり、これと競争してきた。一九九八年までは、無料で誰もが利用できて、修正もできるソフトのことを「フリーソフトウェア」もしくは「フリーウェア」と呼んでいた。それは、ユニックスから派生した一連のOSから、ワープロ、プログラミング言語までさまざまなものがあった。しかし、コミュニケーション・プラットフォームとしてウェブが台頭すると、フリーウェアのコードを書くプログラマーの非公式コミュニティがますます大きくなり、影響力を持つようになった。フリーソフトウェアの特別なライセンスが生まれたことでさらに広まり、ますます多くのフリーソフトウェアがつくられるようになり、その存在はあなどれないものになったのだ。

ネットスケープ社は一九九八年にブラウザのコードを公開したが、その決断によってフリーソフトウェアはソフトの形態として主流になっていった。同じ年に、出版業者のティム・オライリーが主催した会議で、この一連のソフトウェアを「オープンソース」という名称にすることでコンセンサスを得た。その名称の長所は、「フリー」という言葉を使わない点にあった。というのも、「フリー」という言葉は、過激なイデオロギー信奉者であるリチャード・ストールマンによってゆがめられていたからだ。かつてＭＩＴの学生で先導的立場にあったストールマンが設立したフリーソフトウェア財団は、彼の反資本主義の思想に沿った運動を展開していた。

その会議には二八歳のリーナス・トーヴァルズも参加していた。七年前に彼はヘルシンキでユニックスのＯＳを簡素化したもの（「リナックス」と命名した）をつくるというささやかなプロジェクトをスタートさせていた。すぐれたコードの組み合わせと、彼の魅力的な人柄と組織をたばねる能力、そして何よりも地球規模のコラボレーションを実現可能にするウェブがあったおかげで、プロジェクトはうまく運んだ（マイクロソフト支配への恐れや、ソフトウェア純粋主義者が一般にマイクロソフト嫌いなこともプラスになった）。

オライリー主催の会議が開かれる時点では、リナックスは新しい種類のソフトウェアのシンボルだと見られていた。誰でも利用し、修正できるし、修正したものは無償で、すべての人々にオープンでなければならないというライセンスにもとづいてつくられた、機能的で評判の高いコードの代表だったのだ。誰でもそのソフトを売ることができたが、それを所有することはできなかった。

そもそもリナックスは主に他のユニックスの派生品（無料版や、サン・マイクロシステムズやＩＢＭの有料版など）と競いあっていた。だが、高い技術力を実現し、無償の才能と労働力をきわめてうまく利用して成功しはじめると、ワシントン州シアトルはレドモンドにあるマイクロソフトの本社から注目されるようになった。そのときのマイクロソフトは、数十億ドル規模のサーバーＯＳ市場を支配して、にんまりしていたのだった。

私はあるインタビューでマイクロソフトの幹部たちに、オープンソースに対してどういう効果的な対策を考えたのか尋ねたときに、あまりに対策を始めるのが遅かったことを知ってびっくりしたことがある。リナックスについてははじめから知っていたが、マーケティング担当者は一九九〇年代後半以降も、表面上は無視していた。うるさい蚊がまた飛びまわっているだけで、企業戦略を変える重大な理由にはなりえないと思っていたのだ。そしてようやく、二〇〇二年八月に開かれた〈リナックス・ワールド〉〔年二回開かれているオープンソース・ソフトウェアの見本市〕にはじめてマイクロソフトはブースを出し、それをプログラム・マネジャーのピーター・ヒューストンは、「確実な対リナックス戦略」と呼んだ。

この時点ですでに、トーヴァルズがプロジェクトを始めてから一〇年以上が、オライリーがオープンソース会議を始めてから四年以上が経っていた。VAリナックスやレッドハットといったリナックスを扱う企業がナスダック市場に上場し、その株価が急騰してから三年が経っていた。そして、二〇〇二年までにリナックスは、ウェブサーバーOS市場で二五パーセントのシェアを占めるまでになっていた。対するマイクロソフトは五〇パーセントだった。

マイクロソフトがリナックス対策を真剣に考えるまでに、なぜこれほど長い時間がかかり、このあと何が起こったのかは、精神科医のエリザベス・キューブラー・ロスの唱える「悲嘆の五段階」説〔一九六九年の著書『死ぬ瞬間』で提唱した〕を使えば、とてもうまく説明できる。

第1段階　否認　リナックス・プロジェクトが始まってからの一〇年間、マイクロソフトはどうしていたのだろう。フリーOSといったそれまでのフリーソフトウェアと同じように、リナックスもいつのまにか消えるか、とるに足りない存在にとどまることを望んでいたのだ。たとえ完全には消えなくても、リナックスがアピールするのはほとんどがユニックスのユーザーだろう。マイクロソフトはそのユーザーをとりこみたいと思っていたので安心してはいられないが、リナックスと直接、ユーザーを食いあうよりはましだった。だが、何よりも幹部たちは、フリーソフトウェアというプロ仕様にはとても及ばないソフトを手に入れて、すすんで頭痛の種を抱えようとするユーザーの気持ちがわからなかった。

だがユーザーはすすんでそれを受け入れた。特に急成長するウェブのためにデータセンターを拡張するときには、リナックスのサーバー一台ではマイクロソフトのそれに劣るものの、数百台、数千台と並べる場合には、ひとたびリナックスの癖さえ学べば、膨大なコストの節約になったのだ。二〇〇三年までにウェブサーバーにおけるリナックスの市場シェアは三分の一に迫ろうとしていた。この流れをせき止めるひとつの方法はリナックスの価格に対抗することだが、それは無料にすることを意味するので、考えるのさえ恐ろしかった。そこでマイクロソフトは主に傍観者的立場から非難することにしたのだ。

社内では一部のエンジニアが、リナックスはわが社のコアとなるビジネスモデルに対する長期的脅威になるので、すぐにきちんとした対策をとるべきだと警告していた。一九九八年に、プログラマーのひとりが、オープンソース・ソフトウェアは「わが社の直接収入とプラットフォームに対する脅威だ」と書いたメモを回覧した。それは外部に漏れて、流出した時期と恐怖をかき立てる内容から、「ハロウィン・メモ」と呼ばれた。メモは「オープンソース・ソフトウェアで自由にアイデアをやりとりすることは、現在のわが社のライセンスモデルではまねできない利点なので、長い目で見て、メーカーのユーザーシェアにとって脅威となる」と訴えていた。

だがマイクロソフトは、公にはまったく別のスタンスで話していた。一九九八年一二月のある記事には次のように書かれている。「マイクロソフト社の幹部はオープンソースを誇大宣伝だと切り捨てた。『これからの複雑なプロジェクトは大きなチームと資金が必要になります』と、同社のグループ・マーケティング責任者のエド・ミュースは語った。『それは、シャーウッドの森に住むロビン・フッドと陽気な仲間たちにはうまくできないことです』」

第2段階　怒り　リナックスがすぐには消えず、真のライバルになることがはっきりすると、マイクロソフトは敵意を見せはじめた。たしかにリナックスはタダだと、マイクロソフトの販売員は迷える顧客に言った。「タダで子犬をもらうのと同じことです」。一生ドッグフードを与えつづけ、糞を処理し、一日に二回の散歩に連れていかなければならないことを、よく考えてみてください、と彼らは訴えた。

マイクロソフトはリナックスの経済性を攻撃する戦略をとった。キーワードは「トータルコスト」だ。彼らは次のように主張した。ソフトウェアの真のコストは、ソフトの価格ではなく維持費にある。サポート体制ができていないリナックスを買った浅はかな人間は、あのポンコツを動かすために、毎日、たくさんのプログラマーやＩＴの専門家にお金を払わなければならない。

一九九九年一〇月にはマイクロソフトも本気になって、「五つのリナックス神話の嘘」というタイトルの文書を発表した。そこにはリナックスの技術的欠陥が列挙されていて、その性能はわが社のＯＳに及ぶべくもないと結論づけていた。そして、無料なのは表面上にすぎないと警告する。「リナックスのシステム管理者は、最新のバグを理解して対策を練るのに膨大な時間を費やしているに違いありません」と文書は指摘する。「リナックスのコミュニティでは、リナックスそのものは無料だとかコストが安いと言われています。ただ、顧客の購買意思決定プロセス全体で、製品のライセンスコストの占める割合は小さいことを理解しなければなりません」

しかしながら、この文書は効果がなかった。主張を裏づける証拠がなかったので、顧客はマイクロソフトのＦＵＤ〔fear, uncertainty, doubt＝恐怖、不安、疑念。競合相手の製品に疑惑を持たせるマーケティング戦略〕にすぎないと片づけたからだ。リナックスやアパッチ・ウェブサーバー、リレーショナル・データベース管理ソフトのＭｙＳＱＬ《マイエスキューエル》、プログラミング言語のPerl《パール》とPython《パイソン》などのオープンソース・ソフトウェアは勢力を拡大しつづけた。二〇〇二年一一月に、いらだちをつのらせたウィンドウズのプログラム・マネジャーのひとりが、会社のPR部門にメモを送りつけた。「政府や主要機関がわが社の製品に替えてオープンソースを考えているという報道に、われわれはもっと効果的に対応するべきだ。大きな組織が、(オープンソース・ソフトや)リナックスの導入を検討するか、試行しているだけのときに、あたかも導入を始めたかのように書かれていることに対して、すみやかに事実をもって反論する必要がある」

第3段階　取り引き　二〇〇二年のリナックス・ワールド開催時には、マイクロソフト社内でも、新たな戦略が必要だという認識ができていた。IBMはすでに対リナックス専用部門をつくり、エンジニアがリナックス用のコードを書きはじめていた。マイクロソフトにとっても、これまでの激しい非難をひっこめ、現実に向き合うときだった。リナックスは消えやしないし、その理由の一端はユーザーがマイクロソフトのやり方に怒りを覚えているからだ。「真剣にとりあってもらうためには、感情的になってはいけないのだと気づきました」。マイクロソフトの対リナックスチームの責任者だったヒューストンは言う。「それまでのわれわれの発言は、墓穴を掘り、競争相手を喜ばせることばかりでした」。リナックス・ワールドのブースにいるマイクロソフトの社員は、胸に「話しあおう」と書かれたTシヤツを着ていた。

リナックス・ワールドのあとで、ヒューストンはなぜ自分たちの言葉に説得力がなかったのかを理解した。「われわれは言ってきたことを証明する必要があったのです。リナックスのほうがコストがかかるということをです」。そこで彼は、第三者機関としてIDCというコンサルタント会社に、トータルコスト面でどちらがすぐれているかを査定してもらった。その結果は、マイクロソフトにはっきりと軍配があがったが、その調査結果を利用するかどうかで幹部間で意見がわかれた。長いあいだ、根拠もなく同じことを言ってきたので、今さら証拠を出してもユーザーの見方を変えられるかどうか疑問に思えたのだ。

たぶん見方は変えられなかったのだが、議論そのものはマイクロソフトの勝利だった。ユーザーはマイクロソフトがたんに同じ非難をくり返しているのではなく、実際に、リナックスは見た目よりも複雑だし、維持コストもかかることを知った。そして、マイクロソフトはオープンソースの領域へも踏み込んでいった。「共有ソース」プログラムを発表し、行政機関の顧客がウィンドウズと他のマイクロソフト製品のソースコードを見られるようにしたのだ。もしもオープンソースの魅力のひとつが情報公開にあるのならば、マイクロソフトもそれを提供しようというわけだ。ただし顧客にはコードの秘密保持を誓わせていた。このプロセスには二、三の政府機関が参加したが、リナックスの勢力を削ぐにはほど遠く、より徹底した対策が求められた。

第4段階　抑鬱　二〇〇三年後半にマイクロソフトは、IBMで対リナックス戦略を成功させたビル・ヒルフを雇って業界を驚かせた。採用に際して、CEOのスティーヴ・バルマーはヒルフに言った。「われわれは『フリー』に対する答えを必要としている」。今までやってきたことでは流れを止められなかったマイクロソフトだが、ヒルフは着任してエンジニアと話しはじめると、すぐにその理由がわかった。「彼らはオープンソースがどのように動くのかまったくわかっていなかったのです」とヒルフは言う。「彼らはひどい誤解をしていました。ただそれを脅威と見ていただけでした」

マイクロソフトの社員がオープンソースについて情報不足だった理由のひとつは、同社の顧問弁護士によって、エンジニアがそれにかかわることを禁じられていたからだった。リナックスなどのオープンソース・ソフトウェアが使っているライセンスはGPL（ジェネラル・パブリック・ライセンス）と呼ばれるもので、オープンソースから生まれた派生物もすべてオープンソースにすることを求めている。顧問弁護士はこれをウィルスと同じだと考えた。それに接触したマイクロソフトのプログラマーの仕事に感染する恐れがある。オープンソースのソフトに触れて、それを誤って利用したために、オープンソースのウィンドウズが生まれる危険性すら考えられたのだ。
そのため、ヒルフが社内にオープンソース研究室をつくりたいと思ったときも、まるで生物災害《バイオハザード》施設のような扱いを受けた。物置だった部屋に、施設課が穴を開けて、ネットワークケーブルを通せるようにしてくれた。だが、そこからはヒルフがひとりでやらなければならなかった。予算もつけてもらえなかったので、彼は不要となったコンピュータを使うしかなかった。「ビルを助けよう」キャンペーンと称して、余った機材を求めて社内を回った。会社はGPL病が広まるのを恐れていたので、研究室で働いた者はほかの部署で働くことができなかった。『シアトル・ポスト・インテリジェンサー』紙はヒルフのことを「レドモンドで一番孤独な男」と呼んだ。

第5段階　受容　今日のヒルフのオープンソース研究室には、新品の高性能機器が並んでいる。予算とプログラマーがつき、オープンソース・プロジェクトを実行している。何が変わったのだろうか。トップが現実主義になったのだ。ゲイツとバルマーはリナックスを必死で攻撃してきたが、相手を強くしただけだった。新しい現実を受け入れるときだった。今のマイクロソフトの立場は、「フリーとの相互運用」、つまり、お互いのソフトが相手のOSで作動するようにすることだ。プログラマーはコアとなる部分にオープンソース・コードを使うのではなく、パッチを当てることで、顧問弁護士の不安を解消していた。

市場シェアがすべてを物語っている。マイクロソフトはサーバーのOSにおいていまだに最大のシェアを誇り、リナックスは二〇パーセントにすぎない。デスクトップ用OSやビジネスソフトでマイクロソフトの市場シェアは八〇パーセント近くに達している。市場は、すべて無料、フリーウェアに有料サポート、昔ながらのすべて有料という三つのモデルそれぞれに居場所を与えているのだ。

立ち上げたばかりのウェブ企業や価格に敏感な個人といった小口のユーザーは、日々改良されていくオープンソース・ソフトを選ぶことも多い。しかし、大企業は価格よりもリスクを最小限にすることを重視しているために、マイクロソフト製だろうが、レッドハットなどの有料のリナックス版だろうが、喜んで有料ソフトを選ぶ。それは契約を結ぶためで、その契約にはトラブルが生じたときに、すぐに誰かと連絡をとれるアフターサービス条項が入っている。

今日、オープンソース、クローズドソースともに巨大な市場になっている。売上げに関しては、マイクロソフトの収入が大きすぎてオープンソースのそれが小さく見えてしまうが、ユーザーの数はもっと接近している。たとえば、ウェブブラウザのファイアフォックスはマイクロソフトのインターネット・エクスプローラー（ＩＥ）のユーザーを奪いつづけていて、ＩＥの市場シェアは三〇パーセントにまで落ちた。ファイアフォックスを開発する非営利のモジラ財団は、ユーザーがファイアフォックスの検索バーをクリックすると、グーグルの検索結果ページに飛ぶようにすることで、グーグルから広告収入の一部をもらって開発費用としている。モジラのスタッフは一〇〇人足らずだが、マイクロソフトのブラウザチームを楽に打ち負かしている。有料ＯＳと抱きあわせる必要がない、フリーを使ったビジネスが築かれているのだ。

一方、グーグルからアマゾンまで大きなウェブサイトのほとんどは、基本的にオープンソース・ソフトウェアで動いている。堅実な企業の多くも、ＪａｖａやＰＨＰといったオープンソース言語を採用している。そこは無料と有料が混在するハイブリッドの世界なのだ。マイクロソフトの歴史から学べる教訓は、ハイブリッドの世界はたんなる可能性ではなく、充分に起こりうる、ということだ。有料だけでも無料だけでも、単独ですべてに対応することはできないのだ。

事例２　ヤフー対グーグル

二〇〇四年四月一日、グーグル社は新たにＧメールというウェブメールサービスを始めると発表した。それまでにグーグルがエープリル・フールについてきた嘘を考えて、冗談だ

ゼッコーは、売買回数の多い
投資家から年間179ドルを稼ぐ

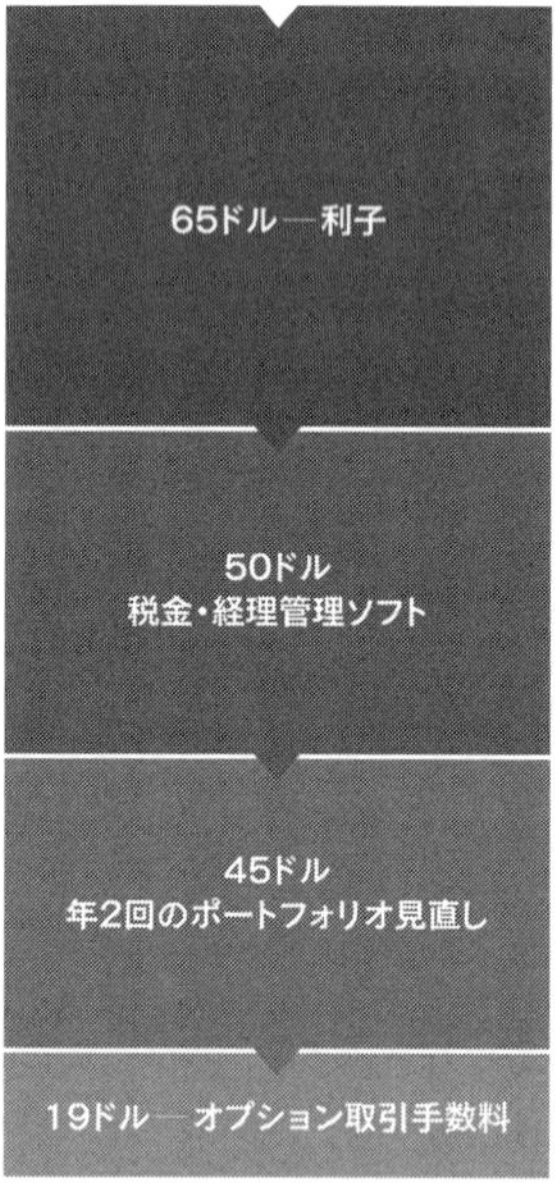

どうして株式売買手数料がタダになるのか？

イートレード[E*TRADE]がオンラインの効率性を利用して株式仲買人の仕事を粉砕した最初のベンチャー企業だとすれば、ゼッコー・ドットコム[Zecco.com]は次の波を代表する。ゼッコーでは、投資家は1カ月に10回まで手数料無料で株式売買ができる。2006年のサービス開始から15万人以上が会員になった。08年秋に株式市場が急落したときでさえ、会員は5割増加し、1日の取引数は3割以上も増えた。ゼッコーはどのようにして通常、年間で100ドルにもなる手数料をタダにできるのだろうか？

無料に条件をつけ、それ以外の取引に課金する：顧客は運用残高が継続して2500ドル以上あるときにのみ、10回までの売買手数料が無料になる。2500ドルを下回ると、1回に4ドル50セントの手数料がかかり、11回目以降の売買にも同額が課される(本書の執筆後、ゼッコーは最低預入金額を2万5000ドルに引き上げた)。顧客の4分の1が月に11回以上の売買をし、少なくとも毎月17万ドルの手数料を同社にもたらす。だが、多くの顧客は2500ドルの残高を維持しつつ、月に1、2回の売買しかしない。その彼らが年に1、2度、ポートフォリオの見直しをする月は、平均して15回の売買をする(そのときの5回分が有料になるので、年2回の見直しで45ドルの手数料収入となる)。

投資されていない資金を運用する：簡単なことだ。すべてのオンライン証券会社はこれを利用している。ゼッコーの顧客は運用チャンスを待って、口座に平均1500ドルの現金を残している。銀行と同じようにゼッコーはそこから年2%の利子を稼ぐ(年間30ドル)。もしも顧客が500ドルの信用取引口座を持っていれば、そこからさらに7%の利子を稼げる(年間35ドル)。

有料サービスと広告で補う：キャピタルゲイン課税を減らしたいと思っている顧客向けに、税金対策及びポートフォリオ管理ソフトを売っている。2カ月の無料試用期間ののちに、顧客は半年ごとに25ドル(年間50ドル)を支払う。また、売買の多い投資家用に月額20ドル(年間240ドル)で市場データを提供している。そして、他の商業サイトと同じく、バナー広告を載せている。

と思った人もいた。

だが、グーグル本社から一〇キロ南にあるヤフー本部では、誰もグーグルの本気を疑わなかった。ヤフーの幹部は何年も前からこの日を予想していた。というのも、グーグルが電子メールサービスを計画していて、専用のURLアドレスを登録したという噂が数年前から広まっていたからだ。

その時点で、ヤフーは最大のウェブメール・プロバイダで、約一億二五〇〇万人のユーザーを抱えていた。それはおいしい商売だった。無料版を利用するユーザーがほとんどで、彼らは一〇メガバイトの保存容量が利用できた。それ以上の容量が必要ならば、有料サービスで二五メガバイトから一〇〇メガバイトまで何段階もの容量が利用でき、メールに入ってくる広告をとり除くこともできた。そのビジネスは利益をあげていて、マイクロソフトやAOLなどのライバルとの差を広げつつあった。

しかし、二〇〇四年はじめに、グーグルの市場参入の噂が流れて事態は一変した。グーグルがさわるものすべてが金《きん》になるわけではないが、問題はグーグルが一ギガバイト（一〇〇〇メガバイト）の保存容量を無料にする予定だと噂されていることだ。それはヤフーが無料にしている容量の一〇〇倍もあった。

ヤフーの幹部であるダン・ローゼンワイグとブラッド・ガーリングハウス、デイヴ・ナカヤマが集まって対策を練った。グーグルには勢いがあるし、電子メールビジネスでかなりのシェアをとっていけるほど大きい。そして、もしGメールが本当に一ギガバイトをタダで提供するならば、ヤフーがそれに対抗するには、莫大な費用がかかることも予想された。

これは、フリーに関して昔からよくある問題だった。既存企業よりも新参企業のほうがフリーを利用しやすいのだ。既存企業は収入源をなくす恐れがあったし、すでに多くのユーザーを抱えているので、サービス提供コストが桁外れに大きくなりかねなかった。

一方、グーグルにはまだメールのユーザーがいないので、一ギガバイトの容量を提供するのにたいしたコストがかからない。最初の数千人のユーザーを扱うのは数台のサーバーで足りる（結局、当初から大量のハードウェアを買わなくてすむように、グーグルは顧客を選んでサービスを提供した）。それに対して、一億人以上の顧客を抱えるヤフーがグーグルと同じサービスを提供するとしたら、保存容量の需要が増えるのに合わせて、サーバーを並べたビルを用意しなければならなかった。

考えれば考えるほど、ヤフーにとって事態は悪いものに思えた。広告収入とは別の、直接収入となっていた有料会員ビジネスは、一〇倍の容量がタダで利用できるようになれば、跡形もなく消えてしまうかもしれない。無料の容量を増やしたなら、ユーザーはそれを好き勝手にムダづかいするかもしれない。一番の頭痛のタネは、市場でのリードを保つためには、グーグルと同じではなく、それ以上のサービスを提供しなければならないことだ。幹部は、グーグルに対抗するために必要となる、回転するディスクに占領されたビルを想像した。ハードウェアから電気代まで記憶容量にはとても費用がかかる。それは気が重いことだし、不公平でもあった。だが、ほかに選択肢はあるだろうか。

ガーリングハウスとナカヤマは落ちついて計算をしてみた。図表を貼ったホワイトボードが並んだ。保存容量のコストは少なくとも低下している。そして、ユーザーが必要とする容量の推算は、古典的なロングテールの形状を示していた。つまり、少数のユーザーが大量に使い、多くのユーザーは少ししか使わないのだ。それでも、容量が充分にあって不要な電子メールを削除する必要がなくなれば、こまめにメールを削除してきたユーザーの習慣が今後どのように変わるかはわからなかった。

また、ヤフーがメールを保存しておく記憶装置も、種類によって速い、遅い、より遅いとさまざまなので、うまく使いわける必要があった。古いメールは安くて遅い記憶装置に蓄え、新しいメールだけを高価で速い記憶装置に保存すれば、すばやく検索して呼びだすことができる。しかし、そのためにはまったく新しい電子メールソフトのアーキテクチャが必要となるので、その開発には費用とリスクをともなう。

最後に収入の問題もあった。ヤフーの電子メールは広告と有料ユーザーでお金を稼ぐだけでなく、ヤフーの他のサービスに対するユーザーの愛着も高めていた。人々がヤフーの電子メールからヤフーのホームページに飛んだり、ヤフー・ファイナンスやヤフー・ニュースなど他のサービスを利用したりすることで、会社は多くのお金を稼いでいるのだ。電子メールのユーザーは他のビジネスにとっても重要なユーザーなので、電子メールの市場シェアを減らすことはできなかった。各ユーザーの価値は広告収入の増加にともなって上がるのだ（189ページの図表参照）。

二〇〇四年に入ると、グーグルがまもなくGメールのサービスを始めることがあきらかになり、ヤフーは早急にその対策を整えることを迫られた。四月一日にGメールがスタートすると、ヤフーの心配は現実のものとなった。一ギガバイトの保存容量が無料だったのだ。そこでヤフーのCOO（最高業務執行責任者）だったローゼンワイグは決断して、サーバーと記憶装置の設備投資に数千万ドルをかけることを承認した。五月一五日にアナリストと会合をもったヤフーは、すぐに無料ユーザーの使える容量を一〇メガバイトから一〇〇メガバイトに引きあげ、その後もすみやかに引きあげていくことを発表した。引きあげに応じて、それまでの有料ユーザーには料金を返還する。二〇〇四年終わりまでに、ヤフーはGメールと同じ一ギガバイトまで無料にした。そして二〇〇七年には、容量を無制限にしたのだ（一方、Gメールはゆっくりと容量を増やしただけで、現在では八ギガバイト弱である)。

そのあとに起きたことには、ヤフー幹部全員が驚いた。ヤフーの有料サービスからユーザーが大挙して逃げる事態は起こらなかったのだ。広告なしのメールなど、そこにはお金を払うに足る利点が残っていたし、契約を更新をしなかったユーザーも年間契約をしていたのですぐにはやめなかったからだ。とにかくユーザーは大きく習慣を変えることなく、せっせと不要なメールを削除しつづけ、容量の消費量はヤフーが心配していたほど急には伸びなかった。

ナカヤマのチームは、迷惑メールを効果的に検知し、スパムメールを寄せつけなくするソフトウェアを書いた。「無制限」の容量といっても、ヤフーがそれを制御することは可能だった。ユーザーは必要なメールをすべて残すことができたが、ヤフーはそれを監視していて、急激にメール数が増えるときは迷惑メールではないかと疑う。ナカヤマは言う。「ユーザーは好きなだけ遠くへ行けますが、好きなだけスピードを出すことはできません」。この措置によりヤフーは記憶装置を増強するペースをゆっくりにできる。時間をかければかけるほど、そのコストは安くなるのだ。

結局、これはうまくいった。ヤフーは市場シェアを大きく失うことなく、今でも首位で、Gメールは大きく離された三位だ。ヤフーメールは保存容量を呑み込むブラックホールに

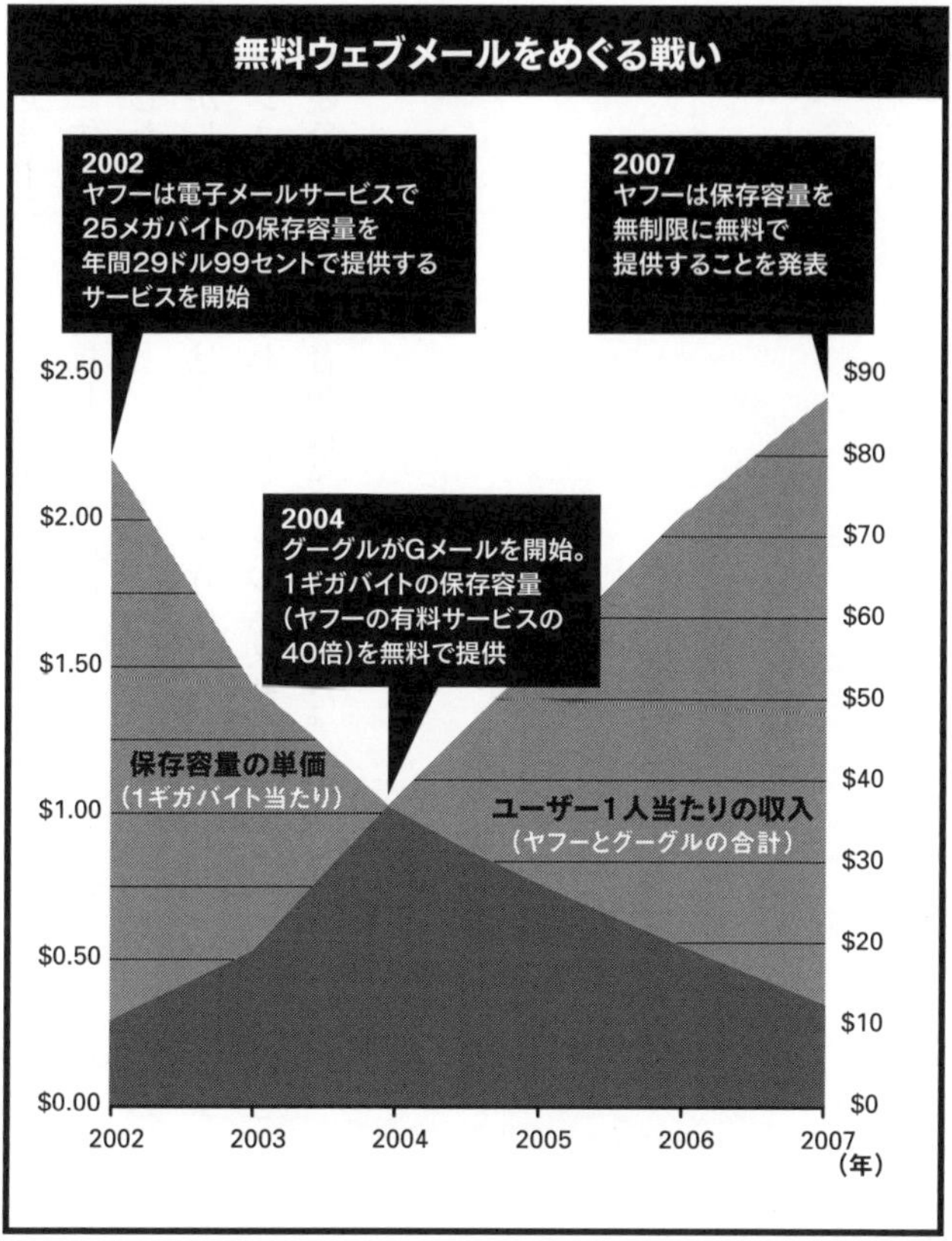
無料ウェブメールをめぐる戦い
2002
ヤフーは電子メールサービスで
25メガバイトの保存容量を
年間29ドル99セントで提供する
サービスを開始
2007
ヤフーは保存容量を
無制限に無料で
提供することを発表
2004
グーグルがGメールを開始。
1ギガバイトの保存容量
(ヤフーの有料サービスの
40倍)を無料で提供
保存容量の単価
(1ギガバイト当たり)
ユーザー1人当たりの収入
(ヤフーとグーグルの合計)
$2.50
$2.00
$1.50
$1.00
$0.50
$0.00
$90
$80
$70
$60
$50
$40
$30
$20
$10
$0
2002
2003
2004
2005
2006
2007
(年)

吸い込まれることなく、利益を確保できた。グーグルのフリーに対して、ヤフーはもっと無料にすることで対抗した。無制限の容量を無料で提供するという当然の帰結に一番先に到達したのだ。

しかし、グーグルはほんの始まりにすぎなかった。ソフトウェアと情報経済によって古いビジネスが粉砕され、新しいビジネスが生まれている市場ではどこでも、フリーを利用して競争をしかける者が続々と現れたのだ。

第8章 非収益化
――グーグルと二一世紀型経済モデルの誕生

今やそこは観光地になっている。カリフォルニア州マウンテンヴュー、アンフィシアター・パークウェイ一六〇〇番地にあるフリーの要塞だ。ここは「グーグルプレックス」と呼ばれる、無料を利用した企業としては史上最大になったグーグルの本社だ。敷地では、びっくりするほど健康的なエンジニアたちが上半身裸でビーチバレーをしたり、マウンテンバイクを走らせたりしている。建物の中では、Tシャツを着た彼らが巨大なデータセンターのおかげで特別に安い限界費用の利点を活かして新しい産業をつくり、検索エンジンの巨人の腕をさらに広げていくための新しいやり方をたくらんでいる。

今日のグーグルは、画像編集ソフトからワープロ、スプレッドシートまで一〇〇近いサービスのほとんどを無料で提供している。本当にタダで、なんの条件もつかない。これこそ現代のデジタル企業がするべきことだ――多くのものをタダで与えて、少ないものからお金をとる。

グーグルはひとにぎりのコアプロダクトの広告料から大金を稼いでいる。そのほとんどは検索結果の表示画面や、提携したウェブサイト上に広告を載せることによるものだ。それでほかのすべてをフリーにできるのだ。新しいサービスはオタクの妄想のような問いかけから生まれる。「これはクールだろうか?」「みんなはほしがるかな?」「このやり方は僕らのテクノロジーをうまく使えるだろうか?」。彼らは「これは儲かるか?」という平凡な質問から始めたりはしない。

変だろうか? ＧＭやＧＥにとってはそうだろうが、純粋なデジタル世界にいる企業にとっては、そのアプローチはまったく筋が通っている。ビジネスモデルを持つ前に、まずたくさんの観客を集めることから始めるのは、一九九〇年代後半のＩＴバブルの時代には無茶なことだった。なぜなら、そのためにはベンチャー・キャピタルの莫大な資金とサン・マイクロシステムズのサーバーを並べたラックが必要となるからだ。ところが今は事情が違う。ウェブで起業した会社は、グーグルが使っているのと同種の巨大サーバー施設を使うことができ、オンライン上のサービスを驚くほど安く提供できるのだ。アマゾンのＥＣ２といったホスティング・サービス〔サーバーの容量の一部をレンタルするサービス〕のおかげで、起業家は物理的インフラを何も持たなくてもクレジットカード一枚あれば、何百万人というユーザーにサービスを提供できるようになっている。

そのため、起業家は大きな金銭的リスクを負うことなく、また、どのようにしてお金を稼ぐのかはっきりわかっていなくても、大きな望みを抱いて小さく始められるのだ。Yコンビネータ［Y Combinator］はスタートアップ専門のベンチャー・キャピタルだが、その共同創業者のポール・グラハムは、起業を目指す者にいつも単純なアドバイスをするという。「人々がほしがるものをつくりなさい」。グラハムは五〇〇〇ドルという少額から起業家に出資し、オープンソースのツールやホスティング・サービスを利用して、自宅で事業を始めるようにすすめる。ほとんどの者はフリーを利用して、自分のアイデアがうまくいくかどうか、消費者を引きつけられるかどうかを確かめる。消費者を引きつけられれば、次は彼らが何にお金を支払うか、あるいはほかにどうやって収益をあげるのかという質問に移るのだ。その日が来るまでには数年かかるかもしれないし、その日はけっして来ないかもしれないが、操業コストはとても安いので、高額の資金が危険にさらされることはめったにない。

今日では、そのようなウェブ企業が大小とりまぜて無数にある。だが、今のところグーグルが最大手で、同社がビジネスの一部から大きな収益をあげていることからわかるように、フリーにすることは過渡的なビジネスモデルではなく、製品哲学の中核なのだ。

グーグルがどのようにしてフリーの旗手となったのかを理解するためには、その発展の歴史を見ればいい。それは大きく三つに分けられる。

1. 一九九九〜二〇〇一年　ウェブが増えるにつれ品質を落としていった他の検索エンジンとは異なり、ますます磨かれていく検索エンジンを提供した。

2. 二〇〇一〜二〇〇三年　広告主が自分たちでキーワードやコンテンツにマッチする広告をつくるようにしむけ、もっとも目立つ広告位置をめぐって広告主同士を競りあわせた。

3. 二〇〇三〜現在　事業を拡大し、さまざまなモノやサービスを生みだし、グーグルと消費者の結びつきを強くしている。広告モデルを他のモノやサービスにも適用していくのは当然の成り行きだが、消費者がいやな思いをするようなやり方はしない。

これが見事に機能している。現在、創業一〇年でグーグルは二〇〇億ドルの売上げを誇る企業となり、利益も二〇〇八年には四〇億ドル以上で、アメリカの航空会社と自動車メーカーの利益を足した合計よりも多い（まあ昨今では、これらの企業との比較はたいした

どうして電話番号案内がタダになるのか？

AT&Tなどの電話会社は電話番号案内に50セントから1ドル75セントの料金をとって、年間70億ドルの収入をあげている。一方、グーグルは自動応答のGOOG-411という番号案内サービスを無料で提供する。検索エンジンの巨人はどうして無料で提供できるのだろうか？

データを無料で得る：
利用者がGOOG-411に電話番号を問い合わせるたびに、グーグルには貴重な情報が入る。利用者の話す音声データは、そのアクセントや言葉づかい、企業名の発音の特徴が分析されて、グーグルの音声認識アルゴリズムを改良するために利用されるのだ。2007年春にこのサービスが始まって以降、蓄積されたデータの市場価値は1400万ドルと推算されている。

将来の大きなことに投資する：
それでも、この音声データの価値は、もしグーグルが電話番号案内を1通話につき1ドル課金した場合の収入にはまったく及ばない。それなのになぜグーグルはその収入をあきらめるのだろうか。グーグルの研究本部長のピーター・ノーヴィグによれば、GOOG-411は携帯電話向けの音声による検索機能の実験台なのだという。そのサービスに広告をつければ、グーグルのシェアから考えて、数十億ドルの収入が見込めるのだ。

グーグルは今後大きな市場を獲得するために、現在の収入をあきらめている

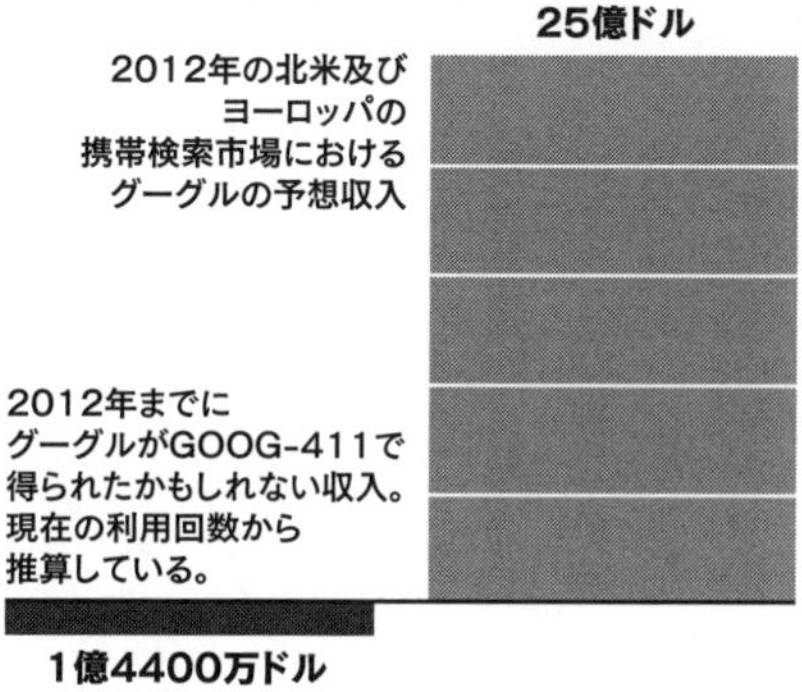

25億ドル
2012年の北米及びヨーロッパの携帯検索市場におけるグーグルの予想収入
2012年までにグーグルがGOOG-411で得られたかもしれない収入。現在の利用回数から推算している。
1億4400万ドル

所出：JINGLE NETWORKS, LINGUISTIC DATA CONSORTIUM, OPUS RESEARCH

説得力がないかもしれない）。グーグルはフリーの周辺にビジネスモデルを開拓しただけでなく、〈クラウド・コンピューティング〉という、まったく新しいコンピュータの使い道も発明した。つまり、それまでユーザーが自分のデスクトップマシンで作業していた機能を、「あちら側《クラウド》」にあるデータセンターのマシンへどんどん移していき、ユーザーはウェブブラウザを使ってオンラインでそれにアクセスして作業するのだ（グーグルにとって理想的なのは、そのときに同社のブラウザである〈クローム〉［Chrome］を使ってくれることだ）。

そのクラウドはどこにあるのだろうか。公然の秘密だが住所はわかっている。オレゴン州ダラスで、ポートランドから一三〇キロ離れたコロンビア川沿いに行けば、少なくとも外からその建物を見ることができる。そこはグーグルのデータセンターのひとつで、大きな工場のような建物に、数万台のコンピュータボードとハードドライブが、移動可能なラックに数十台ずつ収められている。すべてがネットワーク・ワイアで接続されていて、建物からインターネットへは光ファイバーケーブルの太い束で結ばれている。

これらのデータセンターは、情報処理速度、通信帯域幅、記憶容量という進歩する三つのテクノロジーの相乗効果の恩恵を受けている。グーグルが世界中にこうした情報工場を建てることは、コストを落とす効果はないものの、性能を向上させる効果はある。新しいデータセンターのコンピュータはどれも既存センターのものより速く、ハードドライブはより多くの情報を蓄えられる。その結果、データセンターは外の世界とのパイプ（通信帯域幅）を太くする必要が生じる。これらの能力をすべて足せば、グーグルが建てるデータセンターは一年半前のものより、コスト当たりの能力が二倍になっているのも納得できる。

その結果、一八カ月ごとに、グーグルがユーザーにGメールの受信箱を提供する費用はおおよそ半分になる。もともと数セントしかかからなかったものが、さらに減るのだ。グーグルマップやグーグルニュースを見ることも、ユーチューブで三分間の動画を楽しむコストも同様だ。グーグルはデータセンターの建設に億単位の予算を費やしているが、インフラの支出以上の速さで各データセンターの通信速度が上がるので、一バイト当たりのコストは毎日低下している。

現在のグーグルは、世界中に三六かそれ以上あるデータセンターに推定で約五〇万台のサーバーを展開している。データセンターは主として電気料金の安い、アメリカ大西洋岸北西部の水力発電所のそばなどにある（電気は、安くて気にならないとはグーグルが言えない数少ない資源のひとつだ。専門家の計算では、グーグルのデータセンターにある一台のコンピュータボードが一生で使う電力料金はボード本体の値段よりも高い。それゆえにグーグルは、より安く、二酸化炭素排出量の少ないエネルギーを開発する再生可能エネルギー計画を推進している）。

この巨大なインフラは世界でも有数のもので、わずかにマイクロソフトやヤフー、IBM、ヒューレット・パッカード、アマゾンなどが近いものを持っているだけだ。これがフリーの競争においてグーグルの大きな強みになっている。他の企業のデータコストも安いが、グーグルは規模の経済によってもっと安くなり、さらにはコストが低下するスピードも速いのだ。規模の力によってハードウェアや通信帯域幅、さらに電力料金の交渉も有利に運べる（CEOのエリック・シュミットはよく冗談で、グーグルのコンピュータラックにキャスターがついている理由は、データセンターの持ち主が倒産したときに運び出せるようにだよ、と言っていた。自前のデータセンターを持つ前にグーグルが利用していたデータセンター会社はすべてつぶれたという。フリーを追求することは、正しい計算ができていない者には過酷な商売なのだ）。

最大化戦略

どうしてグーグルではフリーがあたりまえなのだろう。なぜなら、それが最大の市場にリーチして、大量の顧客をつかまえる最良の方法だからだ。シュミットはこれをグーグルの「最大化戦略」と呼び、そのような戦略が情報市場の特徴になるだろうと考えている。その戦略はとても単純だ。「何をするにしても、分配が最大になるようにするのです。言いかえると、分配の限界費用はゼロなので、どこにでももものを配れるということです」
シュミットはテレビ番組を例にあげている。私たちが、マフィアを題材にした人気ドラマ、『ザ・ソプラノズ』の制作者だとしよう。まず、どのようにそれを配信するかを考える。たまたま、ケーブルテレビのＨＢＯに友人がいたので話を持ちかけると、彼らは自局で放映することに同意し、資金を出してくれた。それはすばらしいことだが、戦略の一部にすぎない。

そこで私たちは放映前に注目を集めるためにブログが必要だと考える。放映が近づくと、メディアにとりあげてもらうべくＰＲ会社を雇う。そしてオンライン上で盛りあげるために、フェイスブックや他のバイラルビデオ〔ネット上の口コミなどで広がっていくことを意図して発表される動画〕を使うだろう。放映開始後は、テキストメッセージとツイッター経由でプロットを更新していく。これで番組のウェブサイトを訪れる人が増えて、登場人物についてよく知るようになり、番組への関心も増すはずだ。

それから、日曜日に放送される本編に入れられなかった映像をユーチューブにアップする。撮影にはたくさんのフィルムを使うので、余分に公開できるシーンもあるのだ。さらなる関心を引くべく、未公開シーンのうちどれを本編に入れたらよかったかを視聴者に聞く。そういうことをしながら、私たちは『ザ・ソプラノズ』の中心となるアイデアを探しだし、それをニッチな関心を持つあらゆる視聴者に届けるのだ。この中で収益があげられるのは、おそらくコアとなるＨＢＯの放映だけだが、他のすべてはその収益化の成功に貢献するのだ。

これが最大化戦略だ。

シュミットが指摘するとおり、この戦略はＨＢＯを自前で持っていればとてもうまくいく。そしてある意味で、グーグルは広告機能という形でそれを持っていると言える（検索結果と連動するアドワーズと、第三者のコンテンツに表示されるアドセンス）。しかし、持っていないときはどうすればいいだろうか。そのときでも最大化戦略は大勢の関心を引きつけ、評判を呼ぶだろうが、それをお金に変える方法を考えるという難問が残る。それは最大の問題ではないが――ほとんどの会社は収益化《マネタイズ》ではなく、注目を集めることに苦労している――そのささやかな問題を解決しないかぎり、「最大化」は見返りが乏しく、通信帯域幅の高額な使用料金だけが残ることを意味する。

幸運にもグーグルにその問題はない。お金を稼ぐ方法として、ウェブの発展に合わせて成長するやり方を見つけているからだ（あるいは、ウェブよりも速いかもしれない。なぜならグーグルは、検索と広告に関して市場シェアを伸ばしつづけているからだ）。グーグルの成長を制限するものは、ウェブの成長ペースだけだ。そのため、グーグルのつくり出すほとんどの製品は、無料の無線アクセスから無料の記憶容量まで、多かれ少なかれインターネットの使い道を広げようとするものだ。

こうした関連製品を、経済学者は「補完財」と呼ぶ。他のモノやサービスと一緒に利用されるもので、ビールに対するピーナッツ、自動車に対する自動車ローンなどがそれに当たる。グーグルにとって、オンラインにあるものはなんでも、メインビジネスの補完財と見ることができる。誰かがブログにポストするたびにグーグルのウェブ巡回ソフトがそれをインデックス化するので、結果的にグーグルの検索精度は向上する。ユーザーがグーグルマップをクリックするたびにユーザー行動に関する情報が入るし、Gメールの電子メール一通一通はユーザー同士のネットワークを知る手がかりになる。そのすべては、グーグルが新しい製品を開発し、広告を売るときに役立ちうるのだ。

補完財の消費行動でおもしろいのは、コア商品と補完財が離れがたくつながっていて、同時に売れることだ。インターネットを利用する人が増えれば増えるほど、グーグルのコアビジネスにとっては恩恵となる。だから、グーグルがフリーを利用することで人々がもっとオンラインで時間を費やすようになれば、それがグーグルの収益につながるのだ。

今のグーグルでは、社員の大多数が無料で提供できる新しいものを考えるのに忙しい。無線LANのワイファイ［Wi-Fi］環境を無料で提供することを考える部門もあれば、オープンソース・ソフトを書いている部門もある。科学者に無料でデータ保存のための記憶容量を提供するし、古典の名著をスキャンしてはオンライン上で公開している。また、写真管理ソフトと写真をオンライン上で保管する場所も無料で提供している。〈グーグルアース〉を無料で利用できるようにして、さらに地球軌道衛星からの最新画像へも独占的にアクセスできるため、常に最新の地図を提供することができる。音声で作動する無料電話番号案内の411も始めた(195ページのコラム参照)。そして、携帯電話の開発者に向けた携帯用OS〈アンドロイド〉を無料で公開した。

シュミットは、利他主義のようにも見えるこうした活動が理にかなっていることを、例をあげて説明してくれた。「グーグルニュースに関する初期の調査では、それを利用する人は、そのあとで検索を利用したときに検索連動型広告をクリックする割合が、平均の二倍あるとわかりました。それはすばらしいことで、グーグルニュースは集客のためのサービスになります。それは世界中に提供しているサービスです。でも、もっと洗練された見方をすると、私たちが与えているのはグーグルニュースではなくてグーグルそのものなのです。すべてはユーザーをグーグルにかかわらせることにかかっていて、それを実現してユーザーを獲得できれば、それは最後には収益化につながり、全体としてうまく回るのです」

『クラウド化する世界』の著者ニコラス・カーは次のように記した。「グーグルが情報を無料にしたがるのは、情報コストが下がれば、より多くのお金が稼げるからだ」

これが補完財の力なのだ。

グーグルのコアビジネスはとても儲かっているし、巨大なコンピュータ・インフラを築いているので、何をするにも他社よりも安く効率的にできる。グーグルにとって、製品開発の際にはこれまで蓄積されてきた技術が利用できるので他社よりも簡単だし、その製品を世に出すときにもグーグルの行動は世界中の関心を集めるので成功しやすい。製品は完成前のベータ版を公開して、さらなる大がかりなテストをするに値するかどうかを見きわめることもできる。グーグルはオーカット・ソーシャル・ネットワークやグーグルチャットなどの失敗した事業でも数百万人のユーザーを集めた。グーグルにとって失敗は安あがりなので、大きなリスクを背負って不安になることはない。

とても賢いやり方のように聞こえるが、よく考えてから行動するわけではない。グーグルには社内にエコノミストもビジネス戦略家もいるが、従業員のほとんどはエンジニアで、自分たちのテクノロジーに何ができて、人々が何を望んでいるかを考えることで給料をもらっている。そのあとで、何人かのＭＢＡ取得者（社内のオタク文化においては第二級市民扱いされている）が、エンジニアの思いつきが広告売上げの補完財になるかどうかを判断するのだ。

ときにマネジャーは提案を却下する。それは、「機会損失コスト」（エンジニアがその提案にとり組むことで、彼が抱える他の事業に与えるコスト）が高すぎるとか、エンジニアが考えているほどその創作はクールじゃないから、というのが理由だが、マネジャーはけっして、それは儲からないからダメだとは言わない。フリーの要塞では、タダであることはあたりまえなのだ。そこに大層な理屈はいらない。三つの要素の相乗効果でコストが削減されていく、いまだかつてないほどに大きな機構のその中心に座っているのだから、その結論はあきらかなのだ。

市場から消えていくお金

こうした話はとても恐ろしく聞こえるだろう。テクノロジーが価格を低下させるのはすばらしいが、それが私たちの給料を下げるのなら破壊的になるからだ。もっとも安く、効率のよいモデルを求める競争によって犠牲になるのは、ウェールズの炭鉱労働者やデトロイトの自動車工場の従業員といった人間なのだ。NBCユニバーサルのジェフ・ザッカーCEOは、テレビ業界が恐れているのは「アナログの取引はドル単位だったが、デジタルではセント単位になることだ」と語った。だが、彼にもほかの者にもそれを止められそうもない。テレビは放送枠という稀少なものを売るビジネスだが、ウェブは違う。私たちは潤沢な市場では稀少性にもとづく料金は請求できないし、コスト自体が下がっているので、そもそもその必要がない。

価格決定権を失いつつある産業なら、この恐ろしさはすぐにわかる。「非収益化」はその影響を受ける人々を苦しめる。だが、一歩離れて見れば、そこにあった価値は失われたのではなく、金銭ではかれないような別の形で再分配されていることがわかるのだ。

それを見るには、無料でクラシファイド広告を掲載するサイト、クレイグスリストが最適だ。創業一三年で、その無料広告はアメリカの新聞社の株価を三〇〇億ドルも減らした張本人だと言われてきた。そのあいだクレイグスリストは、サーバーの費用と数十人の社員に給料を払う程度しか利益を出していない。二〇〇六年の収入は、わずかばかりの有料サービス(一一の都市での求人広告と、ニューヨーク市の空き室情報)から稼いだ約四〇〇〇万ドルだ。それは、その年にクラシファイド広告全体で減少した収入三億二六〇〇万ドルの一二パーセントにすぎない。

だが、フリーは見た目ほど単純ではないし、破壊的でもない。製品が無料になることイコール大金を稼げなくなる、あるいは、ささやかな分配金が誰にも行き渡らなくなる、ということではないのだ。クレイグスリストで生みだされる価値のほとんどは創業者のクレイグ・ニューマークの手元には入らずに、数十万人のサイトのユーザーに分配されている。

TEDカンファレンスのチケット代と出席者数

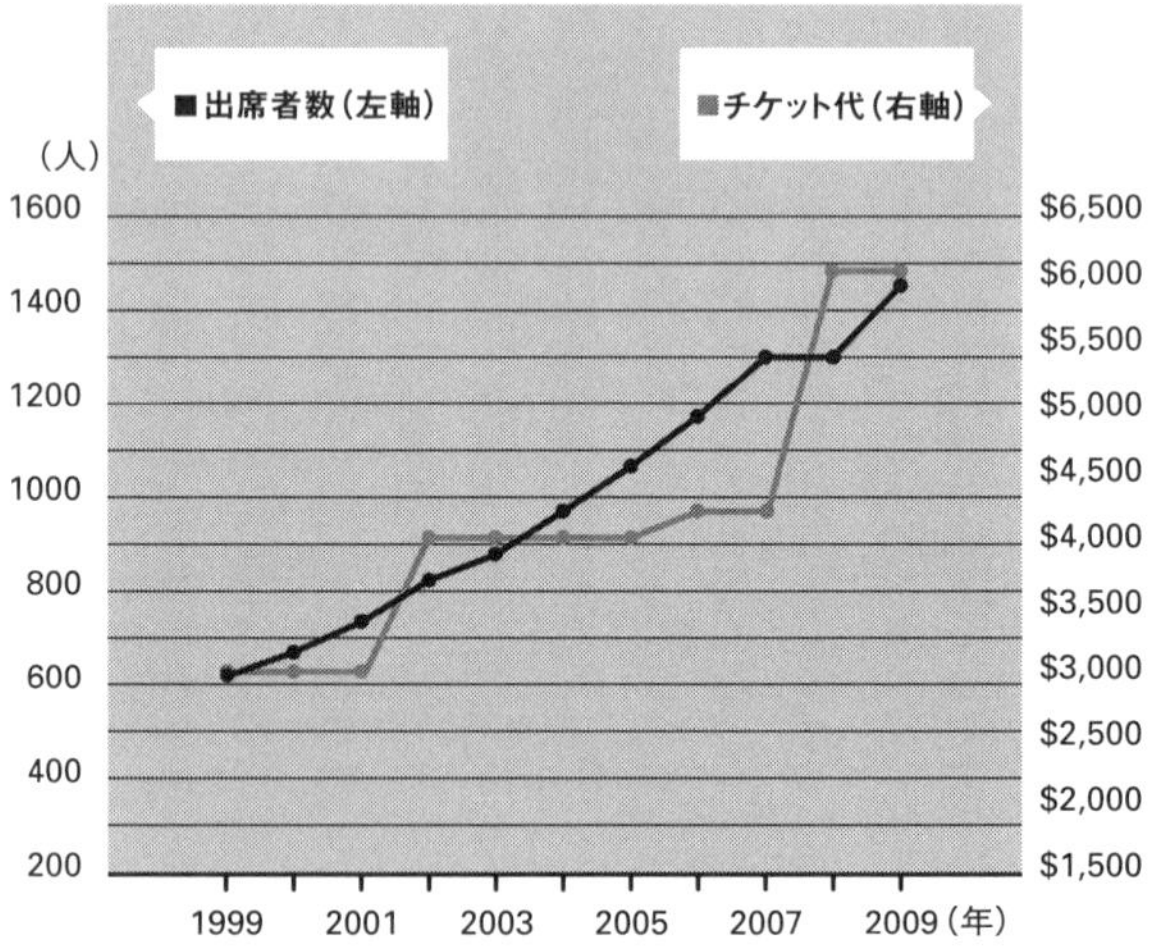

どうして講演会をオンラインでタダで配信しても、高額なチケットが売れるのか？

TEDカンファレンスは、招待者のみが参加できる、テクノロジーとエンターテインメント、デザインに関する講演会で、そのチケットは6000ドルもする。毎年、企業経営者やハリウッドのエリート、元大統領などがカリフォルニアのリゾート施設に集まり（会場は25年間、モンテレーだったが、今はロングビーチに移った）、1人18分間の講演を聴く。講演者は進化論者のリチャード・ドーキンスや、シミュレーションゲームのザ・シムズの制作者であるウィル・ライト、元副大統領のアル・ゴアなどだ（私も話をすることがある）。2006年にそれまでの閉鎖的なやり方を捨てて、TEDは講演の様子をウェブサイトで無料公開した。これまでにその映像は5000万回以上も視聴されている。どうしてTEDはそんな高価なものをタダで公開できるのだろうか？

オンライン動画を見るのと、会場にいることは違う：
講演を聴くことは経験の一部にすぎない。出席者と歓談することも同じように重要だ。出席者には講演者と同じくらい優秀な人物も多い。講演も聴けるし、廊下で立ち話もできるのだ。また、最初にそれを見るという魅力もある。そのためTEDのチケットは、講演会をあとからオンラインで見られるようになっても、その価値を減じていない。というよりも、自分たちが直接に見られなかったものは何かを人々が知ることで、チケットの価値はさらに上がったのだ。オンライン配信が始まった2006年に、チケットは4400ドルだったが、2008年には6000ドルになった（1999年の2倍だ）。価格が急に上がったのは、会員に対するDVDや案内物の郵送サービスがついたからだが、正直な話、そういうサービスよりもみんなはチケットそのものが目当てなのだ。2008年にチケットはチャリティ目的でイーベイのオークションに出され、3万3850ドルで落札された。まあ、そのチケットには、イーベイの創設者のピエール・オミダイアとのコーヒータイムや、メグ・ライアンとのランチデートなど、いくつかの特典がついていたが。ただそういうお楽しみなら、常連出席者にもある。なぜなら、ふたりもTEDの常連だからだ。

チケットの需要が増えるにつれて収容人数を増やす：
1998年以降、TEDの出席者は毎年1割ずつ増えて、3倍近くになった。唯一、2008年だけは出席者が増えなかった。それはモンテレーの会場が満杯になったからだ。TEDが講演会の模様を無料配信してから3年後の2009年に、会場はモンテレーの2倍の収容人員を持つ南カリフォルニアの映画館になった。

新聞にクラシファイド広告を載せる場合と違い、クレイグスリストは無料なのでユーザーはその分、費用を節約できるし、より長く掲載することができる。広告を見る者にとっても、クレイグスリストはウェブの利点を持っていて、単純な検索から自動通知機能まで利用できて便利だ。このふたつの強みが多くの人を引きつけるので（最大化戦略を思い出してもらいたい）、クレイグスリストに広告を出せば、有料広告よりもアパートの買い手や、求人の応募がつきやすい。また、無料ゆえに広告を出す者が増えるので、有料広告よりもよいアパートや職業を見つけやすくなる。

フリーは市場の流動性を高め、流動性は市場の機能を高める。クレイグスリストが多くの広告を奪ってきた真の理由はここにある。フリーは人を引きつけ、それがもたらす市場の効率性は人をとらえて離さないのだ。

「流動性」という言葉は金融用語だと思われているが、人々のつながりに関するどんなシステムにも当てはまる。テクノロジーにおいて、それは「規模」と呼ばれている。つまるところ、「多ければ多いほど差が出る」ことを意味する。もしもある学校の六年生一〇〇人のうち、わずか一パーセントしか卒業記念アルバムの製作を手伝わなかったら、アルバムは完成しないだろう。だが同じ割合でも、ウィキペディアの訪問者の一パーセントがみずから項目を書こうとすれば、それはかつてないほど貴重な情報の倉庫になる（実際は、ウィキペディアの訪問者で投稿するのは約一万人に一人にすぎない)。多ければ多いほど差が出るとは、全体が大きければ、小さな割合でも大きな影響を与えられることだ。だから、多いことはいいことなのだ。

つまり、インターネットは世界中の何億もの人が参加する市場であり、誰もが自由かつ無料でアクセスできる流動性のマシンなのだ。全体の人数がとても大きいので、限界コストがゼロではない従来の世界では災厄を招くような低い参加率でもうまくいく。ユーチューブはユーザーの一〇〇〇人に一人が自分の動画をアップロードすれば成り立つ。スパマーは一〇〇万通にひとつでもスパムメールに反応があれば儲けられる(ちなみに雑誌業界では、定期購読をすすめるダイレクトメールの返事が二パーセント以下なら失敗だと考えている)。

オンラインはコストが安いという強みがあるが、流動性の強みはそれ以上だ。そこには充分に行き届いていない供給(本来はもっと人気があってしかるべきモノやサービス)の巨大なプールがあり、満たされていない需要(欲求や必要がありながら、それを自覚していなかったり、実行できなかったりする人)の同じくらい巨大なプールがある。クレイグスリストのようなビジネスは両者を結びつける。それができるのは安いコストで大規模にできるビジネスだからだ。クレイグスリストは毎月三〇〇〇万件の広告を載せていて、それは最大手の新聞の一万倍に当たる。

クレイグスリストはまだ、新聞社の金庫から消えたお金のほんの一部に当たる額しか稼いでいない。では、消えたお金はいったいどこに行くのだろう？

このお金を追跡するためには、市場は売り手と買い手という二組の参加者が出会うことで成立するという基本的な見方を捨てて、市場はより多くの参加者がいる、より広義のエコシステムであって、直接に現金をやりとりするのはその中の一部にすぎないと考える必要がある。月に五〇〇〇万人のユーザーがクレイグスリストを利用するという規模を考えると、どの新聞のクラシファイド広告よりも多くのお金がやりとりされていることはすぐにわかる。たとえ市場自体に多くのお金が残らないとしても、そこには参加者にとってより理想的な需給の場があるし、彼らの経済的支出も少なくてすむという利点がある。クラシファイド広告市場における価値は、一部の者から多くの者へと移動したのだ。

フリーがひとつの産業を縮小させる一方で他の産業の可能性を切り開くことを、ベンチャー・キャピタリストは「ゼロ億ドル・ビジネスをつくる」と呼ぶ。ユニオン・スクウェア・ベンチャーズの共同経営者であるフレッド・ウィルソンはそれをこう説明する。「これはクラシファイド広告やニュースのようなビジネスで市場に参入するものです。その運営が驚くほど効率的だという長所があるために、市場のトップ企業が運営のために必要とする収入の、ごく一部があればやっていけるのです」

同じくベンチャー・キャピタリストのジョシュ・コペルマンがひとつの例を教えてくれる。

私が最初に勤めた会社は、学生向けのオンライン照会・検索サービスをするインフォノーティクス［Infonautics］でした。そこにいたあいだに、私はいわゆる「非対称的競争者」をじかに学んだのです。一九九一年に私が仕事を始めたときに、百科事典の市場規模は約一二億ドルでした。先頭に立つのはブリタニカで、六億五〇〇〇万ドルを売上げていて、そこが盟主とされていました。第二位はワールド・ブックで、しっかりとその位置を守っていました。両社は一〇〇〇ドルを超す百科事典のセットを年間で数十万部以上売っていたのです。

ところが、一九九三年に業界は永久に変わってしまいました。その年に、マイクロソフトがエンカルタという電子百科事典を九九ドルで売り出したのです。エンカルタは当初、ファンク&ワグナールの百科事典をCDに移しただけの貧弱なものでした。しかし、マイクロソフトは技術と製造コストの強みで充分に競争できると考えていました。一九九六年にブリタニカの売上げは、五年前の半分の三億二五〇〇万ドルに落ちていました。そして、有名な戸別訪問のセールス部隊を解雇せざるをえなくなったのです。翌年には百科事典の市場は六億ドル以下に縮小していました。その年に、アメリカにおけるエンカルタの売上げは一億ドルでした。

わずか三年のうちに、CD－ROMという破壊的なテクノロジーと、インフラコスト（ライセンス契約したコンテンツvs社内の編集チーム）、流通モデル（コンピュータの小売店vsセールス部隊）、価格設定（九九ドルvs一〇〇〇ドル超）の違いで、百科事典の市場の半分が消えてしまったのです。ブリタニカが資産だと思っていたもの（戸別訪問のセールス部隊）を、マイクロソフトはお荷物に変えてしまいました。マイクロソフトは六億ドル以上も規模を小さくする市場で、一億ドルを売上げました。マイクロソフトが一ドルの収入を得るたびに、競争相手は六ドルを失ったのです。つまり、マイクロソフトの利益は、市場の痛みと量的に非対称でした。マイクロソフトは市場を縮小することでお金を稼いだのです。

そして、無料のウィキペディアが現れ、紙とCD－ROMの百科事典市場がともに大きく縮小した（二〇〇九年にマイクロソフトはエンカルタの提供を打ち切ることを発表した）。ウィキペディアはまったくお金を生まないが、比類なき情報源を無料で使えることで、私たちは情報で武装し、自分たちのお金儲けの能力を高めることができるのだ。

かつてブリタニカのつくった価値は、その百科事典の売上げと、幸運にもその高価な事典が買えた人々が向上させた生産性を足せば測定することができた。一方、現在のウィキペディアは巨大なうえに、無料で利用しやすく、ブリタニカよりも多くの人の生産性を上げている。だが、それは直接にお金を生まないだけでなく、ブリタニカの売上げを大きく奪った。つまり、直接収入という計測できる価値を縮小させて、私たちの集合知という計測できない価値を大きく増やしたのだ。

これがフリーの成すことだ。十億ドル産業を百万ドル産業に変えてしまう。だが、見た目どおりに富が消滅するわけではなく、富は計測しにくい形で再分配されるのだ。

クラシファイド広告のケースでは、新聞社の経営者、従業員、株主が多くを失うあいだに、残りの私たちはわずかながら得るものがあった。得たものの量は失ったものの量よりもはるかに多い。そして、新聞社の株価から失われた三〇〇億ドルの資金は、やがてそれ以上の金額となってＧＤＰを押しあげるのだ。だが、そのつながりをはっきりと見ることはできない。

この戦略を採用する企業は、勝者と敗者がどれだけ出るかを計算する必要はない。その代わりに、もっとも簡単なことをすればいい。人々が欲するものをタダであげて、彼らがどうしても必要とするときにだけ有料で売るビジネスモデルをつくるのだ。それを外から見れば、革命的行動に映るだろう。サラ・レーシーは『ビジネス・ウィーク』誌にこう書いている。「ロビン・フッドだと思えばいいのです。彼はお金持ちから金を奪い、そうではない人々に配りました。顧客の中に多くのお金持ちや成金がいれば、競争力のある選択肢を簡単に築くことができます」

こうした現象は皆さんのまわりでも起きている。携帯電話は長距離通話を無料にして、長距離電話ビジネスを非収益化してきた。そのことで、電話会社以外の人間が文句を言っているのを聞いたことがあるだろうか。エクスペディア社は旅行代理店ビジネスを非収益化したし、イートレード[E*TRADE]は株式仲買業を非収益化させた（そして、ゼッコー[Zecco]などオンライン証券会社の参入を容易にした。（183ページのコラム参照））。それぞれのケースで、勝者の数は敗者を大きく上まわる。フリーはまちがいなく破壊的だが、その嵐が通ったあとに、より効率的な市場を残すことが多い。大切なのは、勝者の側に賭けることだ。

フリーのコスト

だが、富が均等に行き渡らなかったらどうなるだろうか。富が少数の者から多くの者にうまく移動せずに、数千の花を咲かすことがなかったら？　ただたんに富が消えてしまうか、もっと悪いことに、より少ないひとにぎりの勝者に集中することになったら？

グーグルCEOのシュミットはそれを憂慮している。インターネットは、経済学者が「ネットワーク効果」と呼ぶものに牛耳られたはじめての市場だ。そのような市場では参加者同士が簡単にコミュニケーションをとれるので、先行者のあとを追いかける群衆行動（横並び行動）をとりやすい。そのため、市場シェアのわずかな差はすぐに拡大し、どのセクターでも一位の企業と二位以下の差が大きくなるのだ。

たとえば、従来の市場に三人の主な競争者がいるとすると、そのシェアは一位の企業が六〇パーセント、二位が三〇パーセント、三位が五パーセントといった形となる。だが、ネットワーク効果に支配された市場では、一位が九五パーセント、あとは五パーセント、〇パーセントとなりかねない。ネットワーク効果は力を一点に集中させて、「金持ちをより金持ちに」させやすいのだ。

この論理は、一九九〇年代のマイクロソフトに独占禁止法を適用するときにそれを正当化する根拠に使われたが、現在シュミットが憂慮するのは永続的な独占状態ではない。現在のウェブ市場は参入障壁が低いので、新たな競争相手が生まれやすい（グーグルが市場を独占するのではないかという非難に対して、グーグルはもちろんこの主張をする）。そして、選択肢が限られていることもない。参入障壁が低く、多くの競争者がいるのだから、小さな企業やロングテールの住人を合わせれば大きな市場シェアとなる。シュミットは単純にお金を稼ぐことを心配している。誰もが無料のビジネスモデルを利用できるとしても、それでお金持ちになれるのは一位の者だけなのだ。

なぜグーグルは、他の企業がフリーを経済的強みとして利用できるかどうかを気にするのだろう。それは他の企業が情報をつくり出してくれるからこそ、グーグルはそれをインデックス化して整理し、あるいは他の情報と抱きあわせて自分のビジネスにできるからだ。もしもある産業で、新しいビジネスモデルが収益をあげられるようになる前に、デジタルのフリーがその産業そのものを非収益化してしまったら、全員が敗者になってしまう。

新聞業界の苦境を考えてみよう。無料のクレイグスリストの成功は、大都市の日刊紙を衰退させ、多くのプロのジャーナリストが仕事を失った。だが、低コストでユーザーが発信するハイパーローカル〔生活圏内レベルのコミュニティにおけるジャーナリズム〕という代わりの選択肢は、大手新聞の衰退で生まれたギャップを埋められるほどには成長していない。いつの日か埋めるだろうが、今はまだだ。それは、グーグルがインデックス化できる地方ニュースが減ることを意味する。ローカル情報自体は増えたとしても、クオリティを保証する専門の報道機関のものだとは言えない。そのため、どれが信頼できてどれが信頼できない情報なのかを判別しなければならなくなるが、それはむずかしい問題だ。

つまりグーグルは新聞業界にビジネスを続けてほしいのだ。とはいえ、グーグルの広告モデルが成功して新聞から広告市場のシェアを奪っていることが、新聞の存続をあやうくしている。これはシュミットを悩ますパラドックスだ。今は非収益化の悪い結果が短期的に出ているだけで、長期的には良い結果が得られるのかもしれない。あるいはフリーは私たち全員を少しずつ豊かにするのではなく、一部の者だけを大金持ちにするのだろうか。

フリーの要塞にいる億万長者の経営者には皮肉に思えるかもしれないが、勝者が多いことはグーグルにとって重要なことだ。なぜなら、今後グーグルがインデックス化して整理する情報の波をつくるのにお金を払うのはその勝者たちだからだ。

「これまで市場は価格帯で分けられてきました。だから高価格商品、中価格商品、低価格商品をつくるメーカーが棲み分けることができたのです」と、シュミットは語る。「『フリー』の問題は、市場からそうした価格による棲み分けをなくすことにあります。すると、さまざまな価格帯の製品が並ぶときとは違って、勝者総取りになりやすくなります」。要するにシュミットは、自分たちにとってフリーはとてもよく機能しているが、他の市場参加者にとってはそれほどよくないことを心配しているのだ。

毎年『フォーブス』誌が発表するアメリカの長者番付を調べてみると、二〇〇八年は上位四〇〇人のうち一一人がフリーを利用したビジネスモデルによって財をなしていた。そのうち、シュミットなど四人はグーグルで、ふたりはヤフーだった。それから、初期のインターネット放送会社のブロードキャスト・コムから創立者のマーク・キューバンとトッド・ワグナーのふたり。ふたりはＩＴバブルの絶頂期に会社をヤフーに売ることで一財産を得て、その後の投資もうまくいったのだ。そして、フェイスブックのマーク・ザッカーバーグがいる。さらには無料で観られるテレビを通して二七億ドルの財をなしたオプラ・ウィンフリーもリストに加えてもいいかもしれない。

とはいえ、ルパート・マードックやバリー・ディラーなどのメディア界の大物はこの一一人には入らない。なぜなら、彼らは多角経営のコングロマリットを持ち、無料と有料の両方で稼いでいるからだ。このほかに、大金持ちとまではいかないのでフォーブス誌のリストからは漏れたが、フリーのビジネスモデルで大金を稼いだ人は多い。たとえば、マイスペースの創設者や、ＭｙＳＱＬ（二〇〇八年にサン・マイクロシステムズに一〇億ドルで売却）の創設者など、何人かのオープンソース・ソフトウェアの英雄だ。それでも、シュミットの言うことはまだ当たっている。もしも巨万の富を築くことを成功の物差しにするのならば、フリー・ビジネスはまだ有料のそれにはかなわないのだ。

だが、変化の徴候はいくつもある。まずはフリー・ビジネスの祖であるメディアの変わりつつある姿から見るべきだろう。

第9章 新しいメディアのビジネスモデル

――無料メディア自体は新しくない。そのモデルがオンライン上のあらゆるものへと拡大していることが新しいのだ

一九二五年、民間ラジオ業界は夜明けを迎えていた。ラジオのブームはアメリカを席巻した。電気ストーブのまわりに集まった家族は、何百キロ、何千キロ離れた都市からの声が聞けることに感動し、ラジオに熱中する人々が生まれた。数百万人に同時に音を届けるという驚異的な能力を得たラジオ局は、その後のマスメディアのあり方――広く大衆に喜ばれるエンターテインメント、ニュース、情報を伝える――を形づくっていった。二〇世紀のポップカルチャーの幕開けだった。ただ、問題がひとつだけあった。どうやって番組の制作費用を回収すればいいのか、誰にもわからなかったのだ。

ラジオ番組はそれまで、ラジオ局のわずかな予算か（スタジオに来た人を誰でも番組に

出演させる地方局があった）、ラジオメーカー自体が費用を負担することで放送されていた。ラジオ・コーポレーション・オブ・アメリカ（ＲＣＡ）社の会長だったデイヴィッド・サーノフは当時を次のように語っていた。「私たちがラジオ放送をするのは、何よりＲＣＡ社のラジオを買ってくれた人のために、何か番組を提供したかったからでした」。だが、ラジオが普及するにつれて、新しいコンテンツに対する飽くなき需要にラジオメーカー数社だけでは対応しきれないことがはっきりした。

「誰がどのように放送費用を負担するのか？」という問題に対して、『ラジオ・ブロードキャスト』誌はコンテストを開いて回答をつのった。スーザン・スマリアンの『ラジオを売る（*Selling Radio*）』によると、八〇〇通の回答が寄せられたという。その中には、リスナーによる寄付案（公共ラジオ局のＮＰＲの募金活動のように）や、政府の認可制案、そして、番組表を有料にするというすぐれたアイデアもあった。優勝したのは「放送消費指数」なる、真空管に税金を課そうという意見だった（これは、実際にイギリスで採用されたモデルの元になった。リスナーと視聴者は持っているラジオとテレビに対して毎年税金を支払い、それと引き換えにＣＭがないＢＢＣの番組を見聞きすることができた）。

広告を入れるのはどうかという回答もあったが、評判はさっぱりだった。スポンサーからのメッセージによってこの新しいメディアを荒らされたくなかったのだ。ある記事は次のように心配していた。「大げさな広告が……放送の大事なところで割って入ることによって、リスナーはしらけて興味を失ってしまい、ラジオの売上げは減少するだろう」

だが、新しく誕生した放送局のひとつだったNBCは、ラジオ広告に効果があるのかどうかを調べてみることにした。一九二六年に、ラジオ広告の主唱者として有名だったフランク・アーノルドが開発ディレクターに就任した。アーノルドはラジオを、つまらない三次元の新聞、雑誌、広告板よりすぐれた「四次元目の広告」と評した。また、ラジオによって広告主は「リスナーの家のゲスト」になれると語る者もいた。

しかし、ラジオの問題のひとつは、ラジオが遠くに音を届けるものだったにもかかわらず、近くの音に攻撃されるようになったことだった。東海岸の大手ラジオ局はどんどん強力な電波を使いはじめ、数千キロ先まで放送を届けていた。しかし、地域や地方のラジオ局が成長するにつれて、地元からの信号が遠くからの信号をかき消したのだ（連邦通信委員会が創設された目的には、放送電波に秩序をもたらすこともあった）。その結果、ラジオは地元広告を集めざるをえなくなり、それではコンテンツに対するあらゆる需要に対応できるほどは儲からなかった。

救いの手は、電話会社のAT&Tによってもたらされた。のちに同社の副社長となったウィリアム・ペック・バニングは、一九二〇年代初期をこう振り返っている。「ラジオが実際にどこに向かっているのか、誰にもわかりませんでした。私としては電話通信業ということで、わが社がどこかで放送にかかわるようになるだろうと思っていました」。結局、AT&T社の電話回線を使ってラジオ番組を長距離送信することで電波干渉の問題が解決すると、地方の電波塔を経由して番組を全国に中継できるようになった。こうして全国的なラジオネットワークが生まれ、放送広告の全国的な市場も生まれたのだ（それまでは、個々のラジオ局の放送圏内にある企業による地元広告という、小さな規模でしかなかった）。

数十年後、テレビが同じ道をたどった。ラジオとテレビは両方とも無料放送で、広告主に依存していた。いわゆるフリー・メディアモデルの始まりだ。第二者（リスナーまたは視聴者）が無料でコンテンツを得られるように、第三者（広告主）がコンテンツ作成資金を出す。

この三者間モデルは現在、三〇〇〇億ドルの広告産業の中核となっている。無線放送など従来の無料メディアを支えるだけでなく、新聞や雑誌、ケーブルTVなどほとんどの有料メディアも支えていて、その料金は本来よりもかなり安くなっている。そして今では、メディアだけが特権的ではないウェブにおいて、この広告モデルがあらゆるものを支えている。

メディアを超えた広告

広告がメディアを超えて、ソフトウェアやサービス、メディア企業ではなく一般人が作成したコンテンツを支えだしたことで、どんな違いが生まれたのだろうか？　たくさんある。まず、信頼感を生みだす一般的な基準が逆転した。実体験からその例を説明しよう。

少し前に、グーグルに勤めている友人が『ワイアード』誌の編集部にやって来た。私は彼をマガジンルームへと案内した。そこでは、編集中の最新号の全ページがずらりと壁に貼られている。ページの内容が形になってくると、ページの位置を移動させ、もっともよい流れやリズムを見つけたり、記事同士やアート的要素が衝突することを避けたりするためにそうするのだ。

壁に貼られている段階で、〈広告／編集衝突〉にも注意する。つまり、コンテンツと関連がありそうな広告が一緒になることだ。これは〈チャイニーズ・ウォール〉と言って、従来のメディアの大半が、編集チームと広告チームのあいだに築いている壁で、広告主が編集者に影響を及ぼせないようにしているのだ。しかし、チャイニーズ・ウォールだけでは不充分だ。読者に信頼される必要もあるので、車の記事のとなりに車の広告を載せたり、ソニー製品のレビュー記事の近くにソニーの広告を配置したりしないようにして、見た目の影響さえも避けている。理想は、ひとつの号に同種の製品の広告と記事を掲載しないことだ。

このことをグーグルの友人に説明すると、彼は信じられないといった顔をした。それもそのはずだ。グーグルではまったく逆のことをしているのだから。

驚異的な成功を収めたグーグル・アドセンスの魅力は、広告とコンテンツが一致していることだ。まさに私たちが禁じている行為をするグーグルに、広告主は多額の料金を支払う。つまり、ソニー製品のレビューのとなりにソニーの広告を置くのだ。そして読者はそれを喜ぶ。関連性こそ大切なのだ。

広告とコンテンツを一致させるのが活字上ではダメで、オンライン上ではよい理由はなんだろうか。この問題の核心には、オンラインへ移行するにつれて広告がどう変化してきたかを知る手がかりがある。

やや不充分な答えだが、人々がオンラインの世界には違った期待を持っているからだと私は考えている。ページに囲まれたマガジンルームにいるときにグーグルの友人と私が考えていたすべてのことを、人々はなんとなく直感的に理解している。つまり、雑誌とは人間によって編集されるものであり、人間は金銭で堕落しうる。一方、ウェブ上の広告はソフトウェアのアルゴリズムによって掲載されるので、より純粋なものに思えるのだ。

これはもちろんフィクションだ。ウェブ上の広告も手作業で掲載されることが多いし、アルゴリズムを堕落させるのはとても簡単だ。しかし、グーグルが第三者のコンテンツに広告を掲載する場合、グーグルと広告主とは距離を置いた関係にあるので、人々は広告主の影響を心配しないのだろう。

伝統的メディア業界にいる私たちが、まったくまちがっている可能性だって充分にある。政教分離をなし遂げた自分たちの純粋さを得意がっているだけで、読者はソニー製品のレビュー記事のとなりにソニーの広告があっても気にしないし、気づいてさえいないかもしれない。おそらく読者はそっちのほうが好きで、実際にそれを妨げているのは、自分の意見が買収されたものだと思われるのを心配する私たちなのかもしれない。それは私にはわからないが、確実なことは、私たちの業界団体ではこの種のことをきびしくルール化していて、それを破ったならば、私の雑誌は全国雑誌協会賞のエントリー資格を失い、処罰も受けるだろうということだ。

はっきりしているのは、オンラインでは広告のあり方そのものが違うことだ。従来のメディア広告は、要するに次の形だった――その商品に関心がありそうな一〇パーセントの視聴者に届けるために、関心がない残り九〇パーセントの視聴者をイライラさせる（フットボール中継で流れる入れ歯のCMを思い浮かべてほしい）。

グーグルの広告は正反対だ。ソフトウェアを使うことで、内容ともっとも関連がある人にだけ広告を見せる。関心がないわずか一〇パーセントの視聴者をイライラさせても、商品に関心がありそうな九〇パーセントの視聴者に届けられるのだ。

もちろん、常にそうだとは言えないし、皆さんもグーグルの広告にイラついた経験は多いだろう。しかし、ターゲットを絞った広告の供給と、そうした広告をほしがる、ターゲットを絞ったコンテンツの双方が増えているので、広告とコンテンツの一致度はますます上がっている。たとえば、私が運営する飛行ロボットのサイトではグーグル・アドセンスで広告を掲載し、「三軸加速度計」といったマニアックで非常にターゲットが絞られた製品の広告を配信している。

あるとき私は、広告をなくしたほうがいいか、サイトの訪問者に聞いてみた。すると、広告の配信を続けてほしいという意見が大多数だった。コンテンツとの強い関連性があるために、訪問者はそれをコンテンツの一部と見なしていたのだ。広告があることに気づかなかったという意見が次に多かった。広告を削ってほしいという意見はもっとも少なかった。だから私は広告の掲載を続けている。

新しいメディアは古いメディアをどう変えたか

広告収入で運営されるフリーのモデルで興味深いことのひとつは、従来のメディア業界の中でそのモデルが衰退していることだ。テレビが無料の無線放送から有料のケーブル放送に移行するにつれて、番組販売料やケーブル・ライセンス料など、広告とはほとんど関係がない収入源を組み合わせてコンテンツが運営されるようになった。ラジオも、衛星ラジオでは直接契約料や広告料を組み合わせて運営されはじめた。つまり、定期購読料と店頭売上げと広告収入が組み合わされた活字メディアに近づいているのだ。

しかし、ウェブの台頭によってその流れが逆転した。オンライン上のコンテンツに料金を支払わせるという試みが数年間続けられたあとで、デジタル経済とは戦ってもムダで、フリーの勝利はほぼ誰の目にもあきらかになった。それだけでなく、オンラインにおける価格期待がオフラインにも漏れはじめたのだ。

グーグル世代は、毎日の新聞に対してお金を払うという両親の習慣をまねしないだろうと気づいた新聞社は、若者向けのフリーペーパーを発行し、街角や地下鉄の駅で配った。別の新聞社は有料のままにしたが、銀食器やCDなどの景品をつけて売った（次ページと253ページのコラム参照）。新聞業界が全体として衰退するなか、フリーペーパーが唯一の希望の光となっている。ヨーロッパを中心に年間二〇パーセントの成長を遂げていて、二〇〇七年の新聞の総発行部数の七パーセントを占めるにいたっている。

一方でテレビの視聴率は、これまで需要の多かった一八歳から二四歳までの若者のあいだではピークを過ぎたようだ。彼らはビデオクリップや映画の全編でさえ、無料オンライ

のうえ、売上げ部数が伸びれば固定費はその分、広く分散されるし、購読者が増えて利ざやは上がる。では、どうすれば部数を伸ばせるか。そう、景品をつければいい。

コントロリンヴェステは中国から銀食器を大量に買いつけたので、1本の値段は数セントにすぎなかった。それを毎日の新聞に付録としてつけたことで、利益のほとんどが出ることになるが、ひとたび固定費がカバーできれば、限界費用がとても安いので、収支は劇的に改善した。景品をつければ発行部数がいつも伸びるのであれば、広告主に対して購読者が多くなることを理由に、広告掲載料の値上げを求めることもできる。

景品は銀食器で終わりではなかった。2008年だけでも、ほかに4回のキャンペーンを実施した。

＊無料の工具箱と工具：
工具箱は日曜日の新聞についてきた（もっとも売上げ部数が多く、値段も高い曜日だ）。そこに入れる工具は月曜から金曜までの版についてくる（合計177点）。その結果、その3カ月のあいだ、発行部数が20％増えた。

＊無料DVD：
金曜日の新聞にクーポン券がつき、それを持った人が土曜日の版を買えば映画のDVDが1枚もらえた。その結果、その2カ月のあいだ、発行部数が47％増えた。

＊無料の食器皿セット：
土曜日版にクーポン券がつき、それを持った人が日曜日版を買えば皿が1枚もらえた。つまり、購読者は平日よりも値段の高い週末の新聞を2部買うことになる。皿は全部で19枚だった。その結果、その4カ月のあいだ、発行部数が70％増えた。

＊無料の語学学習教材：
英語、スペイン語、中国語、フランス語、ロシア語、イタリア語、ドイツ語、アラビア語、ギリシャ語、日本語、ヘブライ語のマルチメディア学習教材を景品にした。1日にCD-ROM1枚かテキスト1冊がついてきて、全部そろえれば、CD-ROM48枚にテキストが22冊入りのケースが2つになった。その結果、その4カ月のあいだ、発行部数が63％増えた。

どうして銀食器がタダになるのか？

コントロリンヴェステ[Controlinveste]社はポルトガルを代表するメディア企業で、新聞、テレビ、雑誌、ウェブ事業を展開している。所有する新聞のうち2つがポルトガルで最大級の発行部数を誇る。ひとつは無料のグローバル・ノテシアス[*Global Noticias*]で、もうひとつが有料のジョルナル・デ・ノテシアス[*Jornal de Noticias*]だ。ヨーロッパの有料新聞の多くと同じで、ジョルナル・デ・ノテシアスの売上げの大半は売店での販売なので、発行者は毎日、読者を引きつける必要がある。そこでマーケティング手段としてよく景品がつけられる(253ページで紹介するデイリーメイル紙がプリンスのCDを景品にしたのも同じだ)。しかし、コントロリンヴェステはどこよりもこれを推し進めている。

2008年、ジョルナル・デ・ノテシアスの創刊120周年記念として、60点の銀食器セットを景品にした。日曜日から金曜日までの新聞には、フォークやスプーン、ナイフなどが1本ずつついてきて、土曜日にはとりわけ用の銀器が1つついた(全12種類)。新聞を買いのがすと、フォークやスプーンがセットから1本足りない状態になる。銀食器は個別に包装されて売店に置かれていて、新聞と一緒に手渡された。このキャンペーンは大成功し、その3カ月のあいだで、発行部数は36%も伸びた。

有料新聞が年々売上げを落とすという成熟した業界で、これは目を見張る成果だ。しかし、これでどのようにして儲けを出すのだろうか？　2つある。まず、銀食器のコストは私たちが思うよりはとても安く、大量購入によりさらに安くなっていることだ。もうひとつは、通常の部数以上に新聞を売ることの限界利益が、私たちが思うよりもかなり高いことだ。売店売りのジョルナル・デ・ノテシアスの売値は0・88ユーロ＝1ドル32セントだ(月曜日から土曜日の平均)。そこから税金と印刷費、配送費、売店の取り分を差し引いても、充分に利益をあげられるし、固定費(従業員や建物、その他の設備にかかる費用)も売上げと広告収入でまかなえる。そンのユーチューブやフールーで観るようになってきた。ブロードバンドが新しい無料放送となり、視聴者をつかまえている有料のケーブルテレビも減少傾向を見せはじめている。

有料コンテンツの終焉

この変化は、コンテンツの価値下落という大きな流れの一環だ。それは世代間の好みの変化だけでなく、テクノロジーのトレンドの変化によって生じている。ロサンジェルスで芸能関係の弁護士をしている元コンピュータ科学者のジョナサン・ハンデルは、フリーへと移行する六つの理由をあげている。要約してみよう。

1．供給と需要　無数の要因によってコンテンツの供給は増えたが、需要は増えていない。私たちの目と耳はあいかわらずふたつしかなく、一日は二四時間しかない。もちろん、すべてのコンテンツが同じ価値を持つわけではないから、フェイスブックのページの価値は『ニューヨーク・タイムズ』紙のページのそれにはかなわない。ただし、フェイスブックのページが皆さんの友人のページならば、皆さんにとっては『ニューヨーク・タイムズ』よりもはるかにおもしろいだろう。違いは、フェイスブックのページ数は『ニューヨーク・タイムズ』よりもはるかに多く、報酬などまったく期待せずにつくられていることだ。

2. **物質的形状の消滅**　私たちはなぜかビットよりもアトムに高い価値を置く。これはどうしようもない。しかし、コンテンツがケースに入ったディスクから回線を流れるファイルへと移ると、コンテンツは形を失い、抽象的にさえなった。さらに、物質を盗めば誰かがその物質を失い、金銭的損失になるが、デジタルファイルでは違う。

3. **入手しやすさ**　コンテンツは、店で探して買うよりもダウンロードしたほうがえてして簡単だ。こうした「探索コスト」が減少するにつれて、私たちはコンテンツに対してお金を払うのも慎重になった。

4. **広告収入で運営するコンテンツへの移行**　ウェブ上で根づいた習慣が、私たちの暮らしにも影響を与えている。オンラインでコンテンツが無料ならば、オフラインでも無料であるべきじゃないか？

5. **コンピュータ業界はコンテンツを無料にしたがっている**　アップル社はその巨額の売

上げを音楽ファイルの販売からではなく、iPodの販売であげている。かつて、ラジオ業界が一九二〇年代に経験したように、無料コンテンツは、それを再生する機器の価値を高めるのだ。

6．フリー世代　ブロードバンドとともに成長した世代には、デジタル経済がDNAに組み込まれている。「ほぼゼロの限界費用」という言葉を聞いたことがあろうがなかろうが、彼らはこのことを直感的に理解している。だから著作権に対して無関心だったり、反発したりする。彼らには著作権の目的がわからないのだ。

このようなわけで、広告収入で運営するビジネスモデルがオンラインで勝ち、これからも勝ちつづけるのだ。

この時点で、疑り深い人はちょっと待てよと思うだろう。広告に使われる資金には限りがある。広告ですべては運営できないじゃないか。

そのとおりだ。実際、オフラインよりもオンライン上で価値が下がる広告手法がある。その理由は、稀少さと潤沢さに求められる。ニュースの配信や分析をおこなうパブリッシュ2の創設者であるスコット・カープは次のように言う。「従来のメディアにおける広告ビジネスとは、新聞、雑誌、テレビを問わず、稀少な資源、つまりスペースを売ることです。ところが、ウェブにはスペースがほぼ無限に存在します。ですから、従来のメディア企業がオフラインと同じ手法でオンライン上のスペースを売ろうとしても、自分たちには価格決定力がほとんどないことに気づくのです」

高級誌は読者一〇〇〇人当たり一〇〇ドル以上の広告料を広告主に請求できるが、オンライン版なら二〇ドルも請求できれば運がいい。その理由は、オンラインのほうが競争がきびしいからだ。広告主には選択肢が多くあり、市場が耐えられるかぎり広告料はいくらでも安くなっていく。だが、これは「ディスプレイ広告」、つまりブランドを売り込むためのバナーやイメージ広告の場合であり、売上げに直結しなくてもいいものだ。

ディスプレイ広告とは別の種類の広告も存在する。その代表はグーグルのテキスト広告で、検索結果のとなりや第三者のウェブサイト上に掲載される広告のことだ。広告主は、サイトの訪問者がその広告をクリックしたときにのみ広告料を支払う。グーグルが売っているのは広告スペースではなく、ユーザーの意思だ。つまり、検索リクエストという形でユーザー自身が表明した興味そのものを売っているのだ。そして、それは稀少な資源だ。たとえば、一日に「バークレーのドライクリーナー」と入力する人の数はごく限られている。結果として、従来の広告手法がオンラインでは限界がある一方、広告というものを再定義したグーグルの方法――表明された欲求と製品を結びつける――は、いまだに急成長している。グーグルのシュミットCEOは、オンライン広告市場の可能性を八〇〇〇億ドルと評価した。それは現在のオンラインとオフラインを合わせた広告市場全体の価値の二倍に当たる。その理由は理解しやすい。企業は結果に対して料金を払うので、マーケティング費用に一〇セント費やすたびに一ドル稼げることが確実ならば、いくらでもマーケティング費用を出すはずだからだ。マディソン街に古くからある決まり文句と比較してみてほしい。「広告費の半分がムダなのはわかっているさ。ただどっちの半分がムダなのかわからないんだ」。これでは比べ物にならない。

メディアのビジネスモデルの大成功

こうしたわけで、オンラインでは広告収入によるビジネスモデルが今のところメディアに限らず広まっている。要するにお金がどこにあるか、ということなのだ。ニューヨークのベンチャー・キャピタリストのフレッド・ウィルソンは、次のような意見を述べている。「ほとんどのウェブアプリケーションは、メディアのビジネスモデルを真似て収益化《マネタイズ》されるでしょう。私はバナー広告のことを言っているのではありません。あなたのサービスに注目しているユーザーさえいればその注目を利用しようと企業や個人がお金を払ってくれる、いろいろなモデルのことを言っているのです」

ウェブの世界は、メディアのビジネスモデルが他の産業へと無限に拡張したものだと見ることができる。従来の言葉の定義からは、グーグルはメディア企業に当てはまらないが、メディアと同じビジネスモデルで莫大な収益をあげている。それはフェイスブック、マイスペース、そしてディグも同じだ。これらの企業の本業はソフトウェア開発で、ユーザーのコンテンツをまとめる企業もあれば、ユーザーにコンテンツをつくる場を提供する企業もある。しかし、従来のメディア企業のようなやり方でコンテンツの制作や配信はしていない。

一方、「メディアのビジネスモデル」と聞くと、普通は広告のことを思い浮かべる。たしかに広告の占める割合は大きいが、メディア業界にいる人なら誰でも知っているとおり、メディアのビジネスモデルは広告のはるか先まで行っている。

まず、広告がオンラインに移行するにつれ、視聴者またはリスナーの閲覧一〇〇〇回当たりに支払われるこれまでの「インプレッション〔ウェブにおける広告の掲載回数の単位〕」モデル（これは「CPM=掲載一〇〇〇回当たりの料金」として知られている）以外に多くの新しい広告形態が生みだされた。他のオンラインモデルとしては、グーグルが使っている「クリック単価」（CPC）、そしてアマゾンのアソシエイト・プログラムなどのように、サイトの訪問者が有料顧客となった場合のみ広告主が広告料を支払う「CPA（成果報酬）」などがある。

また、「リード・ジェネレーション広告」がある。広告主は、無料コンテンツに興味を示した見込み客《リード》の氏名や電子メールアドレス、その他の情報に対して代金を支払う。ほかにも広告主がサイト全体やその一部のスポンサーとなって、トラフィック量に関係なく固定料金を支払う場合もあるし、広告主がグーグルなどの検索サイトの検索結果に表示されるようにお金を使うこともある。さらに、おなじみのプロダクト・プレイスメントを利用して、特定のブランドや商品をオンライン画像やゲーム内に登場させることも可能だ。

テキスト、ビデオ、アニメ、音声、そして仮想世界（テレビゲーム）とそれぞれにこうした広告手法を使えることを考えれば、オンラインに移行するにつれて広告の世界が大きく変わったことがわかるはずだ。二〇年前の広告は、五つのカテゴリーに大別することができた。印刷物（ディスプレイ広告とクラシファイド広告）、テレビ、ラジオ、屋外（広告板とポスター）、そしてチラシなどの配布用印刷物だ。ところが、現在のオンラインでは少なくとも五〇種類のモデルが存在していて、その一つひとつが日々変化している。新しいメディアを目の前にして、ひとつの産業が自己変革していく様子は目がまわるほどだが爽快でもある。

オンラインゲーム経済

「メディア」というと私たちは、ラジオ、テレビ、雑誌、新聞、そしてウェブのニュースサイトを思い浮かべる。しかしメディアとは、たんにあらゆる種類のコンテンツを意味するにすぎない。メディアが社会に与える影響をはかるなら、それぞれのメディアに人々が費やす時間の長さを見るのが一番だ。その方法で見ると、私たちが普段メディアだと考えないあるコンテンツ形式に対して、テレビや新聞などは、注目度ではいい勝負だとしても費やす時間ではかなわない。そのコンテンツ形式とは、Ｘｂｏｘ３６０のシューティングゲームやパソコンの多人数参加型オンラインゲームなどのことだ。

ゲーム業界は、売上げ面ではハリウッド映画、消費時間はテレビと肩を並べるほどに伸びているだけでなく、とても速いペースで変容している。テレビゲームほどフリーへの道を突き進んでいるビジネスはないのだ。

かつてゲームソフトは店頭で売っていた。箱入りで価格は通常四〇ドルから五〇ドル、買って家に持ち帰り、ディスクを挿入し、一週間も遊ぶと飽きてしまった。実際のところ、ゲームの売上げは発売から六週間がすべてだった。その点はハリウッド映画と同じだが、映画は利益の多いＤＶＤ販売やテレビでの放映があとに続く。一方、テレビゲームは失敗したら二度とチャンスがないビジネスなのだ。

テレビゲームはいまだに店頭売りが主流だ、と聞くとまさかと思われるかもしれない。ゲームは最後までこうしたやり方を続けているデジタル製品のひとつで、ようやくそれも終わりに近づいている。音楽とコンピュータソフトはオンラインで売ることが主流となったように、テレビゲームもそうなりつつあるのだ。そして、ひとたびアトム（プラスチックの箱やディスク）を輸送することからビットの送信に切りかわれば、必然的にフリーへと向かう。これからの一〇年間で、この一〇〇億ドル産業は、それまでの箱入り商品を売るビジネスから、基本プレーは無料のオンラインビジネスに変わっていくだろう。

こうした徴候は、二〇〇三年頃にアジアではじめて現れた。中国と韓国でソフトウェアの不正コピーが横行し、それまでのやり方でゲームを売るのがむずかしくなってきたため、ゲームメーカーはその代わりとして、急成長しているオンライン市場に目を向けた。中国でインターネットカフェがブームになったことで、家にコンピュータを持つ余裕がない多くの人もインターネットが利用できるようになった。韓国でも、ゲームセンターに代わって「ＰＣ房」（インターネットカフェ）が十代、二十代の若者がたむろする場所となりはじめた。

ゲームをする者にとってオンラインのメリットとは、ゲームの質が高く多様性があることだ。なんといっても対戦相手は生身の人間であって、プログラムされた人工知能ではない。もっとも人気があるジャンルのひとつが多人数参加型オンラインゲームで、終わりがなく、何年間も遊べるほど熱中できる。現在の一番人気はワールド・オブ・ウォークラフト[World of Warcraft]で、「ワールド・オブ・ウォークラック〔クラックは麻薬の一種〕」ともじられるほどだ。

ゲームメーカーにとって、オンライン化のメリットは多い。ディスク、マニュアル、そして箱をつくって小売店に卸すのではなく、プレーヤーに直接ソフトをダウンロードさせることで膨大な製造・流通コストが抑えられるし、オンライン化によって無限の商品在庫スペースが生まれる。だから、新作ゲームや売れ筋のゲームによって古いゲームやニッチゲームが商品棚から追い出されることがなくなり、すべてのゲームがオンライン上で平等にアクセス可能となる。また、ソフトウェアをアップデートして機能を追加したりバグを削ったりすることも簡単になる。

しかし、ゲームがオンラインへと移行するもっとも重要な理由は、お金を稼ぐのによりよい方法だからだ。ゲームメーカーは一度限りの「店頭販売」の収益モデルから、プレーヤーとの継続した関係にもとづく収益モデルへと移行することができる。まさに、ジレットが使い捨てカミソリの替え刃によって、ヒゲソリのビジネスをカミソリの販売から生涯にわたり替え刃を買ってもらうことに移行したように。

その結果、オンラインゲーム業界ではフリーについて世界中でもっとも活気あふれる実験がくり広げられている。オンラインで販売されるゲームと、オンラインで遊ぶゲームの両方を含めると、この業界は二〇〇八年にアメリカで一〇億ドルの規模になると推算された。中国はそれより大きく、二〇一〇年には二六億七〇〇〇万ドルに達すると見積もられている。そこには、iTunes《アイチューンズ》（無料、有料、そして有料と無料のハイブリッド）からダウンロードできるiPhone《アイフォン》のゲームから、ポーカーや数独などのカジュアルゲーム、クラブ・ペンギンやネオペット、ウェブキンズ［Webkinz］などの子ども向けゲーム、そして流行の多人数参加型オンラインゲームまでさまざまなゲームが含まれる。

こうした市場の一つひとつがフリーという新しい形態の実験場となっている。その結果、この業界には革新的な新しいビジネスモデルが現れるようになったが、それらの多くは業界の外から持ちこまれたものだった。もちろんフリーはゲーム業界では今に始まったことではない。基本的なフリーミアム・モデルは、体験版という形でずっと前からおなじみだった。体験版はゲーム雑誌やオンラインで配られ、無料で数レベルを遊ぶことができる。その先を遊びたければ製品を買うか、体験版の残りのレベルを遊べるようにするコード情報にお金を支払う。だが、この数年間で、フリーを利用したさらに革新的なビジネスモデルが爆発的に増えている。ブロードバンド・インターネットの普及にともなってはじめて可能になったものだ。もっとも成功している五つのカテゴリーを紹介しよう。

1．バーチャル製品の販売

二〇〇八年、ターゲット社は少なくとも一〇〇万ドル以上の価値を生むプラスチックのカードを売り出した。だが、ほとんどの消費者にとってこれは、まったく謎の商品だった。一〇ドルと二五ドルの二種類で販売されたそのカードには、メイプルストーリーで動作する数字のコードが書かれているだけだ。メイプルストーリーとはなんだろうか。一二歳の子ども（またはその親）に聞いてほしい。それは韓国で爆発的ヒットを記録した多人数参加型オンラインゲームのことで、一五〇〇万人以上が遊んだ。アメリカへは二〇〇五年、開発したネクソン社によって輸入された。現在では、全世界で六〇〇〇万人以上の登録ユーザーがいる。

多くの多人数参加型オンラインゲームと同じで、メイプルストーリーも無料で遊べる。レベルアップしたり、他のプレーヤーと会話したりするなど、一ドルも使わずに楽しく遊ぶことができる。しかし、ゲームの進行を速くしたいのならば、〈テレポストーン〉がほしくなるかもしれない。それを使えば瞬間移動ができるので、とぼとぼ歩かなくてもすむ。テレポストーンを買うにはゲーム内通貨の〈メル〉が必要となる。メルはプレーをしてコツコツと稼ぐか、このカードから入手できる（クレジットカードを持っている成人ならば、オンラインで買うこともできる）。

　またメイプルストーリーでは、メルをより速く集めたり、バスを待つことなく世界を行き来できたりするバーチャルアイテムを売っている。たとえば、〈ガーディアン・エンジェル〉というアイテムを買えば、死んだときにすぐに生き返ることができるので、リスポーン（復活）・ポイントから苦労して戻ってこなくてすむ。ネクソン・ポイント〔ネクソンのポイントサイトで購入できる電子マネー〕があれば、あなたのキャラクターに新しい服を着せたり、髪型や顔を変えたりすることができる。重要な点は、強力な武器は買えないことだ。ネクソンは、お金で力が買えることで不公平な二層構造の社会を生みたくはないのだ。その代わりにお金は、時間を節約するため、格好よく見せるため、または少ない努力で多くのことをするために使われる。人々がお金を支払おうとするのは「無理強いされてではない」と、元ネクソン北米支社長のアレックス・ガーデンは言う。料金を払う必要はないが、払いたくなるかもしれない、ということだ。

　しかし、ゲーム市場のバーチャルアイテムとしてもっとも大きな例を見ると、そこにはたいてい子どもではなく大人がかかわっている。二〇〇八年のはじめ、グーグルの役員は世界中の検索語のベスト10に「ＷＯＷ」という言葉がいつも入っていることに注目した。世界中の人々が突然に興奮して「ワーオ！（Ｗｏｗ）」と叫んだのだろうか。そうではない。「ＷＯＷ」は「ワールド・オブ・ウォークラフト」というオンラインゲームの略語で、実際に人々が検索していたのはゴールドのためだった。それは本物の金《きん》ではなく、ゲーム内で使われる通貨のことだ。本書を執筆している時点で、交換レートは一米ドルが約二〇ＷＯＷゴールドだ。中国には、ゲームをやりこんでこうしたバーチャル資産を稼ぎ、ゲームの外に存在する二次市場で売却するプロ集団からなる企業がたくさんある。

バーチャル資産の取引はいいビジネスとなり、ゲーム販売による直接的な収入よりも大きな収入になることが多い。それではいったいなぜ、これまでに何年もビット（情報）を売ってきたのに、高値でプラスチックのカードを売るのだろうか。これを買う人は、ゲームにもっとも関心がある熱心なユーザーだ。だから価格には左右されにくく、喜んでカード代を払う（ただし、これはゲーム特有のことではない。フェイスブックもデジタルのギフトを売っている。会員向けのこのギフトは、年間でおよそ三〇〇〇万ドルを売上げる）。

ディスクの販売には、ハリウッドの〈第二週末効果〉の危険性がともなう。つまり、映画の出来が予告編のイメージよりも悪いと、観客はだまされたと思い、悪い評価が口コミで広まるのだ。しかし無料オンラインゲームにおいては、料金が生じるのはプレーヤーが必要性を理解してアイテムを購入するときだけだ。失望させるリスクは低く、顧客に報いる可能性は高い。簡単に言うと、次のようになる――顧客に対して料金を請求できるのは、手に入れようとしているものの価値を顧客が理解していて、すすんでお金を払いたがるからなのだ。

ガーデンは次のように言っている。「パッケージゲームのビジネスモデルが映画に近いとすれば、オンラインゲームはテレビに近いのです」。目的は顧客との継続的な関係を築くことであって、楽しい週末を過ごすことではない。

オンラインゲームを運営する会社自体がデジタルアイテムを売る場合もあれば、プレーヤーがバーチャル製品を売買できる市場だけをつくり、イーベイ〔eBay〕のように取引手数料で儲ける会社もある。後者の例として、ソニーは二〇〇五年、エバークエスト2内にステーション・エクスチェンジという市場をつくり、一ドルの出品手数料、売買価格の一〇パーセントの手数料で、ゲームのアイテムをプレーヤー間で取引できる場を提供した。そして、買ったモノが入手できることを保証するエスクロー・サービス〔売り手と買い手の取り引きのあいだに業者が入って代行するサービス〕までも設けた。その成功は控えめなものだったが、ソニーの役員がゲーム業界の未来は明るいと宣言できるほどには有望だった。

2. 会費

二〇〇七年にディズニーは、子どもたちが雪の上でマンガの小さなペンギンになって遊べるウェブサイトを七億ドルで買収すると発表した。たとえかわいいとしてもペンギンのゲームに七億ドルも払うのはどうかと思った人は、きっと小さなお子さんをお持ちでないのだろう。そうでなければ、クラブ・ペンギンのことは知っているはずだ。ディズニーの買収時点で一二〇〇万人の子ども（その中には私の子どもも入っている）を魅了しているオンライン・コミュニティだ。二〇〇六年とその翌年、クラブ・ペンギン熱は、まるでアタマジラミが流行するかのような速さで子どもたちのあいだに広まった。

クラブ・ペンギンは無料で遊べる。六歳から一二歳までが中心のユーザーのうち約九〇パーセントは一セントも払っていない。しかし、家具とともに「イグルー（氷雪塊の家）」をグレードアップ」したい場合や、ペンギンのためにペットを買いたい場合は、両親のクレジットカードで月約六ドルの会費を払わなければならない。ディズニーが買収した時点でクラブ・ペンギンの有料会員は、全会員の六パーセントに当たる七〇万人だった。この七〇万人によって、年間四〇〇〇万ドル以上の収入が生みだされている。

これは、オンラインゲームのビジネスモデルで、特にユーザー同士の交流がひんぱんなゲームの場合にもっとも一般的なものだ。ルーンスケープ［RuneScape］はオークとエルフが登場するウェブ上の仮想世界だが、六〇〇万人以上のユーザーのうち月五ドルを払う有料会員は一〇〇万人以上を数え、年間六〇〇〇万ドルの収入が生みだされている。ルーンスケープの規模を知るために他のサイトと比較してみよう。登録利用者数と収入がほぼ同じ規模なのは、世界の新聞社の中でもっとも大規模な有料サイトである『ウォールストリート・ジャーナル』のウェブサイトだ。二〇〇七年に無料化する前の『ニューヨーク・タイムズ』のウェブサイトの有料会員よりも規模が大きい。どうやら人々は、ピューリッツァー賞を受賞したニュースよりも、変身の呪文をかけることにお金を使いたいようだ（それが良いか悪いかは、ここでは論じないでおこう）。

3. 広告

二〇〇八年の大統領選挙期間中に、バーンアウトパラダイスというXboxLIVEのレーシングゲームで遊んだ人は、いつものコースを走っていて、広告板のひとつがとても今風なことに気づいた。そこにはバラク・オバマが描かれていて、彼が選挙運動で使っているウェブサイトにアクセスするように呼びかけていたのだ。これはゲームメーカーの政治的声明ではなく、オバマの選挙陣営による有料広告だった。今や何千というこうした広告が、Xbox360やソニーのPS3といった携帯型ゲーム機やパソコンなどで遊ぶゲームをにぎわしている。

有料ゲームの収益の足しになっている有料広告もあるが、無料ゲームを支える有料広告の数も次第に増えている。こうした広告は最初からゲームに組み込まれている場合もあるが、インターネット上で遊べるゲームが増えるにつれて、すぐに広告を挿入することが可能になり、ゲーム内の広告板や街の壁に貼られたポスター、そしてキャラクターが着る服に埋めこまれた広告さえもアップデートできるようになった。

ある意味、ゲームの広告は究極のプロダクト・プレイスメントだ。プレーヤーごとに違う広告を出せるだけでなく、関連性を追求し多様性を保つために、ゲームをするたびに広告を変えることもできる。実世界と同じような広告もあれば、一見なんのつながりがあるのかわからない広告もある。たとえば、あるスノーボードのゲームでは、ブーツのブランドから、ゲームのサウンドトラックを担当するバンドの広告まで登場した。また、ゲーム全体が広告のようなものもある。バーガーキングが出したXboxのゲームは、会社のマスコットである王様がバイクでレースをしたり、車をぶつけたり、こそこそ動きまわったりして遊ぶものだ。

この広告形態がもっとも一般的なのはカジュアルゲーム市場だ。カジュアルゲームとは、オンラインで遊べる簡単なゲームのことで、遊べるゲームの数はびっくりするほど多い。ヤフー・ゲームとMTVのアディクティング・ゲームズ[AddictingGames]は広告収入で運営されている無料のゲームサイトで、ともに一カ月のユーザー数が一〇〇〇万人を超える。この市場全体ですでに年間二億ドル以上の価値があり、コンサルタント会社のヤンキー・グループは、二〇一〇年までにその価値は七億ドルを超えると推測している。

4. 不動産 セカンドライフは正確にはゲームではない。仮想世界であちこちを散策したり、人と出会ったりするだけだ。それでも全米で五〇万人のユーザーがプレーをするほどの人気がある。無料でソフトウェアをダウンロードできるし、クレジットカードなしでも心ゆくまで仮想世界を歩きまわることができる。しかし、その世界に夢中になったら、そこに家を建てて、腰を落ちつけたくなるかもしれない。そのためには土地が必要になる。それによりセカンドライフを運営するリンデン・ラボ社は儲けているのだ。

同社は仮想世界の不動産ビジネスを手がけているが、これもすぐれたビジネスモデルだ。実世界の不動産業者とは違って必要な分だけ土地をつくることができるし、その土地はユーザー自身が町全体——住居、オフィスビル、店舗、その他の施設——を建設することで魅力的になる。土地のリース料は面積によって月額で五ドルから一九五ドルまでさまざまだ。さらには、一時金として一六七五ドル、そして月に二九五ドル払うことで島をまるごと所有することもできる。

これはリンデン・ラボの収入源になるだけではない。セカンドライフ内には不動産ブローカーの二次市場が生まれていて、すでに開発された土地が転売されるのだ。もっとも成功したブローカーのひとりである「アンシェ・チャン」は、転売で億万長者になったという。

他の多くのオンラインゲームもこのビジネスモデルを採用していて、土地のほかに宇宙ステーションや城、さらには海賊船の停泊所などを売っている。セカンドライフの土地も、ワールド・オブ・ウォークラフトのゴールドやクラブ・ペンギンの衣服のように、バーチャルアイテムの一部と言っていいだろう。だが違う点は、セカンドライフでは土地を売るのではなく、貸していることだ。つまり、賃借料が払えなくなれば、その土地や住居はほかの者に貸し出されてしまうのだ。

5．商品　二〇〇八年のクリスマスの朝、アメリカの何百万軒という家庭では、クリスマスツリーの下に動物のぬいぐるみが置かれていた。それらは、特別なタグがついていることを除けば普通のぬいぐるみだった。そのタグにはコードが書かれていて、そのプレゼントを受けとった子どもがインターネット上でバーチャルのぬいぐるみを所有して遊ぶことができた。フラシ天のぬいぐるみとバーチャル・ペットという単純な組み合わせによって、このぬいぐるみのブランドであるウェブキンズは二年連続してアメリカで人気ナンバーワンのおもちゃに輝いている。

ウェブキンズのビジネスモデルは、「無料」と「有料」をうまく組み合わしている。メインはぬいぐるみなのかゲームなのか容易には答えられない。おそらく、どちらか片方だけだったら成功しなかっただろう。ある意味、これは二〇世紀の経済と二一世紀の経済がうまく協調した好例だ。アトム（ぬいぐるみ）にはお金がかかるが、ビット（オンラインゲーム）はタダだ。現実世界で、ほとんどの子どもはぬいぐるみにそれほど興味を持たないが、ゲームの中で全種類の動物を集めることには夢中になる。そして、バーチャルの動物を追加する唯一の方法は、ぬいぐるみを買うことなのだ。こうして好循環が生みだされて何億ドルもの売上げとなり、アメリカでは手の平サイズのぬいぐるみのビーニー・ベイビーズ以来の大ヒット商品となった。

オンラインとオフラインのハイブリッドモデルは今ではレゴやマテルなど多くの企業が採用し、自社ウェブサイトの無料オンラインゲームでバーチャルグッズを使えるようになる秘密のコードをおもちゃにつけている。また、ネオペットという子ども用の無料オンラインゲームでは実物ペットのトレーディングカードを売っているし、メイプルストーリーでも登場キャラクターのトレーディングカードを売っている。ほかのオンラインゲームも、フィギュアからTシャツまでさまざまなモノを売っている。

これは限界費用経済学のもっとも純粋な形態だ。配布コストがかからないモノを無料で配り、店舗で売る利益率四割の商品の価値を高める。フリーを利用して「有料」の儲けを増やしているのだ。

無料音楽

テレビゲーム業界が成長を加速させるためにフリーへと突き進んでいるビジネスとするならば、音楽業界は、衰退の速度を遅らせるためにフリーに行き着いたビジネスだと言えるだろう。しかし、これまでの試みは励みとなる結果を残している。今となっては、レディオヘッドが七枚目のアルバム『イン・レインボウズ』の値段を購入者自身につけさせた実験が成功したことは伝説となっている。アルバムをいつものように店頭で売るのではなく、オンライン配信し、購入者に払いたい金額を決めさせたのだ。私を含めてお金を払わなかった人もいた（私は価値がないと考えたからではなく、実際に無料で入手できるかどうか確かめたかったのだ）。一方、二〇ドル以上支払った人もいて、平均価格は六ドルだった。『イン・レインボウズ』は、レディオヘッドの中でもっとも商業的に成功したアルバムとなった。大半の音楽が大きく売上げを落としている時代において、このアルバムは次のような驚くべきデータを残した。

・このアルバムは、世界で三〇〇万枚を売上げた。これには、専用サイトからのダウンロード、CD、二枚組CDの豪華版ディスクボックスの売上げだけでなく、iTunesなどのデジタル小売業からの売上げも含まれる。

・八〇ドルする豪華版ディスクボックスは一〇万枚売れた。
・前作のアルバムのあらゆる形式における総売上額以上を、このアルバムではCD発売前のデジタルダウンロードだけで稼いだ。
・CDが発売されたのは、デジタル形式で購入者に好きな値段をつけさせて売ってから二カ月以上経ったあとだったが、それでも全米と全英チャートで一位となった。iTunesの有料ダウンロードのランキングでも一位となり、一週目で三万件を売った。
・アルバム発売後におこなわれたツアーはレディオヘッドの過去最大のツアーで、チケットは一二〇万枚売れた。

レディオヘッドのようにフリーの価値を理解するアーティストはたくさんいる。それは、いつの日かコンサートの観客やTシャツの購入者、さらには音楽そのものを買ってくれる有料顧客になるかもしれない多くの消費者へ自分の曲を届ける手段なのだ。ナイン・インチ・ネイルズのトレント・レズナーやプリンスなどのミュージシャンも無料配信戦略を採用している。音楽業界の中心からはずれたところでは、無料音楽から巨額の利益を得ている企業がたくさんある。その代表がiPodを売るアップルだ。

しかし、「音楽業界」と言えば普通は従来のレコード会社のことを指す。彼らはフリー

どうして音楽CDがタダになるのか？

2007年7月に、プリンスはニューアルバム『プラネット・アース』を発売した。小売価格19ドルのそのアルバムを、ロンドンの『デイリーメイル』紙の日曜版280万部に景品としてつけた。この新聞はよくCDを景品につけるが、人気ミュージシャンのニューアルバムをつけたのははじめてだった。アルバムを100万枚以上売るアーティストが、どうやってニューアルバムを提供できたのか？　そして、デイリーメイル紙はどうやってそれを無料の景品にできたのだろうか？

プリンスはニューアルバムをタダであげることでお金を稼いだ

プリンス側

本来入るはずの著作権収入（損失）	560万ドル
デイリーメイル紙から受けとった著作権収入	100万ドル
ロンドン公演の総収入	2340万ドル
差し引き収入	1880万ドル

デイリーメイル紙側

著作権料	100万ドル
制作及びプロモーション費用	100万ドル
売店売上げの増加分	130万ドル
差し引き損失	70万ドル

プリンスのコンサートチケットの売上げは伸びた：
この取引だけを見ると、プリンスは損を出している。彼は通常CD1枚で2ドルの著作権使用料を、36セントしか新聞社に求めなかった。だがその損失以上に、コンサートのチケット収入が増えたのだ。その年の8月にロンドンのO2アリーナでおこなった『パープル・ワン』と銘打った公演は全21回分が売り切れとなり、プリンスに記録的なコンサート収入をもたらした。

デイリーメイル紙はブランド力を高めた：
その景品により新聞の売上げは20パーセント伸びたが、その増加分で支出を埋めあわせることはできなかった。それでも、デイリーメイルの経営陣は、今回の景品は成功だったと考えている。編集局長のスティーヴン・ミロンは編集面でも財政面でもうまくいったと言う。「わが社が先駆者だからこそ、広告主がわが社とつきあいたいと思うのです」

所出：DAILY MAIL, 02 ARENA

（たいていは著作権侵害の形で実現される）は害悪だと非難している。この非難は正しいかもしれないが、レコード会社の利益と音楽市場全体の利益を同一視するのはまちがいだ。録音された音楽を包装して売るレコード会社のやり方は、誰もが知っているように衰退の道をたどる末期的なビジネスだ。しかし、レコード会社以外のほぼすべての音楽市場は成長していて、フリーを利用している。

曲をつくるミュージシャンがこれまで以上に増えている。二〇〇八年、アメリカ最大の音楽小売店であるiTunesのカタログには、新しく四〇〇万曲が追加された（アルバム四〇万枚分だ！）。現在では、無料で自作の楽曲数曲を公開できるマイスペースのページを持っていないミュージシャンを見つけるほうがむずかしい。私たちが一日に音楽を聴く時間が増えたのは、聴きたい音楽をどこにいても聴けるiPodのおかげだ。テレビ、映画、CMあるいはテレビゲームといった分野での音楽著作権ビジネスもかつてないほど大きくなっている。また、携帯電話にかかわる音楽ビジネス――着信音、待ちうた、個別の曲の売上げ――は好調だ。そして、何よりもアップル自身がフリーを利用して成功している。かつてマッキントッシュがキャッチフレーズにしていた、「リップ、ミックス、バーン（曲をとりだし、混ぜあわせ、CDに焼きつけること）」は、マックやiPod、iPhoneの売上げを伸ばす無料音楽の力への賛辞となったのだ。

コンサート・ビジネスも盛況だが、その原動力のひとつは無料音楽がファン層を拡大していることだ。ライブは常に音楽ビジネスでもっとも儲かる部分だ。プリンストン大学の経済学者、アラン・クルーガーによると、二〇〇二年にツアー収入の多かったイーグルスやデイヴ・マシューズ・バンドなど上位三五組のバンドを合計すると、ＣＤや音楽著作権の収入よりもコンサート収入が四倍も多かった。ローリング・ストーンズのように収入の九割以上をツアーで稼ぐバンドもある。稀少なチケットは簡単に数百ドルにも値上がりするので、転売する二次市場も栄えている（イーベイは二〇〇七年、最大級のチケット転売業者であるスタブハブ［StubHub］を買収した）。それもそうだろう。思い出に残る経験こそが、もっとも稀少価値があるのだ。

現在、サマーフェスティバルの時期は一年の半分にまで拡大していて、生活のスケジュールをサマーフェスティバルに合わせる世代が台頭している。また、収入は入場者以外からももたらされる。ツアーは協賛されることが多く（ＶＡＮＳワープトツアーなど）、たとえばキャメルのような企業は、タバコの試供品を入場者に配る権利にお金を出す。食品、飲み物、グッズ、そして宿泊施設を合わせたサマーフェスティバルは、音楽をダシにした観光ビジネスにほかならないが、多くのファンはそんなふうには思ってもいない。

大手レコード会社は、この世界で自分たちの役割が減っていることをいやというほど理解している。ワーナー・ミュージック会長のエドガー・ブロンフマンは二〇〇七年、投資家に向けて、「音楽業界は成長しているが、レコード業界は成長していない」と語った。ここまでの認識は一致していても、その対策は企業によって異なる。インターネット・ラジオといった新たな方法で消費者に音楽を届ける企業もあれば、著作権侵害の訴訟を起こしたり、のきなみ法外な著作権使用料を要求したりして既得権を守ろうとあがく企業もある。一方で、〈三六〇度モデル〉に移行することで窮地を脱しようと決めた企業もあった。三六〇度モデルとは、ツアー、音楽著作権使用料、CM出演、そしてグッズなど、アーティストのキャリアのあらゆる面を代理するビジネスモデルのことだ（これまでのところ、あまり成功していない。その理由の大半は、レコード会社がこうした仕事にまったく不慣れなうえに、多くのアーティストがレコード会社の手数料が高すぎると不満を抱いているからだ）。

しかし、小規模なレコード会社の中には、なんらかの形でフリーを用いながらうまくビジネスモデルを刷新しているところもある。人気ブロガーのピーター・ロハスが始めたRCRD LBLという会社は無料で音楽を提供し、広告収入で運営している。また、消費者が値段を決めるスタイルも急増している。耳の肥えた音楽ファンに復刻版のLPレコードを売るある小さなレコード会社は、見本として無料のデジタルダウンロード版を定期的に提供している。カントリーミュージック界では、二〇〇六年末にINOレコードがデレク・ウェブの『モッキンバード』というアルバムである実験をおこなった。何があったかをウェブに聞いてみよう。

自慢のアルバムだったのに、レコード会社がマーケティングに金をかけられなかったのでさっぱり売れなかった。そこで、レコード会社を説得してアルバムを無料配信できるようにした。ただ、そこである仕掛けをしたんだ。アルバムをダウンロードするには氏名、電子メールアドレス、そして郵便番号を入力してもらうことにして、さらに、このアルバムに興味を持ちそうな五人の友人のメールアドレス（これは保存しない）も入力してもらった。そして、その友人たちにダウンロードをすすめるメールを出した。三カ月間で八万人以上に無料で提供した。それから郵便番号で電子メールの一覧をフィルタリングして、僕のファンがどこに住んでいるか調べ、ライブ情報を電子メールで送ったら、ライブハウスへ来てもらえるようになった。今はライブチケットを売り、たくさんのグッズを売っているよ。そして僕は音楽で食べていけるようになったんだ。

ウェブのような話はたくさんある。だが特に興味深いのは、音楽業界は新しいビジネスモデルを採用しなければならないという現実主義的見方を、古くからのやり方で大成功した者でさえも持っていることだ。ラップアーティストの50CENT（フィフティーセント）は、ファイル共有が自身のレコード会社G-ユニット・レコードに与える影響についてニ〇〇八年にインタビューを受けた。彼にはアーティストの視点から考えられる強みがあった。たしかに音楽ファイルの無料交換は彼のレコード会社に損害を与えていたが、勝利すべきもっと大きな戦いがあったのだ。

技術の進歩はみんなに影響を与えたし、俺たち全員が適応しなくちゃならない。音楽業界が理解すべき重要なことは、技術の進歩がアーティストを痛めつけてはいないことだ。ちゃんと金を出して買おうが、こっそり手に入れようがどっちでも、若いファンは熱烈にも献身的にもなれるんだ。コンサートはお客さんで一杯なんだから、業界はアーティストを三六〇度あらゆる角度から管理する必要があるって気づかなきゃダメだ。業界は、コンサートとグッズ販売の収入を最大化するべきなんだ。

無料書籍

本章の最後に、無料書籍について触れないわけにはいかないだろう。本は印刷物の中でも特殊で、高級誌と同じくほとんどの人から紙のバージョンがいまだに好まれている。ありがたいことに、書籍業界はレコード業界のようにまだ崩壊していないが、それでも数百人もの作家（と数社の出版社）がフリーを利用した独自の実験をおこなっている。

音楽との大きな違いは、書籍ではほとんどの人がビットではなくアトムでできた本を高く見ている点だ。コスト面のデメリットはあるが、木からつくる紙にインクをつけたものはいまだに電池の寿命、画面解像度、そして携帯性の点ですぐれているし、本棚に並べた姿はすてきだ。しかし、デジタル書籍（オーディオブック、電子ブック、ウェブからのダウンロード）の市場は急速に成長している。ドライブ中に聴きたいというニーズや、どこにいてもすぐに入手したいというニーズなど、紙の本では応えられない需要を主に満たしているのだ。

無料書籍のビジネスモデルの大半は、いろいろな形のフリーミアムにもとづいている。数章分を期間限定でダウンロードできる場合でも、印刷版とそっくりのＰＤＦファイルでまるまる一冊を無期限で入手できる場合でも、デジタル形式にすることで、できるだけ多くの人に試しに読んでもらい、その中から買ってくれる人が現れることを期待する方法をとっている。

たとえばＳＦ作家のニール・ゲイマンは、二〇〇八年に『アメリカン・ゴッズ』のデジタ

著者にメリットを与える：
FWKは印税率が高く、著者の収入は時間とともに増えていく。従来の出版社では、書店の取り分があるので、160ドルの教科書を売ると105ドルの純益になり、著者は15％をとる。1クラス100人の学生がいるとして、1年目はそのうち75人が教科書を買うことが予想される。次の学期になると、中古の教科書が出まわるので、新刊の売上げは50冊に落ちる（古本の売上げは出版社と著者に利益をもたらさない）。4つの学期が過ぎると、160ドルの定価で買う学生はわずか5人になってしまう。改訂版を出すまでに、著者の印税収入と出版社の売上げは落ちつづけるのだ。

一方、FWKのモデルでは無料版もあり、価格はかなり安くなっているので、中古市場は育ちにくい。2008年に20の大学で調査をした結果、半数近い学生がFWKからなんらかの有料版を買っていた。その平均購入価格はわずか30ドルだが、6年後も同じ売上げを出すことができる（さらに、そのときには諸経費や運営コストが減っている）。著者はすべてのコンテンツの売上げの20％を印税としてもらえるので、3年目には、書籍版よりも多く印税を受けとれるようになる。

オープン・テキストブックの売上げと、
書籍のみを発行したときの売上げ比較

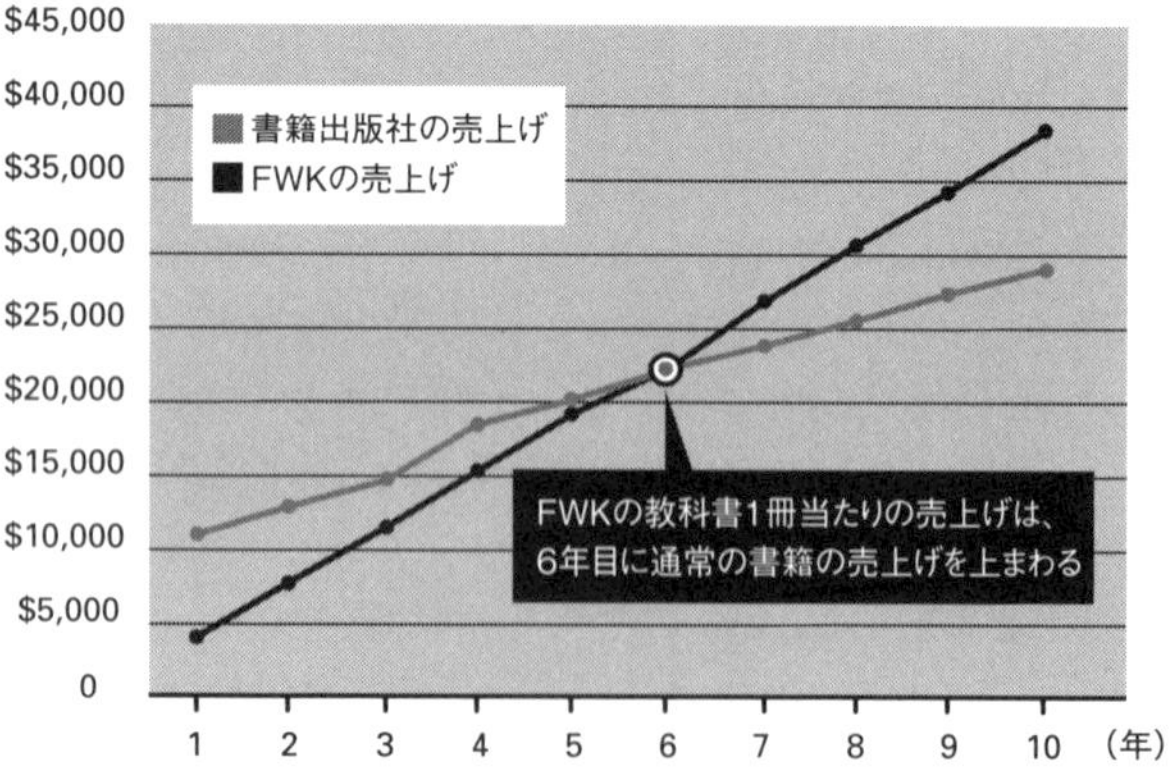

どうして教科書がタダになるのか?

大学の学生は年間に書籍代を1000ドルも使う。1学期しか使わない生物学の教科書に160ドルも払うことは相当な負担で、教科書の古本市場が大きくなるのもうなずける。それに対して、出版社は改訂版のページ割を旧版のそれと変えるなどの策でなんとか古本市場を叩こうとしている。では、古本市場が壊れてしまうと、何が代わりになるだろうか。フラット・ワールド・ナレッジ(FWK)という出版社の〈オープン・テキストブック〉がそのモデルになるだろう。編集もアップデートもできて、いくつかを組み合わせてカスタマイズもできる無料教材だ。だが、出版社と著者は160ドルの教科書をタダであげることでどんな恩恵があるのだろうか?

書籍版よりも多くを売る:
書籍の教科書の内容は章単位に分割され(あるいはバージョン化され)、さまざまなフォーマットと購入選択肢に変えられる。その結果、できた製品ラインナップは、より多くの学生にアピールする。たとえば、ある学生は、オンラインで教科書全部を読みたくはないが、中間テスト対策に数章分をMP3形式で買うかもしれない。

* デジタルブック(オンライン)……無料
* 印刷本(モノクロ……$29.95
* 印刷本(カラー)……$59.95
〔オンデマンド印刷ならこれより安くなる〕
* 印刷可能なPDFファイル(テキスト全部)……$19.95
〔印刷・製本はフェデックスのキンコーズで40ドルでできる〕
* 印刷可能なPDFファイル(1章分)…$1.99
* オーディオブック(MP3)……$29.95
* オーディオチャプター(MP3)……$2.99
* オーディオサマリー(10分間)……$0.99
* eブック・リーダー(テキスト全部)…$19.95
* eブック・リーダー(1章分)……$1.99
* フラッシュカード(テキスト全部)…$19.95
* フラッシュカード(1章分)……$0.99

ル版を四週間、無料ダウンロード提供した。当初はお決まりの心配や反対意見が出た。書店の売上げを落とすとか、逆にこの話が広まる頃には無料提供が終わってしまうので期間を限定するのは逆効果だ、という極端なものもあった。後者の心配を確かめるのはむずかしいが、前者の心配は思い過ごしだったようだ。『アメリカン・ゴッズ』はベストセラーになっただけでなく、書店におけるゲイマンの全著作の売上げが、『アメリカン・ゴッズ』を無料で提供したあいだに四割も伸びたのだ。八万五〇〇〇人がオンラインで彼の書籍を試し読みし、平均で四六ページ読んだ。半数以上の人はオンラインで読書をするのはいやだったと答えているが、それは読みやすいハードカバーを購入するインセンティブとなった。

さらにゲイマンは、次に出版した子ども向けの『ザ・グレイブヤード・ブック』を一度に一章ずつ読めるストリーミングビデオで無料提供したが、こちらもベストセラーとなった。

ノンフィクション書籍、とりわけビジネス書を無料にする場合は、無料音楽を手本としていることが多い。限界費用の低いデジタル書籍は、限界費用の高い講演やコンサルティング業務のためのマーケティング手法となっている。コンサートのために音楽を無料で提供するのと同じだ。消費者は、著者の全般的なアイデアを無料で得られる。しかし、もし特定の会社や業界、または投資家向けの会議にカスタマイズされたアイデアを知りたい場合は、著者の稀少な時間に対して料金を支払う必要がある（それは私のモデルでもある）。

このマーケティング手法は、紙の書籍を使ってもうまくいく。コンサルタントがみずからの知恵を記した自著を何千冊と買って、潜在顧客へ無料で配ることがよくある。広く知られた戦略なので、今のベストセラーリストはこうした大量買いを見抜いて、カウントしないようにする特別な方法を持っている。ヨーロッパでは、新聞社が薄いペーパーバックを売店売りの新聞のおまけにつけることがあるが(しかも巻数ものの場合もある)、それは新聞の売上げに貢献している。そして作家は、本をレビューするブロガー——書評家のロングテール——に自著を贈るようになってきた。そこで生まれる口コミは、本の数ドル分の価値は充分にあると考えるからだ。

あらゆるフリーのものと同じで、無料書籍についても議論がわかれている。アメリカSF作家協会の副会長であるハワード・ヘンドリックスは、著作を無料で提供する作家のことを「ウェブ野郎」と呼んだ。また、無料書籍は本当に需要を喚起するのかいまだに疑っている出版社もある(経験にもとづくところもある)。しかし、書店の書棚のスペースが縮小し、新聞の書評欄が消えていく世界において、作家は読者を増やせる可能性があることならなんでも試そうとする。オライリー・メディアの設立者のティム・オライリーが言うには、「作家の敵は著作権侵害ではなく、世に知られないでいること」なのだ。フリーはもっとも低コストでもっとも多くの人に作品を届けられる方法であり、試し読みが役目を果たすと、

「上級」版を購入する人が出てくるだろう。本をアトムの形で持ちたいと望みつづけるかぎり、読者は紙の本に代金を支払いつづけるのだ。

第10章
無料経済はどのくらいの規模なのか?
——小さなものではない

無料経済《フリーエコノミー》はどのくらいの規模なのか、と私はいつも聞かれる。それにはこう答えるのが妥当だろう。そもそもいったいどこからどこまでが無料経済なのか? そこには、ビジネスという経済活動からボランティア活動までさまざまなものが含まれる。問題をいっそう複雑にするのは、真の無料経済は金銭で計りにくいし、まぎらわしいまがい物の無料もあることだ。毎日、数えきれないほどのサービスが、金銭を介さずに親切心やつきあいからやりとりされている。それらは無料だが、無料経済の勘定には入らない。そして、「ひとつ買えばもうひとつはタダ」という商売も、新しい経済モデルとして計算するべきものではない。

　まず、マーケティング手法として使われる〈無料〉を除外しよう。それは経済全体に浸透している。無料のお試しからおまけまで、それを使わない業界はないと思えるほどだ。だが、そのほとんどは無料ではなく、直接的内部相互補助のたぐいにすぎない。それはディスカウント経済や他のマーケティング手法となんら違うものではないだろう。

　それでは評判や注目という非貨幣経済はどうだろうか。これらはある意味で実体経済だと言える。なぜなら、アイボール〔ウェブページの訪問者数〕やフェイスブックの友人といったいわゆる疑似通貨を使うことで、価値をはかれる市場をつくっているからだ。しかし、それらは非貨幣市場なので、当然、お金に換算できない。それでも換算しようとする人はいるもので、そのアプローチはたいてい独創的なものだ。

　二〇〇九年はじめに、バーガーキングはトレードマークになっている破天荒なマーケティング・キャンペーンをおこなった。「ワッパー・サクリファイス」と称するもので、フェイスブックの会員に対し、ソーシャル・ネットワーク上に登録している友人を一〇人削除（犠牲に）すると、バーガーキングの看板商品である特大バーガーのワッパー一個の無料クーポン券を進呈するというものだ（これは、「友人も好きだけどワッパーのほうが好き」だと消費者に証明させようとしたか、あるいはお騒がせ屋としてのバーガーキングの悪名を高めるためだったのだろう)。

たまただが、世の中にはハンバーガーを使って経済を評価する伝統がある。『エコノミスト』誌が始めた〈ビッグマック指数〉だ。さまざまな国のマクドナルドのビッグマックの価格を比べることで、各国の為替レートが正当に評価されているかどうかを見るものだ(つまり、インドネシア・ルピアの価値はコロコロ変わるが、ビッグマックは変わらないというわけだ)。ブロガーはすぐに、ワッパー・サクリファイスとフェイスブックで同様の比較をした。

フェイスブックの「友人」は、評判という通貨の昔からある単位だ。友人が多ければ多いほど、フェイスブックの世界でそのユーザーの影響力は強くなり、より多くの社会関係資本を使わなければならない。結局、フェイスブックの価値の大半は、評判という通貨による世界最大のクローズド・マーケットをつくってきたという事実にあり、数十億ドルの価値があると見積もられているのもそのためだ。

だが、フェイスブックの正確な価値を算定するのはなかなかむずかしい。多くのユーザーがいて、ユーザー同士が「友人」として認めることで生まれるユーザー間の結びつきが価値になるのだろう。友人になるという行為は評判という通貨をやりとりするもので、その通貨に価値があるのならば、その通貨を与えた者も見返りに何かしらの価値を得ているはずだ。しかし、それはいくらになり、そこからフェイスブックの価値を見積もることはできるのだろうか。

その「友人」に貨幣価値をつけたことで、バーガーキングはフェイスブックの市場価値を提示したことになる。ブロガーのジェイソン・コッケが計算している。

フェイスブックには一億五〇〇〇万人のユーザーがいて、一人当たり平均で一〇〇人の友人を登録している。友人になるには双方の同意が必要なので、ユーザー一人当たりの友人の数は半分の五〇人となる。友人一〇人でワッパー一個分だから、各ユーザーの友人関係はワッパー五個分となり、ワッパーの値段は二ドル四〇セントなので、合計で一二ドルの価値になる。これにもとづいてフェイスブックの価値を計算してみると次のようになる。

ユーザー一人当たり一二ドル×一億五〇〇〇万人＝一八億ドル

コッケによれば、これはマイクロソフトをはじめとする投資者が二〇〇七年とその翌年にフェイスブックを評価したときの一〇〇億〜一五〇億ドルという価値よりもかなり小さい。その後、不況に入ったこともあって、お金が出ていくよりも速くお金を稼ぐ方法をフェイスブックが見つけられないでいるのを見ると、おそらくバーガーキングはビル・ゲイツよりも正しかったのだろう（二〇〇九年はじめに外部に流出した投資家の資料では、フェイスブックの自己評価額は二〇〇八年七月で三七億ドルにすぎず、その後の景気後退でそれも下がっているはずだ）。

評判と注目にはあきらかに価値があるし、だからこそ企業はそれらを集めるための広告に力を入れるのだ。一〇〇〇人のラジオリスナーから三〇秒間の注目を集める費用や、スーパーボウルの視聴者一〇〇〇万人に試合の合間に注目してもらうための費用など、私たちは毎日、注目に値段をつけている。映画俳優のエージェントが映画の出演交渉をするときには毎回、俳優の評判が値付けされるのだ。しかし、メディアや有名人以外にも、世界にはもっと多くの注目や評判がある。問題はどれだけあるのかさっぱりわからないことだ。

世の中に供給される注目の量はどうなっているのだろう。絶対量が決まっていて、ユーチューブ上でスターが生まれるたびに、宇宙の恒常性を維持するべく、他の人への注目は減るのだろうか。あるいは、世代によって注目の絶対量は異なるのだろうか、それともマルチタスクをすることで、少しずついろいろなところに振りわけているだけなのだろうか。

ここでもう一度、〈ダンバー数〉について考えてみよう。それは個人が維持できる人間関係の限界数で、お互いに知り合いでほかの人の人間関係も把握できるような人の数だ。数十年にわたる文化人類学の研究で、この一〇〇〇年間の文明を調べると、その数は常に一五〇人と一定だった。だが、それはマイスペースなどのコミュニティサイトやソーシャル・ネットワークが登場する前の話だ。今ではインターネットがその何倍もの結びつきを維持する手伝いをしてくれる。マイスペースの会員による友人の数は平均一八〇人で、一〇〇〇人以上いる人も多い。では、シリコンチップは私たちがやりとりする評判の量を増やしたのだろうか、それとも「友人」の意味を稀薄にしただけなのだろうか。

どれもいい質問だが、答えられるのは次の世代になるかもしれない。ここではより明確なフリーの形式のいくつかを見ていき、大まかな規模を見積もってみよう。

もっとも計測しやすいのが、広告収入によって無料となっているメディアに代表される「三者間市場」だ。ラジオとテレビ、ウェブメディアのほとんどが該当するし、増えつづけている無料印刷出版物（フリーペーパーやコントロールド・サーキュレーションなど）もそうだ。アメリカのメディア企業上位一〇〇社だけで、二〇〇六年のラジオとテレビ（ケーブルテレビを除く）の広告収入は四五〇億ドルにのぼる。

オンラインにおいては、大多数のメディアは消費者にコンテンツを無料で提供し、広告収入によって運営しているが、それはグーグルなどメディア以外の多くのオンライン企業も同じなので、私はオンライン広告市場全体を「消費者に無料でコンテンツを届ける」三者間市場のカテゴリーに入れようと思う。それは二一〇億〜二五〇億ドルだ。フリーペーパーや雑誌は一〇億ドルというところか。ほかにもここでとりあげなかった小さなカテゴリーがあるし、これまでの数字に含まれなかった独立したサービスがたくさんあるだろうが、とりあえずここでは、アメリカで広告収入により無料でコンテンツやサービスを提供するものは、オンライン、オフラインあわせて八〇〇億〜一〇〇〇億ドルと控えめに見積もろう。

第二の形は、今や皆さんにもおなじみのフリーミアム（経済学者が「バージョン化」と呼ぶもの）で、一部の有料ユーザーで多くの無料ユーザーを支えるものだ。このモデルを採用するところには、製品の価格ラインナップが整った成熟企業もあれば、とりあえずすべてを無料にして、ビジネスモデルになりそうな需要がどこにあるのかを探っている新興企業もある（実際、ウェブ2・0関連企業のほとんどが後者になる）。

フリーミアムをビジネスモデルとして利用する企業をすべてリストアップすることは不可能だが、マサチューセッツ州ケンブリッジのフォレスター・リサーチというコンサルタント会社が、二〇〇八年にユーザーとしてこれを利用している企業（ウェブ2・0サービスに支出している企業で、つまりはフリーミアムの有料会員に等しい）の支出規模を八億ドルと推算した。一般消費者の支出規模は少なくともその四分の一はあるだろうから、合計で一〇億ドルとなる。

オープンソース・ソフトウェア市場も足してみよう。コンサルタント会社のIDCによれば、「リナックスの生態系《エコシステム》」（レッドハットからIBMによるオープンソースのコンサルティング業務まですべて含む）は三〇〇億ドルに達する。ほかにオープンソース周辺でビジネスをしているMySQL（年商五〇〇〇万ドル）やシュガーCRM（年商一五〇〇万ドル）などの企業で少なくとも合計一〇億ドル弱になるだろう。

最近のオンライン無料ゲームもほとんどがフリーミアム形式だ。その大部分は多人数参加型ゲームで、無料でプレーできるが、ゲームに熱中してアップグレード版や衣服、新しいレベルなどのデジタル資産がほしくなる参加者から料金をとる。プチゲームやカードゲームなどのカジュアルゲーム市場は三〇億ドル近いので、合計で四〇億ドルと見積もっておこう。フリーミアム市場全体では三六〇億ドルとなる。

最後に贈与経済がある。このカテゴリーを正確にはかることは不可能だ。ほとんどが金銭とからまないからだが、金銭とかかわる部分を調べて大まかな数字を出してみよう。アップル社のiPodは数万曲を持ち歩けることが売りだが、そのライブラリをつくるのに何万ドルもかかるのでは実用的でない。もちろん実際は友人からもらったりファイルを交換し

どうしてタダの自転車貸し出しが成功したのか?

パリの通勤者は、30分間無料で自転車を借りることができる。広告収入で運営されるヴェリブ[Vélib'](「無料自転車」を意味する「vélo libre」を短縮した社名)は2007年に創業し、1451の自転車貸出場に2万台の自転車を置いている。同様のサービスはバルセロナやモントリオール、ワシントンDCでも実施されている。ヴェリブに出資するフランス屋外広告メディア大手のJCドゥコー[JCDecaux]社はリヨンとウィーンでも同じサービスを成功させている。しかし、ブリュッセルでこの事業を展開していたサイクロシティ社は破綻した。なぜ、無料自転車貸し出しがパリで成功し、ブリュッセルでは失敗したのだろうか?

常連利用者が1年間に払う金額は、パリよりもブリュッセルのほうが多かった

パリ
年間113ユーロ
年間登録料
1回の利用料
ブリュッセル
年間264ユーロ

利用者からいちいち料金をとらない:
パリでは登録料(1日1ユーロ、1週間5ユーロ、1年29ユーロ)を払えば、有効期間内に何回でも30分以内無料で自転車が利用できる。延長料金は60分1ユーロ、90分3ユーロ、2時間7ユーロといった具合だ。一方、ブリュッセルでは、利用者は年間10ユーロを払うだけで会員になれたが、利用のたびに30分につき0.5ユーロをとられた。それが問題だった。これだと1回に長い時間、自転車に乗る者だけがパリよりも得になる仕組みだったが、ブリュッセルは小さな町なので、平均の利用は20分ですむのだ。教訓はこうだ——人々は固定料金を支払えばあとは無料になるほうを好む。見えざる料金メーターにビクビクしたくないのだ。

自転車貸出場と自転車が多ければ、利用者も多くなる:
パリ中に1451の貸出場をかまえ、2万台の自転車を用意するヴェリブは、特定の地域に集中することなく、さまざまな地域のパリ市民にサービスしている。その結果、利用者の多くは通勤者だ。それに対して、ブリュッセルは23の置き場と250台の自転車しか備えていなくて、それも市の中心部にかたよっていた。なぜブリュッセルではネットワークが広がらなかったのか。ライバル会社のクリア・チャンネル社が市内の特定地域と広告契約を結んでいたので、広告ベースで運営するサイクロシティ社の貸出場をその地域につくれなかったからだ。

たりして、お金をかけない人が多い。それではiPodの年間売上げ四〇億ドルのうち、どれだけがフリーのおかげと言えるのかわからない。

また、マイスペースの六五〇億ドルの価値のうち、会員が無料で自作曲を公開していることの貢献度は、どれだけなのだろう。コンサート・ビジネスの二〇億ドルのうち、P2Pのファイル共有が貢献した分を金額に直せばどのくらいになるだろう。同様に答えられないケースは多い。フリーはそのまわりに多くの価値をつくるが、貨幣経済へ移らないものも多いので、正確な金額を計れないのだ。大雨と晴天の日はどれだけの価値があるのだろう。どちらも大地を豊かにするが、その恩恵はあまりに広範に及ぶので、正確には示せないのと同じだ。

では結論だ。広告とフリーミアムをあわせると、アメリカだけで楽に八〇〇億ドルの収入がある。それに従来からある広告収入で運営されるメディアを加えると、一一六〇億～一五〇〇億ドルになる。世界では、アメリカの三倍は軽く見込めるので、少なくとも三〇〇〇億ドルになる。

三〇〇〇億ドルは無料経済をおおざっぱ、かつ控えめに見積もった金額としては妥当だろう。もともとのフリーの形である内部相互補助（あるものをタダで配り、別のものの儲けで補う）をまったく足していないので、少なめの金額であることはまちがいない。また、フリーの真の影響力を正しく評価することもできていない。それは金銭と同じくらい金銭以外の面でも影響があるからだ。それでもこの数字は規模の大きさを教えてくれる。フリーは世の中にたくさんあり、そこで生まれている金額も大きいのだ。

最後にフリーの世界の規模をはかるために、どれだけの労働力が費やされているのかを見てみよう。たとえば、オープンソース業界を追っているオーロー[Ohloh]社が二〇〇八年に出した数字では、一四万六九七〇件ものプロジェクトに二〇万一四五三人が従事している。それはGMの従業員に匹敵し、フルタイムではないにしても大勢の人間が無償で働いていることがわかる。ケヴィン・ケリーはこの数字をウェブ全体に当てはめてみた。グーグルには一兆以上ものユニークなURLがある（何をユニーク・ページとするかはむずかしい。というのも、グーグルは動的URLと静的URLを区別するのに長けているとはいえ、訪問者がクリックをするたびにカタログがつくられるからだ）。

概算値を出すために、ここでは各ページ（あるいはポストやほかのパーマリンクを持つもの）をつくる作業――調査、構成、デザイン、プログラミング――に一時間かかるとしよう。するとウェブ全体で一兆時間の労働となる。

ウェブが始まってから一五年経つので、一五年のあいだに一兆時間が費やされてきたとすると、三二〇〇万人がその年月をフルタイムで働いたのと同じ計算になる。そのうちの四割が無償労働だったとする――フェイスブックやマイスペースのページ、ブログ、無数のディスカッション・グループのメッセージやコメントなどだ。その一三〇〇万人はカナダの就労人口にほぼ匹敵する。彼らがもしも給料をもらうとしたら、どのくらいが適当だろうか。格安に見積もって年二万ドルとすると、全体で年間二六〇〇億ドルになる。

つまり、フリーはひとつの国家規模の経済を持つのだ。それもけっして小さくはない国家の。

FREECONOMICS AND THE FREE WORLD

無料経済とフリーの世界

第11章 ゼロの経済学

──一世紀前に一蹴された理論がデジタル経済の法則になったわけ

一八三八年、パリに住むフランスの数学者、アントワーヌ・クールノーは、のちに経済学の傑作と評される著書『富の理論の数学的原理に関する研究』を出版した。その中でクールノーは、企業の競争をモデル化しようと試み、数学を駆使した結果、すべては製品の生産量に関係していると結論づけた。たとえば、ある企業が工場で皿をつくっていたとしよう。別の企業も皿をつくる工場を開こうとすると、両企業は市場に皿が氾濫して値崩れするのを恐れ、つくりすぎないように注意するだろう。結局、二社はともに皿の値段をできるだけ高く維持しようと、自主的に生産量を規制することになるのだという。

この本は、すばらしいアイデアを持つ著作によくあるように、最初は無視された。当時のフランス経済学界を支配していたフランス・リベラル学派の学者は興味を示さず、クールノーは落胆し苦い思いをかみしめた（それでも彼はすばらしい経歴を歩み、多くの賞に輝いて一八七七年に死んだ）。しかし、クールノーの死後、若い世代の経済学者たちがこの本に注目して、同世代から不当にも軽視されてきたと考え、クールノーの競争モデルは再検討されるべきだと主張したのだ。

一八八三年にジョセフ・ベルトランというやはりフランスの数学者が、クールノーのその著書を再評価する作業を始めた。ベルトランはその本が好きではなかった。ウィキペディアの「クールノー」の項目には次のように記されている。「クールノーはほとんどすべてにおいてまちがった結論に達している、とベルトランは考えた」。クールノーが生産量を競争の鍵としたことはあまりに恣意的だと思ったベルトランは、なかば冗談で、クールノーのモデルの主要変数を生産高ではなく、価格にして計算し直してみた。すると奇妙なことに、そこに現れたモデルは前と変わらず整然としていたのだった。

ベルトランの結論はこうだった。企業は生産量を制限し価格を上げて利益を増やすよりも、価格を下げて市場シェアを増やす道をとりやすい。実際に、企業は製造コストのギリギリ上、すなわち限界費用価格まで安くしようとする。価格が下がることで需要が喚起でき、価格を下げれば下げるほど需要は増える。

〈ベルトラン競争〉を簡単に言うと次のようになる。

競争市場においては、価格は限界費用まで下落する。

もちろん、ベルトランの時代に真の競争市場は多くなかったし、少なくともこのふたりの数学者のモデルが定義するような製品の多様性もなければ、価格操作もなかった。そのため他の経済学者はクールノーとベルトランの説を、理論家が複雑な人間の行動を無理やりむずかしい方程式に入れこんだものにすぎないと一蹴し、それからの数十年間は忘れ去られることになった。

だが、二〇世紀に入ると市場では競争がさかんになり、統計もとりやすくなったので、研究者は対立するこのふたりのフランス人のもとへと戻ってきた。経済学の大学院生が何世代にもわたり、どの産業はクールノー競争で、どの産業はベルトラン競争かを決めるべく調査した。くわしいことははぶくが、結論はこうだ。潤沢な市場では生産量を増やすのが簡単なので、ベルトランの理論が勝つ確率が高い。つまり、しばしば価格は限界費用まで下がるのだ。

今日のように、かつてないほど市場競争が激しくなり、モノやサービスの限界費用がほとんどゼロにまで下がるという事実がなければ、この問題は学術的関心にとどまっていただろう。しかし、オンラインの世界では情報がコモディティ化し、モノやサービスは容易にコピーできるので、ベルトラン本人もびっくりのベルトラン競争がくり広げられているのだ。

もしも「価格が限界費用まで下落する」のが法則ならば、無料はたんなる選択肢のひとつではなく、必然的に行き着くところになる。それは経済学における万有引力の法則で、私たちにできるのは、しばらくのあいだそれに抵抗することだけだ。ふーむ。

ちょっと待ってほしい。たしかソフトウェアは限界費用がゼロに近いはずだ。ところがマイクロソフトは〈オフィス〉や〈ウィンドウズ〉を数百ドルで売っているじゃないか。このふたつの違いをベルトランの理論は説明できるのだろうか。

答えはモデルの中の「競争市場」という部分にある。マイクロソフトの製品は、ネットワーク効果の恩恵を大いに受けている。つまり、その製品を使う人が多ければ多いほど、ほかの人もそれを使おうと思うようになるのだ。ウィンドウズのようなOSの場合、もっとも人気のOSがもっとも多くのソフトウェア開発者を引きつけ、そのOSで動くプログラムがつくられる。オフィスの場合は、ほかの人とファイルを交換したいので、自然とほかの人が使うプログラムを選ぶことになる。

両方の例はともに、勝者総取りの市場を生みやすく、だからこそマイクロソフトは市場を独占できたのだ。独占状態をつくれば〈独占レント〉を請求できる。それは、「オフィス」という商標名の入った箱に二枚のディスクを収めて、ディスクの製造コストは一〜二ドルにすぎないのに三〇〇ドルを請求できるということだ。

ベルトラン競争のもうひとつのポイントは、そのモデルが同じような製品間でもっとも当てはまることだ。だが消費者の目的に照らして、ある製品が他のものより圧倒的にすぐれているときは、価格を決定する第一の要素は限界費用ではなく限界効用――消費者にとって価値のあること――になる。オンラインの世界では、限界効用はサービスの特徴を反映するか、消費者がどれだけそのサービスにからめとられているかを反映する。

たとえば、世の中にはソーシャル・ネットワーキング・サービス（ＳＮＳ）がたくさんあるが、あなたのネットワークが全部フェイスブック内にしかなければ、たとえフェイスブックが有料になるとしてもそこから離れたくはないだろう。あなたにとって他のＳＮＳよりも限界効用がとても高いので、料金を支払ってもいいと思うのだ。しかし、新たに参入するユーザーは既存のネットワークを持っていないので、人気のあるＳＮＳの限界効用はどれも同じになる。だから、たとえば有料のフェイスブックと無料のマイスペースというふたつの人気ＳＮＳが選択肢として与えられれば、無料のほうを選びやすい。だからフェイスブックは課金しないのだ。既存会員はお金を払うかもしれないが、新規会員のシェアは無料のライバルに奪われるだろう。

独占状態も以前とは違う

二〇世紀後半は勝者総取りの市場が全盛だった。九〇パーセント、九五パーセント、さらにそれ以上というびっくりするほどの利ざやは、ベルトラン競争とは正反対のように見えた。それはソフトウェアにとどまらず、物質的財産よりも知的財産に価値の多くが由来する製品にも当てはまった。医薬品（製造費はタダ同然だが、研究開発費は数億ドルにのぼる）、半導体（医薬品と同じ）、さらにはハリウッド映画（制作費は高いが、複製をつくるのは安くすむ）はすべてこのカテゴリーに入る。

これらの産業では、いわゆる「収穫逓増の法則」から利益を得る。つまり、研究開発費や工場建設費などの製品の固定費は巨額だが、限界費用が低いときは、製品をつくればつくるほど一商品当たりに転嫁される固定費が小さくなるので、利ざやは大きくなるのだ。最大化戦略を追求する目的はそこにある。

ここには特に新しいことはない。経済学者のポール・クルーグマンは記している。一九世紀ヴィクトリア朝時代にはじめて需要と供給のモデルを形にした経済学者のアルフレッド・

マーシャルは、「熟練労働者を抱え、特化したサプライヤーがいて、広くノウハウが行き渡っているような」産業では、コストが徐々に下がると述べた（マーシャルが代表例としてあげたのは、イギリスはシェフィールドの食卓用金物メーカーだった。それらのメーカーは産業革命により銀器を大量生産できるようになっていた）。「収穫逓増の法則」は伝統的に生産サイドの事象を指しているが、デジタル市場では消費サイドでも収穫逓増による恩恵を受ける。つまり、製品の価値が高くなればなるほどより多く消費されるという好循環になって、市場を支配できるようになるのだ。

もちろん、これがうまくいくのは競争がない場合に限る。そうすることで利ざやがとても高くなるために、二〇世紀には競争を起こさないためのさまざまな効率的手法が実行された。市場を独占するほかにも、特許権や著作権、登録商標による保護があったし、企業秘密が大事にされ、小売店にライバルの商品を置かせないように強引な手が打たれることもあった。

こうした競争予防戦略の最大の問題は、それが以前ほど有効でなくなったことだ。複製技術（パソコンから生物医学装置まで）の発達にともなって、不正コピーはソフトウェアからコンテンツ、医薬品にまで及んでいる。世界最大の製造業を持つ国となった中国の存在が、特許権保護をむずかしくしている。そして、流通がオンラインでおこなわれるようになると無限の商品陳列スペースができたので、たとえば、どれほどウォルマートが魅力的でも、他の競争相手から消費者を遠ざけておくことは不可能になった。インターネットとは、民主化された生産ツール（コンピュータ）と民主化された流通ツール（ネットワーク）が合体したもので、ベルトランが頭の中だけで考えた現象を実現した。そう、真の競争市場である。

一世紀以上前に考えられて、同時代の経済学者から鼻であしらわれた理論経済学のモデルが突然に、オンラインにおける価格設定の法則になったのだ。

だが、オンラインではもはや独占を恐れることはない、と言いきるのはまだ早い。デスクトップのソフトウェア市場でマイクロソフトが恩恵を受けたネットワーク効果がウェブでも働いていることは、グーグルの万能ぶりを見ればわかる。それでもオンラインの疑似独占で興味深いのは、独占レントをめったにともなわないことだ。優位に立つグーグルでさえ、自社製品のワープロやスプレッドシート（グーグル・ドキュメント）に三〇〇ドルを課金できることはなく、無料で与えている。有料なのは大半が広告スペースで、その料金を決めるのも、グーグルではなくオークションなのだ。

それはフェイスブックやイーベイなど、オンラインの各ジャンルでトップに立つ企業にも当てはまる。彼らは力を持っているが、価格決定力はほとんど持っていない。フェイスブックは一〇〇〇ビュー当たり一ドル以下という底値でしか広告料を請求できないし、イーベイが掲載料を値上げしようとするたびに、売り手から利用しないぞと脅される。ほかの選択肢が多くあるので、それはこけ威しではない。

それではどうやって彼らは数十億ドルを稼ぐのだろうか。答えは規模の経済だ。「個々の取引では赤字だが、量を集めれば黒字になる」という古いジョークがあるが、彼らは、大多数との取引では赤字でも、比較的少数の人との取引でその分をとり戻すのだ。「比較的少数の人」と言っても、これらの企業は最大化戦略をとっているので、数千人から数百万人にも達する。それによってモノやサービスを安く手に入れられる消費者にとってこれはよいニュースだが、最大化戦略がとれない企業にとってはどうだろうか。結局、グーグルやフェイスブックのような企業がひとつあるごとに、ニッチ市場からけっして抜け出せない企業が数百も数千も生まれることになる。

市場はそれぞれ違うので、そういう企業がどうすればいいかについて、ひとつの絶対的な答えはない。フリーはあらゆる市場でいつでも消費者を引きつけるが、その周辺でお金を稼ぐには、特にユーザーを一〇〇万人単位で抱えているのでなければ（あるいは、抱えているときでさえも）、創造的に考え、試しつづけることが重要になる。本書の巻末にその例をいくつか載せている。

フリーはひとつのバージョンにすぎない

こうしたビジネスモデルの背景にある経済原則は、すでに紹介したフリーの四つの形に分類できる。そして、経済学はゼロという価格を問題なく受け入れている。価格理論は、顧客が違えば価格も違うという「バージョン化」にもとづいている。夕方にサービスタイムとしてビールを安く提供するのは、客の何割かがそのまま店に残って高いビールを飲んでくれることを期待しているのだ。

バージョン化の基本には、似たような製品を異なる顧客に異なる価格で売るという考えがある。私たちは、ガソリンをレギュラーとハイオクのどちらかに決めるときにバージョン化を経験しているし、映画を昼の安い価格の時間帯に見るときや高齢者割引を利用するときにもそうだ。これがフリーミアムの核心だ。あるバージョンは無料で、別のバージョンは有料になる。つまりマルクス主義の言葉を借りれば、消費者がお金を払うのが「支払い能力に応じて」から「必要に応じて」になったのだ。

価格理論からフリーが導きだされるもうひとつの道は、食べ放題などに見られる固定料金制だ。その例はネットフリックス［Netflix］の宅配ＤＶＤレンタルに見られる。月々定額料金で、一度に三枚まで好きなだけＤＶＤが借りられるというサービスだ。毎回のレンタルはタダで送料も無料なので、ユーザーからすれば、DVDを観て、郵便で返却して、新しいものを借りるという一連の流れで費用はかからない。毎月の会費を払っていても、「無料だと感じられる」のだ。

これは、経済学者がゼロに近い「限界価格」と呼ぶものの例で、ゼロに近い「限界費用」と混同してはならない。前者は消費者が経験することで、後者は生産者が経験することだ。だが、ネットフリックスのようにその両者を結合させられれば、最良のモデルとなる。

ネットフリックスのコストはほとんどが固定費だ。会員を募集し、維持し、配送センターをつくり、ソフトウェアを開発し、DVDを仕入れる。DVDを郵送する限界費用――わずかな郵便料金とわずかな労働力（ほとんどが機械化されている）、そして少しの著作権使用料――は、会員に与えられる選択肢や便利さと比べればきわめて低い。そして、ネットフリックスが自分たちの経済的利益（限界費用を下げるために、固定費をより多くのDVDに分散すること）と顧客のそれ（固定料金制はDVDを無料で借りられる気にさせる）を連動させることで、ともに勝者となったのだ。

ネットフリックスはスポーツクラブに似た点がある。スポーツクラブの固定費は施設設備費と人件費だ。会員が利用しないほうがクラブは儲かる。ほとんど利用しない会員が多ければ、クラブはより多くの会員を集められるからだ。同様にネットフリックスもDVD

の返却が遅ければ遅いほど儲けが増える。違うのは、スポーツクラブの会員は利用しないことで、さぼってしまったといやな気分になるが、ネットフリックスの会員はＤＶＤを数週間借りっぱなしでも、延滞料金が発生しないので、いい気分のままでいられる点だ。

　限界価格がゼロに近いビジネスは皆さんの身近にいくらでもある。バイキング方式の昼食、携帯電話やインターネットの使い放題プランなどがそれだ。どのケースでも、固定料金は限界価格の持つ負の心理的要素――料金メーターを気にしたり、けちっていると思われるのをいやがったりする――をとり除くので、消費者は気分よく消費ができるようになる。こうしたビジネスモデルは通常、製品の限界費用も低くなっているため、消費量が多くてもうまく機能するし、少なければより都合がいい（少なくとも生産者にとっては）。グーグルのチーフエコノミストで、フリーを経済学的に定式化した先駆者であるハル・ヴァリアンは次のように書いている。「スポーツクラブにとって最良の顧客はどんな人だろうか。それは会費を納めて、一度も来ない客だ」

　つまり、フリーは経済学にとって目新しいものではないが、それでもよく誤解される。無料の障害となるもっとも有名な要素に、いわゆる「ただ乗り《フリーライダー》問題」がある〔フリーライダーとは費用負担をしないで公共財の便益を享受する者〕。

フリーライダーは問題にならない

ジョージ・メイソン大学の経済学者のラッセル・ロバーツは、ポッドキャストで「エコノトーク」というすばらしい番組を配信していて、経済を解説するそのわかりやすい語り口で人気がある。二〇〇八年のあるとき、彼は次のような発言をした。

私が（ウィキペディアで）魅了されることのひとつは、もしも一九五〇年、六〇年、七〇年、八〇年、九〇年、さらには二〇〇〇年当時の経済学者に「ウィキペディアは成功するか？」と尋ねたら、ほとんどの人が「いいや」と答えただろうということだ。彼らはこう言ったはずだ。「無理だね。なぜならそれをやっても何も栄誉が得られないからだよ。利益もない。誰もがただ乗りするだろう。ウィキペディアがあったら読むけれど、フリーライダーの問題があるのですすんで項目を書く人間はいないはずだ」。でも、彼らはまちがっていた。フリーライダー問題を乗り越えるほどの強い喜びがあることをわかっていなかったのだ。

フリーライダーの問題はフリーランチの暗い一面だ。酒場にたむろしていた「フリーランチ族」のように、フリーライダーは公平なひとり分の資源を超えて消費するか、生産にかかるコストの公平なひとり分の負担よりも少なくしか払わない。だがこのときの「公平」の感覚はまったく主観的なもので、それが問題になるのは、経済学においてフリーライダーが市場に崩壊をもたらしたとされるときだけだ。たとえば、食い意地の張った学生数人がランチバイキングを食べ尽くした結果、バイキング方式自体がとりやめになったときに、フリーライダーが暴徒と化した例とされる。

しかし、ケイトー研究所に所属するコンピュータ科学者のティモシー・リーは、ふたつの理由から二一世紀的解釈ではフリーライダーはもはや問題にならないと記している。理由のひとつは、これまでのフリーライダーの問題が仮定するのは消費される資源コストが気になるくらいに高いとき、つまり、そのコストをほかのもので相殺しなければならない場合だからだ。ランチのバイキングではそれが当てはまるが、オンライン・コンテンツの大部分は訪問者が来ることを期待して喜んで無料にしているので、当てはまらない。コンテンツを見てくれることが充分な報酬となるのだ。

第二に、フリーライダーを心配する考えは、インターネットの規模の効果についてまったく判断を誤っている。たとえばPTAで、役員になる人がクラスにひとりしかいなくて、ほかの親がなんの協力もせずその人に「ただ乗り」していたら、その人はついにはキレてしまい、役員をやめるだろう。おそらく親の一〇～二〇パーセントが協力しないとPTA

のシステム自体が崩壊するのだ。
一方、オンラインでは参加者がはるかに多いので、全体の一パーセントでも協力してくれれば、ほとんどのコミュニティはうまくやっていける。受動的な多くの消費者も、問題になるどころか少数の貢献者にとっては報酬となる。彼らにとってそうした消費者は観客だからだ。

リーは記す。「この大勢の観客が、サイトに貢献する強力な動機づけになる。人々は、百科事典が大勢の読者を抱えているからこそ投稿しようと思うのだ。大量の『フリーライダー』、別名『ユーザー』こそが、ウィキペディアの編集者になることの最大の魅力のひとつなのだ」

つまり、オンラインでフリーが機能する理由を理解するのに学位は必要ない。ただ、経済学のテキストの頭から一〇章くらいを無視すればいいのだ。

これからの章では、二一世紀型フリーが過去のそれと異なる点をいろいろと見ていこうと思う。まずは注目や評判といった非貨幣市場の大きさを検討するとともに、いくつかは実際に金銭的価値に置き換えてみる。次に、「ムダ」という言葉の持つ意味について考えてみよう。私たちはムダを避けるように教えられてきたが、ときにはムダを追求すべき場合もあるのだ（稀少なものが潤沢になるとき、市場はその扱いを変える。安いコモディティを改良して、より価値のあるものにしようとするのだ）。それから現代におけるフリーの実験台になっている中国とブラジルを見てみる。さらに、フィクションの世界にもしばし立ち寄ってみよう。潤沢な社会を描いた小説家たちはどのような結末を用意したのだろうか。そして最後に、フリーの力を疑う人やそれを恐れる人などから発せられる異議について考えてみたい。

第12章 非貨幣経済
――金銭が支配しない場所では、何が支配するのか

一九七一年、情報化時代の夜明けに、社会科学者のハーバート・サイモンは次のように記した。

> 情報が豊富な世界においては、潤沢な情報によってあるものが消費され、欠乏するようになる。そのあるものとは、情報を受け取った者の関心である。つまり、潤沢な情報は関心の欠如をつくり出すのだ。

サイモンの観察は、最古の経済原則のひとつを表明したものだった。それは、「あらゆる

潤沢さは新しい稀少性をつくり出す」という原則だ。私たちは、自分たちがまだ充分に持っていないものに高い価値をつける。たとえば、職場で無料のコーヒーを好きなだけ飲めることで、よりおいしいコーヒーの需要を呼び覚まし、喜んでそれに高い料金を払う。そして、一流シェフの料理からブランド飲料水まで、プレミア商品は安価なコモディティの海から浮かびあがってくるのだ。

「人はパンのみにて生きる、というのはまったく正しい。パンがほとんどないときには」。アブラハム・マズローは一九四三年の画期的な論文「人間の動機に関する理論（*A Theory of Human Motivation*）」でそのように記した。「だが、パンが豊富にあり、いつも胃袋が満たされているならば、人間の欲求はどうなるだろうか？」

今や〈欲求段階説〉としてよく知られているマズローの答えはこうだ。「すぐに別（高次）の欲求が現れ、生理的空腹に代わってその肉体を支配する」。マズローの五つの段階の一番下には、食べ物や水などの生理的欲求がある。その上は安全の欲求で、三段目は愛と所属の欲求、四段目が承認の欲求で、最上段が自己実現の欲求である。自己実現とは、創造性などの意義あるものを追求することだ。

同様の段階構造が情報にも当てはまる。ひとたび基本的な知識や娯楽への欲求が満たされると、私たちは自分の求めている知識や娯楽についてより正確に把握できるようになり、その過程で自分自身のことや自分を動かしているものについてもっと学ぶことになる。それが最後に私たちの多くを、受け身の消費者から、創作に対する精神的報酬を求める能動的な作り手へと変えていく。

通常、消費者市場で私たちは、お金に稀少性があるからこそ、潤沢な商品の中から自分にあったものを見つけることができる。なぜなら自分に払えるものしか買えないからだ(クレジットカードを利用しても、結局は同じだ)。資本主義は消費者が何に喜んでお金を払うかといった需要を記録することができる。しかしオンラインの世界では、ますます多くの製品がソフトウェアの形にデジタル化され、無料で提供できるようになっている。そこでは何が起きるのだろうか。もはやお金が市場におけるもっとも重要なメッセージではなくなり、それに代わってふたつの非貨幣要因が浮上してくるのだ。

ふたつの要因はよく「注目経済」と「評判経済」と呼ばれる。もちろん、市場にとって注目も評判もなんら新しいものではない。テレビ番組は注目を得ようと競いあうし、ブランドは評判を争う。セレブは評判を高めてそれを注目に変える。だが、オンラインで起きているユニークな事態は、この注目と評判が測定可能なものになり、日々、実体経済のようになってきていることだ。

「経済」の定義はなんだろうか。一八世紀中頃まで「経済」という言葉は政治と法律の分野で使われていた。しかし、アダム・スミスが経済学を「市場を研究する学問」と定義することで、その言葉に近代的意味を与えた。現在、経済学は簡潔に「稀少な資源をめぐる選択の科学」と言われている。

今の経済学は貨幣市場の研究にとどまらない。一九七〇年代以降、行動経済学や神経経済学などの下位専門分野が誕生して、人間の選択の仕組みをインセンティブにもとづいて説明しようとしている。注目や評判は、市場の公式な定義には登場しないが、しばしばこうしたインセンティブに含まれる。

経済学の用語を使って注目経済を説明しようという賢い試みがいくつかある。たとえば、ドイツの経済学者ゲオルグ・フランクは一九九九年にこんなひねりのきいた表現をした。

私が他人に払う注目の価値が、私が他人から受ける注目の量によって決まるとすれば、そこには個々人の注目が社会的株価のように評価される会計システムが生まれる。社会的欲求が活発にやりとりされるのはこの流通市場だ。注目資本の株式取引こそ、「虚栄の市《バニティ・フェア》」を正しく体現したものにほかならない。

しかし当時、どうやって注目を数量化するかについてフランクにできたのは、「メディアに登場する人物の存在感」を大まかにはかることだけだった。

もしも、注目や評判を金銭のように数量化できたらどうだろうか。それらを適切な市場で扱えるような形にすれば、経済学者が貨幣経済学で使っている方程式でそれらを説明し、定式化できるのではないだろうか。そのためには、注目と評判も従来の通貨と同じ特徴を持つ必要がある。すなわち測定でき、有限で、交換可能という特徴だ。

私たちはそれを実現しようとしている。一九八九年にティム・バーナーズ゠リーの開発したハイパーリンクのおかげだ。それは単純なもので、「http://」で始まる文字の羅列にすぎない。だが、それがつくり出すのは注目と評判を交換するための正式な言語であり、両者のための通貨だ。今日、皆さんが自分のブログを誰かのサイトとリンクすれば、皆さんは事実上、自分の評判の一部をその人に与えたことになる。皆さんはブログを見てくれる人にこう言っているのだ。「ここを出て、あのサイトに行くといいよ。たぶん気に入るはずだ。もし気に入ったら、それをすすめた僕の評価も上がるだろう。そうなれば、きっと僕のブログをもっと見てくれるだろうね」

こうして評判をやりとりすることで、両者を富ませるのが理想だ。よいものを推薦すれば、読者の信頼を得られるし、推薦されたほうも信頼される。こうして信頼がトラフィックを生みだすのだ。

現在、本物の評判市場は存在する。グーグルがそうだ。グーグルのページランク・アルゴリズムは、ウェブという意見のネットワークにおいて決定的に重要なリンク数を測定するもので、オンラインにおける評判の通貨としてこれ以上のものはないだろう。そして、ウェブ・トラフィックにまさる注目の測定基準はない。

ページランクは、冗談みたいに単純なアイデアなのに、大きな力を発揮する。基本的にリンク数を人気投票だと考えて、リンク数の多いサイトにリンクされることは重要で、少ないサイトにリンクされることはそれほど重要でないと考えるのだ。この種の計算はコンピュータにしかできない。なぜなら、ウェブの全リンク構造を記憶して、各リンクを帰納的に分析しなければならないからだ（興味深いのは、ページランクがベースにしているのが、それ以前に科学論文を対象としてはるかに小さな規模でおこなわれた研究だということだ。論文の著者の評判は、その論文がどれだけ多く他の研究者から引用され、脚注に記載されたかで測定され、そのプロセスは引用分析と呼ばれた。学術上の評判は、終身在職権や助成金などあらゆることに影響するので、これ以上の明確な評判経済はない）。

経済学の観点からは、次の算定式を使って評判経済を注目経済に変え、現金に換算できる――あるサイトの経済的価値＝《イコール》ある一定期間のうちにページランク（1~10段階評価）によってグーグルの検索結果ページに載ることで生まれるトラフィック量×《かける》検索されたキーワードの、その期間内における価値（ページランクで順位が高いほどトラフィックが多いことを意味する。というのも、検索結果の上位に早くそのサイトが現れるからだ）。そして、グーグル・アドセンスの広告をそのサイトに掲載して収入をグーグルと分けあうことで、このトラフィックを通常の現金に変えることができる。

好き嫌いにかかわらず、今日、私たちの生活の少なくとも一部はグーグル経済にかかわっている。一般的なサイトではトラフィックの四分の一から半分がグーグル検索からのものだ。「SEO（検索エンジン最適化）」と呼ばれるひとつの業界があり、グーグル検索においてサイトが上位に来るように手伝っている。ページランクは評判を扱う金本位制なのだ。

これによってグーグルの共同創立者のラリー・ペイジ（ページランクの「ページ」は彼の名前にも由来している）が、グーグル経済における中央銀行になっている。つまり、彼とグーグルの社員が通貨供給量をコントロールしているのだ。彼らは通貨の価値を保つように、常にアルゴリズムを微調整している。ウェブの成長にあわせて評判の基準をむずかしくして、ページランクのインフレを防いでいるのだ。リンクスパム形式など、ページランクを故意に操作しようとするサイトを見つけたときには、アルゴリズムを修正して、それが検索結果に出てこないようにする。グーグルは検索結果の相関性をライバルの検索エンジンよりも高く保つことで通貨の価値を維持している。だから、グーグルは高い市場シェアを保てるのだ（現在は七〇パーセントに達している）。ＦＲＢ（米連邦準備制度理事会）議長の仕事もこれとそれほど変わらないはずだ。

しかし、最近の中央銀行を見ればわかるように、ひとつの通貨をコントロールすることと、経済全体をコントロールすることとはまったく違う。グーグルをウェブ世界におけるアメリカ合衆国だと考えてみよう。すると、あまたある評判と注目経済の中では、グーグルはたんに最大規模のプレーヤーにすぎない。評判と注目経済は閉じた経済ではなく、より大きなウェブ経済の一部でしかない。グーグルのまわりに無数の評判と注目の経済があり、それぞれが独自の通貨を持っているのである。

フェイスブックとマイスペースには「友達《フレンド》」機能がある。イーベイは売り手と買い手をランクづけしている。ツイッターには「フォロワー」があり、スラッシュドットには「カルマ」というユーザー評価がある。それぞれのケースでユーザーは評判という資本を築き、それを注目に変えることができる。さらにこの注目をお金に変える方法を思いつくかどうかは、それを望む人にまかされるが（ほとんどの人は望まない）、注目と評判の数量化は今や、世界中でおこなわれている。自覚しているか否かは別にして、私たちはその市場に参加しているのだ。かつては実体のないものだった「評判」が、どんどん有形のものになっている。

ウェブ上にはそうした経済すべてが同時に存在し、注目の波にさらされて浮き沈みしている。注目を完全にコントロールしようとしても無理な相談だ。それでも、ある閉ざされたオンライン経済のジャンルが成長しつつあり、そこでは中央銀行が強大な権力を持っている。それはウォーハンマーやリネージュ［Lineage］などのオンラインゲームの経済だ。そこでは普通、注目という通貨と実際のお金というふたつの通貨が使える。注目通貨とはゲームをプレーして稼げる仮想通貨で、それを稼ぐ手間暇を惜しみたければ実際のお金で買うこともできる。

いずれのゲームでも運営会社は真剣に中央銀行の役目を果たしている。もしもウォーハンマーの開発者がゴールド供給量の上限を守らなければ、その価値は下がり、転売市場は崩壊するだろう。ゲームの設計者はしばしば、ゲーム内の経済システムを構築するときに、現実経済で起こる流動性不足や詐欺といった問題を避けるために、経済学者の知恵を借りる。

それでも結局、こうしたゲームは究極に稀少な「時間」を中心に回る。まさに時は金なりで、ゲームの経済システムの中核には時間とお金のトレードオフ関係がある。お金より時間を持っている若いプレーヤーは、プレーをして注目通貨をコツコツと貯めることがで

どうして大学の授業がタダになるのか?

私たちはカリフォルニア大学バークレー校に入学しなくても、リチャード・A・ミュラー教授の人気講義「未来の大統領のための物理学」を受講できる。それはユーチューブで配信されていて、そこにはほかにもバークレー校の100人を超える教授の講義がアップされて、合計で200万回以上も視聴されている。バークレー校のほかに、スタンフォード大学やマサチューセッツ工科大学(MIT)もユーチューブに講義をアップしている。そしてMITのオープンコースウェア[OpenCourseWare]構想では、講義ノートから課題や講義のビデオまで、ほぼすべてのカリキュラムをオンライン化している。もしも、これらの大学に入学して講義を受けるとしたら、1年間で3万5000ドルはかかる。なぜそれを無料にするのだろうか?

講義だけが大学教育ではない:
学位はユーチューブを見ていても取得できないという当然の違いに加え、大学教育はそもそも講義と読書だけではない。授業料を支払うとは、ミュラーのような教師に質問をし、アイデアを共有して、指導を受ける権利を買うことと同義なのだ。また、学生のネットワークに加わってアイデアを交換し、助けあい、関係を築くこともできる。大学側とすれば、優秀な学生に自分の学校を選んでもらいたいので、無料コンテンツをマーケティング手段としているのだ。具体的なプログラムや教授のサンプルをびっくりする価格で提供することで、学生を引きつけたいのだ。

専門知識の需要をつくる:
今日まで、ミュラーの講義のひとつは20万回も視聴された。それはバークレー校のフットボール場が収容できる人数の3倍に当たる。ミュラーはウェブ上の有名人になり、講義用教科書を一般向けに書き直して2008年夏に発売した著書、『未来の大統領のための物理学(*Physics for Future Presidents*)』は大手新聞各紙の書評でとりあげられ、発売後数カ月経っても、アマゾンのベストセラーリストの上位にとどまっていた。

きる。その逆に、時間よりお金を持っている年配のプレーヤーは、注目通貨を購入することで近道ができる。ゲーム設計者は両者のバランスをとり、どちらの方法でも競いあうことができ、ゲームを進められるようにする。そうすることによって設計者は、歴史上類を見ないほどに数量化された非貨幣経済をつくっているのだ。

贈与経済

一九八三年に社会学者のルイス・ハイドは『ギフト――エロスの交易』を著し、贈り物について考察した。これは、対価を請求することなく人にモノを与えるという、もっとも古くからある社会習慣の構造を説明しようとしたはじめての本のひとつだ。ハイドが注目したのは主に南太平洋の島などの土着の社会で、そこにはちゃんとした貨幣経済がなかった。その代わりに、贈り物の交換や儀式を通じて名声が築かれ、その文化的通貨が貨幣の代役をしていたのだ。

そうした社会の多くは、食物が木々からいくらでも採れるなど天然資源に恵まれていたので、基本的な物質的欲求は満たされていた。そのため、彼らはマズローの段階を登って社会的欲求に集中することができた。そこで贈り物は社会を結びつける役割を果たしていた。ネイティブ・アメリカンのいくつかの部族には、贈り物をもらったら返礼をしなければならないという暗黙のルールがあった（贈り物返し）。また、贈り物は自分で保有しないで別の人にあげるべきだとされた（贈り物は動きつづけなければならない）。今日、「インディアン・ギバー（Indian giver）」という言葉は、「返礼目当てでものを与える人」という悪い意味を持つが、それはハイドが観察した社会に由来する言葉だった。それらの文化では誰も贈り物を自分のものにはできない。贈り物は善意の象徴であり、人々のあいだを回りつづけることでそれが保持されるのだ。

ハイドは実際にモノがやりとりされる贈与経済に注目したが（今日では、フリーサイクルにそれが見られる（次ページのコラム参照））、いつの時代にも世の中には、行為を無償で提供しあう、より大きな贈与経済が存在してきた。一過性でとらえどころのない贈与経済は、注目と評判の経済と同じで、オンラインの世界に移ったとたんに突如として明白で測定できるものになりつつある。

私が働いている従来型のメディアにおいては、文章を書けば原稿料がもらえる。最低水準が一語一ドルで、売れっ子になると一語三ドル以上となる。私がこの文章を高級誌のために書いているとすれば（そして、うぬぼれて最高水準の原稿料をもらえると仮定すると）、この一文だけで数十ドルになる。だが、状況は変わった。直近の調査では、コンスタントに更新されているブログは一二〇〇万もあり、そこでは個人やグループが少なくとも一週

フリーサイクル経済の潜在価値

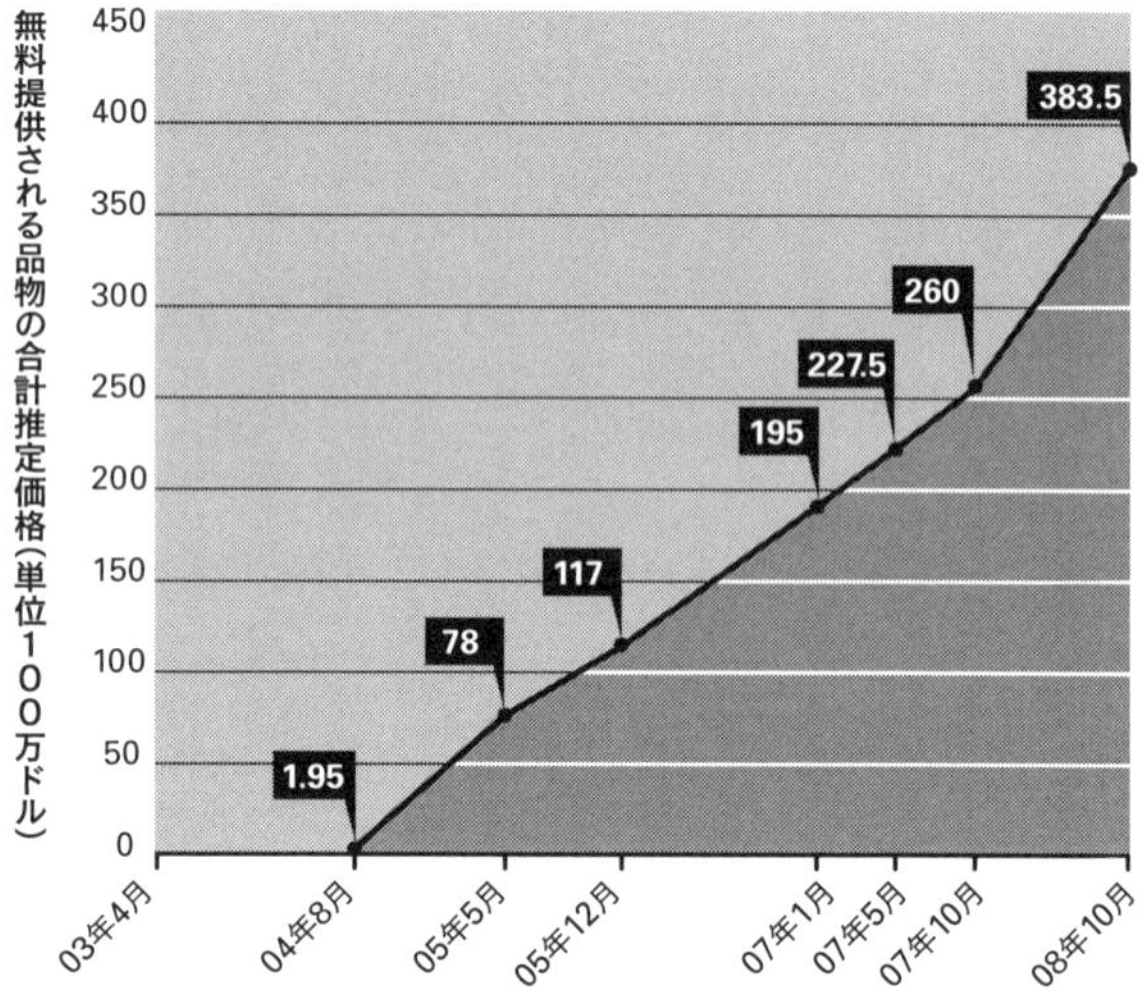

どうして数百万点の中古品をタダで提供できるのか？

すべては1台のベッドから始まった。2003年の春にアリゾナ州トゥーソンに住むデロン・ビールは、地元の慈善団体にベッドを寄付しようとしたところ、古いマットレスは衛生面の心配があるから受けつけられないと断られた。そこで、ゴミを減らすために、彼はフリーサイクル[freecycle.org]を立ち上げた。不用品を売ったりゴミ捨て場まで持っていったりする手間がいやな人と、モノをほしい人を結びつけるサイトだ。

フリーサイクルは非営利で、グーグルによるスポンサーバーをわずかに置いているだけの広告収入から、ささやかな予算で運営されている(年14万ドル)。地元のボランティアの仲介者によって自主的に組織されたヤフーグループ〔無料のメーリングリスト・サービス〕によって運営され、会員になりたい者は入会の動機を200字以内で記さないと、入会を認められない。ひとたび「ギブ・アンド・テイク」の精神を理解した者には、たくさんの無料のモノが待っている――革製ソファ、テレビ、エクササイズ用バイクなどなど。

贈与経済はたしかにウェブ以前から存在していた。だが、贈与を広めるのにウェブほど効果的なプラットフォームはなかった。ある意味で、配信コストゼロのオンラインが、物事をシェアすることをひとつの産業へと変えたのだ。シェアリング・イズ・ギビング[sharingisgiving.org]やフリーサイクル・アメリカ[freecycleamerica.org]、フリーシェアリング[freesharing.org]といった同様のサイトも生まれている。クレイグスリストのユーザーも無料のモノを出品している。それでも、全面的にフリーに支えられているコミュニティを熱心かつ活発につくっているサイトはフリーサイクルしかない。

現在、デロン・ビールのつくったこのサイトは成果をドルではなく、出品されたモノの重さ(1日600トンにもなる)、会員数(4619のヤフーグループの延べ590万人)、国数(85カ国)ではかっている。2008年には、590万人の会員が1日に約2万点を寄付して、合計は800万点になった――会員1人につき1点以上の計算だ。仮に、その無料の品々がクレイグスリストで1点50ドルで売れるとすれば、現在の会員数にもとづくフリーサイクルの経済規模は、年間3億8000万ドル近辺になる。

間に一回は書きこみをし、数十億語を生みだしている。その中で、報酬をもらっている書き手は数千人しかいない。

贈与経済は私たちの身近にある。アマゾンの商品レビューがそうだし、映画ファンがつくったIMDb（インターネット・ムービー・データベース）——世界でもっとも多くの映画と映画監督をとりあげている概説サイト——がそうだ。なかには、ディスカッション・フォーラムのサポート・グループによる数多くの私的なポストもあるが、ゲームプレーヤーがつくったコンピュータゲームのガイドや、さまざまなカタログなど、作成に数週間や数カ月を要するものもある（つまり、趣味でその道をきわめて、それを分け与えてくれる人がたくさんいるのだ）。

これは何も新しいことではない。人々はいつでも何かをつくり、無償で与えてきた。それを「仕事」と呼ばなかったのは報酬をもらわないからだが、私たちが他人に無償で助言をしたり何かをしてあげたりするその行為一つひとつは、違う状況では誰かが仕事にしているかもしれないことなのだ。突然にプロとアマチュアが同じ注目という市場に立つことになり、両者の世界が競いあうことになった。そして、数ではアマチュアが断然、勝っている。

アマチュアの創作意欲を動機づけるのは、お金でなければなんなのだろうか。贈与経済を動かしているのは寛大な心だ、と多くの人は思っているが、ハイドが南太平洋の島の住人を観察したところ、彼らは強い利他主義者でもなかった。つまり、アダム・スミスは正しかった。啓発された利己主義こそ、人間のもっとも強い力なのだ。人々が無償で何かをするのはほとんどの場合、自分の中に理由があるからだ。それは楽しいからであり、何かを言いたいから、注目を集めたいから、自分の考えを広めたいからであり、ほかにも無数の個人的理由がある。

二〇〇七年に、オライリー・メディアの編集者のアンディ・オラムは、ユーザーがつくった驚くほど多くのマニュアルに注目した。ソフトウェアやハードウェア、ゲームなどについて、正規のものよりもはるかにくわしいマニュアルだ。それをつくろうとした動機に興味を持ったオラムは、一年をかけて調査し、その結果を発表した。もっとも多い理由は「コミュニティ」だった。コミュニティの一員であることを感じ、その繁栄に貢献したいと思うのだ。二番目に多い理由は「個人の成長」だった。マズローの欲求段階では最上階にある自己実現に当たる。三番目は「助けあい」で、そう答えた人の多くは、社会学者が「熟練者」と呼ぶ、自分の知識を喜んで分け与える人だろう(おもしろいことにオラムの調査では、評判の順位は低かった)。

では、人々はそんなことをする時間をどうやってつくるのだろうか。ほかの何かをしないことによってだ。社会的・精神的報酬を得られないことをするのをやめるのだ。テレビを見る時間の一部を割くことを想像してみるといい（実際のところ、それは想像にとどまらない。近年の傾向を見ると、テレビの視聴時間はすでにピークを過ぎている。人々は同じ画面でも、消費するだけでなく生産もできるコンピュータの画面を選ぶことが増えているのだ）。

食住をはじめとするマズローの言う物質的欲求を、朝から晩まで畑で働かなくても得られる世界では、コンピュータで言う「スペアサイクル」（コンピュータが何もしていない時間）、あるいは社会学者の言う「思考の余剰」を私たちは見いだす。仕事だけでは活かしきれないエネルギーや知識のことだ。同時に私たちには、仕事では満たしきれない精神面や知性面の欲求もある。私たちは自分が重要だと思う領域で無償労働をすることによって、尊敬や注目や表現の機会や観客を得ることができるのだ。

要するに、私たちが報酬なしでも喜んですることは、給料のための仕事以上に私たちを幸せにしてくれる。私たちは食べていかなければならないが、マズローの言うとおりで、生きるとはそれだけでない。創造的かつ評価される方法で貢献する機会は、マズローがすべての願望の中で最上位に置いた自己実現にほかならず、それが仕事でかなえられることは少ない。ウェブの急成長は、疑いなく無償労働によってもたらされた。人々は創造的になり、何かに貢献をし、影響力を持ち、何かの達人であると認められ、そのことで幸せを感じる。こうした非貨幣的な生産経済が生まれる可能性は数世紀前から社会に存在していて、社会システムとツールによって完全に実現される日を待っていた。ウェブがそれらのツールを提供すると、突然に無料で交換される市場が生まれたのである。

第13章 （ときには）ムダもいい

――潤沢さの持つ可能性をとことんまで追究するためには、コントロールしないことだ

私の会社ではときおり、社員は「共用フォルダから不要なファイルを削除する」時期になりましたという電子メールがIT部門から送られてくる。これは、会社のコンピュータの記憶装置の容量が満杯になったことをIT流に表現したものだ。私たちは善良な企業市民なので、みんな熱心にサーバー上のフォルダを見て、各ファイルが本当に必要なのかどうかを判断し、なくてもいいものは削除する。たぶん皆さんも同じことをやっているのではないだろうか。

こんなことを何年も続けてきたある日、私はわが社のIT部門はどれだけの記憶容量を持っているのかと疑問に思った。皆さんにヒントをお知らせすると、その時点で記憶容量

一テラバイト（一〇〇〇ギガバイト）当たりのコストは約一三〇ドルだった。また、この少し前に、私は自宅用にデル社の標準的なデスクトップ・コンピュータを買っていた。子どもがゲームをしているそれは一テラバイトのハードディスクを内蔵している。

ということは、私の会社全体ならどのくらいになるだろうか。実は、まったく少なかった。わずか五〇〇ギガバイト（二分の一テラバイト）だ。うちの子どもは私の会社全体の二倍の記憶容量を持っていたわけだ。

どうしてこんなことが起きたのだろう。答えは簡単だ。どういうわけか、記憶装置は高価なものだと私たちが信じ込んでいたのだ。実際には、とるに足りないほど安くなっていたというのに。私たちは、ハードディスクの容量という潤沢なものを稀少なもののように扱い、社員の時間という稀少なものを潤沢なもののように扱っていた。まったく逆にしていたのだ（急いでつけ加えておこう。会社はすぐに大量の記憶容量を追加し、くだんのメールは二度と送られなくなった）。

これと同じことが、あらゆるところで起きている。利用している電話会社にボイスメールの録音件数が一杯だと言われたら、それは人為的な稀少さにほかならない――一〇〇件のボイスメールを保存する費用は数セントもかからないし、普通のiPodでも三万件のボイスメールを保存することができるのだから（ボイスメールの録音は音楽よりも低い品質でいいので、必要とする容量が少ないのだ）。電話会社が利用者に録音メッセージを消去させることは、顧客に多くの時間を使わせることで、記憶容量にかかるわずかばかりのコストを節約することを意味する。彼らは、自分たちで計測できる稀少性（記憶容量）は管理しているが、それよりずっと稀少なもの、つまり、顧客の善意を管理することを怠っているのだ。ケーブルテレビ会社についで、電話会社が「もっとも嫌われている」業種ランキングの二位であることに不思議はない。

これはムダを受け入れるための教訓だ。カーヴァー・ミードはトランジスタをムダにすることを説き、アラン・ケイがそれに応えて視覚的に楽しいＧＵＩをつくり、それによってコンピュータが使いやすいものになった。それと同じで今日の革新者とは、新たに潤沢になったものに着目して、それをどのように浪費すればいいかを考えつく人なのだ。うまく浪費する方法を。

だがおもしろいのは、ムダというのは常に、稀少だと人が思うものと結びついていることだ。私たちの祖父母は、長距離電話がまだ高価なぜいたくで、あらかじめ曜日や時間を決めておいて短くすませるものだった時代に育った。今日でも、この世代の人々に長時間の長距離電話をさせることはむずかしい。彼らの頭の中では今でもカチカチと鳴る料金メーターの音が聞こえるので、急いで電話を終わらせようとする。反対に、私たちの子どもたちは、携帯電話の長距離通話が近くの通話と同じ料金でかけられる時代に育った。だから何時間でもおしゃべりを楽しむ。一九五〇年代の電話料金からすると、それはとてつもなくムダな行為だ。だが、そのコストがほとんどゼロまで落ちた今日、私たちはそれを気にすることをやめた。もはやムダだと感じないからだ。つまり、世代が違えば稀少なものも潤沢なものになりうるのだ。

自然は命をムダにする

私たちの脳は、ムダなことに抵抗を感じるように配線されているようだ。だが、それは私たちがほ乳類だからであり、自然界では比較的めずらしいことだ。ほ乳類は、動物の世界でもっとも子どもの数が少なく、その結果、私たちは子どもが大人になるまで守るために膨大な時間と手間を費やす。人間ひとりの死は悲劇であり、ときには残された者が二度と立ち直れないこともある。そして、私たちは個人の命を何よりも大切にしている。

そのため、私たちはムダに関して非常に発達した倫理観を持っていて、気に入らないおもちゃや食べ残しを捨てることに罪悪感を覚える。その感情にちゃんとした理由があるときもある。浪費によって社会的コストが増えることを理解しているときだ。だがたいていは、たんに私たちのほ乳類としての脳が、罪悪感を覚えるようにプログラムされているからなのだ。

自然界の他の生き物はそうではない。クロマグロは一回の産卵で一〇〇〇万個もの卵を放出する。成体になるのは、おそらくそのうちの一〇個くらいだ。ひとつが生き残るために一〇〇万個が死ぬ計算になる。

自然は、よりよい命を探すために命をムダにする。失敗に失敗を重ねながら、新しいDNA配列がときに古い配列を駆逐することを期待して遺伝子を変異させる。そのようにして種は進化する。生殖の優位性を決める過酷な争いによってその創造物のほとんどをすばやく殺すことで、自然はみずからの創造物をテストするのだ。

自然界にこれほどムダが多い理由は、数学者が言う「ありうべき空間の完全な探査」をおこなうためには、やみくもに撃ちまくる戦略が最良の方法だからだ。砂漠に少し離れてふたつのオアシスがあるところを想像してほしい。片方のオアシスのふちに生えた木には、子孫を残すためにふたつの戦略のどちらかをとることができる。自分の根の近くに種子を落とせば、その種子が水を得られる可能性は非常に高い。これは安全だが、すぐに過密状態を招くことになる。あるいは、種子を空中に投げあげ、遠くまで風に運ばせることもできる。これは、ほとんどすべての種子が死ぬことを意味するが、もうひとつのオアシスを見つける唯一の方法だ。そこを新しい生息地として、おそらくはより豊かに繁栄することができる。数学者が言うところの「局所的最大値」から「大域的最大値」へいたる道とは、その途上で多くの「最小」を探索して、消していくことなのだ。ムダは多いが、最終的にはうまくいく可能性がある。

SF作家のコリイ・ドクトロウは、これを「タンポポの考え方」と呼んでいる。

タンポポの視点から見れば、個々の――というよりほとんどの――種子の損失は重要ではない。重要なのは、春が来るたびにすべての舗装道路のすべての裂け目がタンポポで埋まることだ。タンポポはただひとつの貴重な自分のコピーを世話して、それがやがて自分のもとを離れ、注意深く道を選んで生育に最適な環境へと到達し、そこで家系を永続させることを望んだりしない。タンポポが望むのは、あらゆる繁殖の機会を利用することなのだ。

これがムダを受け入れる方法だ。種子は気にならないほど安い。私たちはたくさんのものを捨てることには罪悪感を抱くし、受け入れにくいと感じるかもしれないが、これが潤沢であることの利点を適切に活かすための正しい方法なのだ。

自動掃除機のルンバのことを考えてみてほしい。円盤形のルンバが動くのを眺めていると、そのマヌケさを残念に思わずにはいられない。でたらめに部屋の中を行ったり来たりしながら、急に引き返して、あきらかに汚れている部分をそのままにしたりする。ところが、どういうわけか最後には、不規則に動いていてもカーペット全面をあまさずカバーしてきれいにする。人間がやれば五分で終わることがルンバには一時間かかるかもしれない。だがそれは自分の時間ではなく機械の時間だ。そして、機械にはいくらでも時間があるのだ。

ネコの動画のために世界を安全にする

おそらく、ムダを受け入れることのすばらしさをもっともよく体現しているのはユーチューブだろう。ユーチューブは「クズばかり」だからテレビの脅威にはならないだろう、と言う人がよくいる。クズばかりなのは、私も本当だと思う。ただ、何を「クズ」と思うのかは人それぞれに違う。その反対の「質のよいもの」だって同じだ。おもしろいネコの動画を探している人には、私が気に入っているハンダづけのやり方の解説動画はまったく興味がないだろう。同様に、私はテレビゲームの超絶テクニックなら見てみたいが、料理の講習にはなんの興味もない。それに、自分の愛する家族のビデオはもちろん自分たちにとっては楽しいものだが、ほかのすべての人にはまったく退屈なものだ。クズは見る者の目の中にあるのだ。

ユーチューブでもっとも人気のある動画でさえ、標準的なハリウッド映画の質にはまったく及ばない。解像度は低く、照明は下手で、音声も聞きとりにくく、話の筋など存在しない。しかし、そんなことは関係ない。なぜなら、もっとも重要なのは関連性だからだ。私たちが選ぶのはいつでも、自分が求めていない「質の高い」動画ではなく、「質が悪く」ても、求めている内容の動画なのだ。

わが家では、週末に子どもたちが映画を観ることのできる、二時間の映画タイムを設けている。あるとき、私は『スター・ウォーズ』の日にしようと提案して、子どもたちに選択肢を与えた。高品質のDVDに収められたシリーズ六作の中から好きな映画を、ハイビジョンの巨大画面とサラウンド・システム、さらにポップコーンつきで楽しむことができる。あるいは、ユーチューブにアクセスして、レゴでスター・ウォーズの場面を再現した、九歳の子どもがつくったストップモーション・アニメを見ることもできる。子どもたちは、ためらうことなくコンピュータの前に駆けていった。

私の子どもをはじめ、多くの子どもたちはジョージ・ルーカスのつくったスター・ウォーズに実はそれほど興味がないのだ。彼らは、自分たちと同じような仲間がつくったスター・ウォーズのほうに興味がある。カメラのぶれや画面に映りこんだ指など、まったく気にしない。私が子どもだった頃は、おもちゃから弁当箱までスター・ウォーズ関連商品が子どもの世界にまで広がっていた。だが、私の知るかぎり、子どもがレゴでストップモーション・アニメをつくることなど当時は誰も考えなかった。

コマ送りのスター・ウォーズを観たいという需要はずっとあったに違いないが、それに応えようと考えるマーケティング担当者がいなかったので表に出なかったのだ。だが、私たちがユーチューブを手に入れ、何かをするのにマーケティング担当者の許可が必要なくなると、隠れていた市場が突然に姿を現した。マーケティング担当者が見逃していた分野を私たちみんなで発見したのだ（こうしたアマチュアのつくるスター・ウォーズ市場は、ファンによるオリジナル小説から「第五〇一軍団」まで何十もある。ちなみにこの軍団は、銀河帝国軍ストームトルーパーの手作りの精巧なコスチュームを着て集まる大人の集団だ）。

ユーチューブにあるこれらの雑多な動画はすべて、肥沃な地面を探して飛ぶタンポポの種子そのものだ。ある意味で私たちは、よりよい映像を探して「映像をムダに」することで動画の可能性を探っているのだ。ユーチューブは、未来のテレビをつくるために何も考えずに動画をアップロードするという、大規模な集団実験にほかならない。遅かれ早かれ、ユーチューブや同種のサービスを通じて、制作することの可能なすべての映像が制作され、映画監督になれるすべての人が映画監督になるだろう。すべてのニッチは探索され、探索コストが下がるとさらに行き当たりばったりの方法で探索されるようになるのだ。

その映像が流すのにふさわしいかどうかを判断する人は誰もいない。なぜなら、限られた放送枠などないからだ。配信コストは今や無料と見なせるほど安くなった。現在、ひとりの人間に一時間映像を流すコストは約二五セントだ。来年には一五セントになり、再来年には一〇セントを切るだろう。だからこそ、ユーチューブの創始者は無料と自由の両方を提供したのだ。その結果は混沌状態と言えるもので、あらゆる意味でテレビ関係者の直感に反するものとなったが、それこそは潤沢さが必要とし、要求することなのだ。もしユーチューブがやらなければ、他の誰かがやっていただろう。

つまるところ、これは潤沢なものに対処する考え方と、稀少なものに対処する考え方の違いなのだ。限られた資源（たとえばゴールデンタイムのテレビの放送枠）を管理しているならば、資源をムダにしないための正しい判断が必要になる。三〇分単位のテレビの放送時間には莫大なコストがかかわり、何千万人という視聴者に番組を届けることに失敗すれば、その損失は赤字として計上され、出世の道は絶たれてしまう。テレビ局の重役たちがシチュエーション・コメディと有名人という常套手段に頼るのも、なんら不思議ではない。大金のかかったゲームでは、それが安全策だからだ。

だが、資源が潤沢にあるならば、失敗したときの損失も少ないので、リスクをとる余地が生まれる。あなたがユーチューブにアップした動画を見たのが母親だけでも、誰もクビにならない。

しかしながら、これほど成功しているにもかかわらず、ユーチューブは今のところまったくグーグルにお金をもたらしてはいない。グーグルは、ウェブ上のテキスト・コンテンツにテキスト広告を組み合わせたように映像コンテンツに映像広告を組み合わせる方法を、まだ見つけ出せていないのだ。ユーザーがアップロードしたのがなんの動画なのかわからないし、仮にわかったとしても、おそらくそれと関連性のある映像広告を持っていないだろう。そしてまた、ユーザーが制作したコンテンツには不快なものもあるはずで、そこに自社のブランド名を載せることを広告主がこころよく思わないのはあきらかだ。

テレビネットワーク各社は、グーグルの失敗を好機ととらえて、競合する動画配信サービスのフールーを立ち上げた。フールーが配信するのは主に商業映像で、ほとんどがテレビで放送したものだが、ユーチューブと同じように便利で使いやすい。そのコンテンツは分量もわかっているし、たいていは広告主がすでにテレビのときにコマーシャルを出したものなので、彼らは喜んで、プログラムの最初と最後、そして途中にまでコマーシャルを挿入する。フールーはもちろん無料だが、ユーチューブとは違って、コマーシャルに余分な時間をとられ、わずらわしい思いをしなければならない。その点は通常のテレビと同じだ。それでも、もしコメディドラマの『30ロック』を今すぐインターネットで見たければ、フールーのコマーシャルをがまんすることが唯一の合法的方法となる。

稀少なものの管理

ユーチューブはすべて無料だ。動画を見るのも、自分の動画をアップロードするのも、中断するのもタダだ。だがお金を生まない。フールーは見るのは無料だが、視聴者は興味がなくてもコマーシャルを見せられる、というおなじみの方法で支払いをしなければならない。しかし、それによってフールーは健全な収入を得ている。このふたつの映像配信サービスは、異なるフリーのモデルのあいだに生ずる緊張関係を映し出している。たとえ消費者が一〇〇パーセントの無料を好むとしても、人工的な稀少さを少しだけつくり出すことは、お金を稼ぐための最良の方法なのだ。

雑誌編集者として稀少と潤沢の両方の世界に住んでいる私は、毎日その緊張に直面している。印刷版のほうは、稀少なもののルールで運営している。ページ数は限られていて、一ページは高価だ。毎号、意見を載せてほしい、記事を書きたいと申し込んでくる人は何十人もいるし、記事にとりあげてほしがる企業も多いが、それらの申し出にイエスと答えるとそのコストはとても高くなるので、私の仕事はそのほとんどにノーと言うことだ。申し出をはっきりと拒絶することもあるが、それ以上に、最初からハードルをとても高く設定しているので、私のところまで申し出があがってくることはほとんどない。高価な資源を配分する責任を担っているので、私は伝統的なトップダウン方式の階層型マネジメントに頼っている。ここでは、何かを誌面に載せるためには、何段階もの承認が必要となる。

雑誌のページは値段が高いだけでなく、変更がきかない。ひとたび印刷機が回ってしまえば、まちがいや判断ミスは永遠に（あるいは、少なくともリサイクル処分されるまでは）保存されることになる。制作過程で私がひとつ決断するごとに、引き返すには高くつく道を進むことになるのだ。もっとよいことを思いついても、あるいは、ほんの数週間前にくだした決断がそれほどすばらしいものには思えなくなっても、ときにはそのまま制作を続けて、とにかくベストのものに仕上げなければならない。そのような場合、私たちは金銭面のコストに集中するようにして、進まなかった道にあったであろう機会の損失については考えないようにする。

一方、オンライン版は無限にページ数があり、いくらでも変更できる。こちらは潤沢な経済であり、まったく異なるマネジメントが求められる。私たちのウェブサイトには何十人ものブロガーが参加していて、その多くはアマチュアだが、みんな自分の書きたいことを編集を受けることなく書いている。サイトの一部では、ユーザーに意見を投稿してほしいと訴えている。こういう記事はどうだろうかというアイデアに対する基本的な回答はイエスであり、もっとはっきり言えば「わざわざ尋ねるまでもない」ことだ。つまらない記事にかかるコストは、その記事を読む人がいないという結果だけであって、もっとおもしろいはずの記事のスペースを奪ったということではない。成功すれば注目度が上がり、失敗すれば下がるだけだ。ここではどんなことでも主張でき、注目を競うことができる。人々が望むものをマネジャーが推測してそれがウケたかどうかで勝ち負けが決まるのではなく、内容の真価によって勝敗が決まるのだ。

現実のマネジメントにおいては当然ながら、このふたつの世界はそれほど明白に二分されているわけではない。オンライン版には無限にページがあるとはいえ、評判を高く保ち、ブランドイメージを守らなければならないので、何をしても自由というわけではない。有料と無料のハイブリッド構造では、コストとコントロールは並行して動く傾向がある。コストが下がるにつれて、行使するべきコントロールも弱くなる。正確さや公正さといった基準はどちらも同じだが、印刷版ではなんとしてでも出版前にすべてを校正しなければならない。一方オンライン版では公開後でも訂正することができる。私たちは、潤沢な市場と稀少な市場の両方で競争をしているので、たったひとつのマネジメント体系ではすべてに対応することはできない。コントロールとカオスの両方を同時に追求する必要があるのだ。

分裂的だと思われるかもしれない。だがこれこそが、私たちが足を踏み入れたハイブリッド世界の本質なのだ。そこでは、潤沢さと稀少さがとなりあって存在する。私たちは、稀少なものに対する思考は得意だが、それは二〇世紀に体系化されたモデルだ。今度は、潤沢なものについてもうまく考えられるようにならなければならない。ふたつのモデルの違いを表にまとめておこう。

第14章 フリー・ワールド

――中国とブラジルは、フリーの最先端を進んでいる。そこから何が学べるだろうか？

私は今、中国の広州《グァンヂョウ》にある巨大な宴会場にいる。最前列に座って華々しいショーを観ているのだ。すでにアクロバットやカンフーの実演、少女舞踊、コメディ劇は終わった。次は本物のスター、台湾のポップ界で大人気の蔡依林（ツァイ・イーリン）の登場だ。彼女がヒット曲を何曲か歌うと観衆は喝采した。巨大なスクリーンに大映しにされた彼女の顔をバックに、ドレスが照明を浴びてきらめいている。

といってもこれはコンサートではない。中国の携帯電話会社最大手のチャイナ・モバイル社が従業員や出資者を集めて開催したセールスミーティングだ。通信事業に関する講演で一日を過ごしたあとで、豪華なショーで締めくくるのは恒例なのだ。蔡依林は、おそらく彼女が一年間のCDの売上げで稼ぐ金額よりも多くの出演料を受けとったことだろう。

中国は、不正コピーに支配された国だ。欧米諸国からの外交圧力を受けて身の入らない取り締まりを何年もしてきたが、それが露天商やMP3データのダウンロード元である無数のサイトに目立った効果を及ぼすことはない。毎年儀礼的にいくつかの不正コピー業者が逮捕され、比較的大きなサイトがたまに罰金を支払わされる。だがそんなことでは、平均的な中国の音楽ファンがほしい音楽をほぼなんでも無料で手に入れられる状況は変わらない。

そんなわけで、新しい世代の中国のミュージシャンは、不正コピー業者と戦うのではなく、それを受け入れている。不正コピ

	稀少	潤沢
ルール	「許されているもの以外はすべて禁止される」	「禁止されているもの以外はなんでも許される」
社会モデル	父権主義（「何が最良かは私たちが知っている」）	平等主義（「何が最良かはあなたたちが知っている」）
利益プラン	ビジネスモデル	これから考える
意思決定プロセス	トップダウン	ボトムアップ
マネジメント方法	指揮統制	制御しない

ーは、自分たちの作品をもっとも多くの潜在的ファンに届けるための、コストのかからないマーケティング手法だと考えるのだ。彼らの人気を最大にしてくれるし、その人気をお金に変える方法を見つけるのは、本人次第なのだ。

香香（シャンシャン）は大ヒットした「猪之歌（ブタの歌）」で有名な二五歳のポップスターだ。そのセカンドアルバムは四〇〇万枚近く売れたが、問題は、そのほとんどが海賊版だったことだ。といっても、それはレコード会社にとって問題なのであり、香香はそれでかまわないと思っている。アルバムが正規料金で売られていたら四〇〇万人ものファンを持つことはなかっただろうし、彼女にしてみればファンの反応や賞賛を受けることがうれしいのだ。メディアやCMに出演することで入るお金にも満足している。すべては不正コピーがもたらした名声のおかげだ。それに加えてコンサートツアーがある。不正コピー業者は彼女にとって最高のマーケティング担当者なのだ。

中国では不正コピーが音楽消費の九五パーセントを占めると推定されている。そのためレコード会社は、自分たちのビジネスを根本から考え直すことを強いられてきた。プラスチックのディスクに録音した音楽を売ることでは稼げないので、別の方法で売ることにしたのだ。アーティストには、消費者向けのアルバムではなく、ラジオで放送するためのシングルをレコーディングするように依頼している。レコード会社は歌手の芸能プロダクションとしての役割を担い、コマーシャルの出演料の一部をもらっている。そして、コンサートのスポンサーも見つけてくる。レコード会社は、ステージに立たせる所属アーティストが多いほどスポンサーから受けとる金額を大きくすることができる。一番の問題は、唯一の収入源であるツアーがずっと続くせいで、声帯が傷むと歌手が文句を言うことだ。

「中国は世界の音楽産業のモデルになるでしょう」と、もっとも革新的なレコード会社のひとつ、モダンスカイ（摩登天空有限公司）を経営する沈黎暉（シェン・リーホイ）は予言する。CDはすぐに不正コピーされるのでほとんどお金を生まないが、会社は別の方法で儲けている。ビデオをつくり、今ではウェブサイトをつくることも増えてきた。三日間のミュージック・フェスティバルを開いて全国からファンを集める。チケット売上げは収益の一部にすぎず、主な収入源はモトローラやリーバイス、ディーゼル〔イタリアのファッションブランド〕などのスポンサー料だ。

　といっても中国で音楽を売ることができないわけではない。二〇秒よりも短い歌であれば、売ることは可能だ。着うたと待ちうたのビジネスは巨大で、チャイナ・モバイルは二〇〇七年の音楽関連売上げが一〇億ドルを超えたと報告している。もちろん、そのほとんどはチャイナ・モバイルの取り分となるが、それでも現実の収入だ。

　北京在住のイギリス人、エド・ピートは、音楽を商売にする別の方法を開拓している。彼の会社、マイクロムー［MicroMu］は、新人のインディーズ・アーティストと契約する一方で、月決めの料金で会社が抱えるアーティスト全員のスポンサーになってくれる企業を見つける。このやり方は、欧米のレコード会社には奇妙なものに映るだろうが、中国で製品を売ろうとしているマーケティング担当者にとっては理にかなったものだ。実のところ、このマーケティング担当者こそが、マイクロムーにとってお金を払ってくれる顧客にほかならない。

マイクロムーは、アーティストの楽曲をできるかぎり安あがりにレコーディングする。スポンサーのついたショーで観客を前にライブ・レコーディングをすることもあれば、安いスタジオや稽古場でレコーディングすることもある。そういったライブや録音風景などすべてを録画して、それをもとにスポンサー名を入れたさまざまなビデオをつくる。どの楽曲もマイクロムーのサイトにあるブログポストで発表される。それぞれのＭＰ３データの無料ダウンロードやアルバム全体のダウンロード、そしてクレジットやアートワークという情報などにリンクが張られている。そうしておいて、マイクロムーは通常のライブイベントを企画する。その中には大学を回るツアーもある。

ジーンズや飲料水のメーカーなどのスポンサー企業が出資するのは、マイクロムーに対してであって、アーティストにではない（インディーズとしての信頼性を損なわないためだ)。出資された金額の一部は、サイトから曲がダウンロードされた回数に応じてアーティストに配分される。

「中国では音楽に課金した瞬間に九九パーセントのリスナーを排除することになります」とピートは言う。「中国では、音楽は中流階級のぜいたく品、つまり簡単にお金を出せるものではないのです。この方式はそれに対抗するものです。私たちは無料の音楽やメディアを利用して『誰でも歓迎です』と伝えることで、対話を生み、コミュニティをつくり、草の根の音楽ムーブメントを生みだすブランドとして信頼されるようになるのです。でもそのためには、すべての人の期待に応えなければなりません。レコード会社、オンライン・コミュニティ、ライブイベント・プロデューサー、小売業者、テレビ制作会社のすべてに」

中国で起きていることは世界のほかの場所でも起こるかもしれない。二〇〇八年のアメリカにおけるCD売上げは一五パーセント近くも落ちていて、底は見えない。多くのCD会社が降伏して、中国モデルをまねる日が来るかもしれない。つまり、音楽を無料で提供してアーティストのマーケティングの道具にし、会社はCMの話やスポンサーを見つけるなど従来とは違う形で収益化をはかるのだ。その徴候はすでに現れている。マドンナがコンサート運営大手のライブ・ネーションと結んだ契約は、コンサートツアーやグッズの販売を含む彼女の収入すべてをカバーするものとなっている。また、CAA(クリエイティブ・

アーティスツ・エージェンシー）やICM（インターナショナル・クリエイティブ・マネジメント）といったタレント・エージェンシーは、中間業者を排除するために、レコード会社としての業務もおこなおうとしている。音楽産業の定義が日々変わっている世界で変わらないひとつのことは、音楽は人気スターをつくるということだ。そして、名声を財産に変える挑戦よりも、まず人気を得ることのほうがずっとむずかしいのだ。

シャネルを模造する経済

中国の不正コピーは映画やソフトウェアや音楽にとどまらない。深圳《シェンチェン》で列車を降りれば、そのとたんに偽物のロレックスの腕時計やシャネルの香水、グッチのバッグ、そのほか数えきれないほどの偽物のおもちゃや機器製品の集中砲火にみまわれることだろう。街角の海賊版CDと同じように、これらの偽物はもちろん無料ではない。ただ、すごく安いのだ。それはつまり、オリジナル品の製作者が売上げを一セントも受けとっていないことを意味する。知的財産権はタダであり、支払うのは商品の製造にかかる費用だけ。だが、音楽の場合と同じように、この不正行為のルーツと影響は見た目よりも複雑だ。

不正コピーは事実上、中国のすべての産業に及んでいる。それにはこの国の発展状況や法制度も関係しているし、さらに儒教では、他人の作品をまねることは敬意の表明であり、教育の基本になるという知的財産に対する考え方がある（アメリカで学ぶ中国人留学生に模倣の何が悪いのかを説明するのに苦労することは多い。師のまねをすることは、中国では学ぶことの中心にあるからだ）。今日の中国では、高級ブランド品の偽物を短期間でつくるための一大産業が存在する。ソフトウェアによってウェブサイトからファッションショーのモデルの写真を手に入れ、数カ月のうちにそのデザインそっくりの服をつくるのだ。それがオリジナルより先に店頭に出ることもめずらしくない。

欧米の報道では、中国の模造品は犯罪以外の何ものでもない。だが中国では、模造品は別の価格帯の別の商品であって、市場が求めたバージョン化のひとつなのだ。偽物のルイ・ヴィトンのバッグを買うかどうかは、倫理の問題ではなくて品質と社会的ステイタスとリスクの問題となる。充分なお金を持っていれば、人々は好んで本物を買うだろう。そちらのほうがすぐれているからだ。だが、ほとんどの人は経済的理由から偽物しか買うことができない。

広東ポップの不正配信サイトが、音楽業界から売上げを奪う一方で人気スターを生んでいるように、不正コピー業者はただたんに他人のデザインを盗んで儲けているだけではない。そのデザイナーのために、コストなしでブランドを広める役目を果たしているのだ。偽物のグッチのバッグは、それでもグッチだと主張し、巷《ちまた》にあふれている。これはマイナスとプラスの両方の効果を持つ。マイナス面は代替効果（偽物は本物の売上げに結びつくはずの需要を奪う）であり、プラス面は刺激効果（偽物があふれることによって、そのブランドを認知させる）だ。

二〇〇七年に、中国市場研究グループ（CMR）が中国の大都市の若い女性を中心にした消費者意識調査をおこなったところ、消費者が偽物を現実的に受け入れていることがわかった。彼女たちは本物と偽物の違いを理解していて、買う余裕があれば本物を選ぶ。ときには、本物を一点買い、あとは上から下まで偽物でそろえることもある。

CMRの代表であるショーン・レインは、月収四〇〇ドルの若い女性の中には、一〇〇〇ドルするグッチのハンドバッグやバリーの靴を買うために三カ月分の給料を貯めたいと答えた人がいると報告している。一方、二三歳のある女性は次のように回答した。「今すぐ本物のプラダやコーチをたくさん買うことはできません。だから偽物を買います。将来は、本物を買えるようになるといいなと思っていますが、今のところはそれらしく見えるようにしていたいのです」

それらしく見えるということは、出来のいい偽物を買うことだけを意味するわけではない。その製品が偽物ではないことを証明する偽の保証書を扱う市場も存在する（これには皆さんもびっくりのはずだ）。高額の値段が印字された値札を買うこともできるし（値札がついたままのサングラスをかけた人を見ることもめずらしくない）、偽の領収書を扱う市場までである。製品そのものも大事だが、それに付随するステイタスのほうがはるかに重要なのだ。

一方、多国籍企業で働く二七歳の女性は、偽物を買ったことがあると認めたうえで、こう言った。「偽物の服やバッグをたくさん持っていると友だちにはすぐに偽物だとわかってしまうから、誰もだませません。本物を持つほうがいいわ」

この調査は、デジタルデータと物理的製品の違いを浮き彫りにする。デジタルデータを不正コピーしても、質的にはオリジナルと変わらない。だが、物理的製品の不正コピーは通常そうはいかない。中国の消費者は長年にわたり、粗悪な、ときとして有害な原材料を使用した偽造ベビーフードやペットフードをめぐる騒動を経験してきたので、灰色経済で買い物をすることのリスクに敏感なのだ。

本物の高級品を買うために中国の消費者が大挙して香港に押しかけるのは、中国本土のいたるところに高級ブランドの偽物があふれているからだ。消費者は欧米の高級ブランドをよく知っていて、それを上品で質の高いものだと見ており、できれば本物を買いたいと切望している。そして、次第にそれが可能になってきている。

偽物は市場を破壊するものではなく、新興の中流階級の消費者向け市場を用意した。この一〇年で中国の一人当たりの国民所得は三倍以上になった。今や中国には二五万人の億万長者がいて、その数は毎日増えている。現在、香港を含む中国は、本物の高級ブランド品の市場として世界で三番目に大きい。経済学から見ると、偽物は満足を与える以上に需要を喚起しているのだ。

偽物が実際に本物を助けているという考えは、特にファッション業界では新しいものではない。経済学でこれは「海賊版のパラドックス」と呼ばれていて、命名したのはカル・ラウスティアラとクリストファー・スプリグマンという法学教授だ。

このパラドックスは、ファッション業界の経済を下支えする根本的なジレンマから生まれている。つまりこうだ。消費者は今年のデザインを気に入らなければならない。そのうえ、すぐにそれに不満を持ち、翌年のデザインを買いたいと思う必要がある。技術製品と違って、アパレルメーカーは翌年の製品が機能的にすぐれているとは主張できない。見た目が違うだけだ。そこで、今年のデザインに対する消費者の熱を冷まさせる何か別の理由が必要となる。その解決策こそ偽物が広く出まわることで、高級だったデザインが大衆向けのコモディティになることなのだ。そうするとそのデザインの神秘性は失われ、目の肥えた消費者は何か特権的で新しいものを探さなければならなくなる。

これがラウスティアラとスプリグマンが「誘発された陳腐化」と呼ぶものだ。コピー商品の登場によって、そのファッションが流行に敏感な人のものから大衆のものへとすばやく移り、流行に敏感な人は何か新しいものを見つけなければならなくなる。中国では、流行に敏感なのは新興の富裕層と中流階級で、一〇億人の大衆はまだ、よくできた偽物を持つことで高級品の市場に足を踏み入れたばかりだ。本物と偽物というふたつの製品は、単純に市場の異なるセグメントをターゲットにし、お互いに相手の役に立っている。そしてそれは、中国に限ったことではない。

ブラジルの露天商の実力

ブラジルのサンパウロのにぎわう街角では、露天商が最新の〈テクノ・ブレーガ〉のCDを並べている。その中には人気バンド、バンダ・カリプソのものもある。「ブレーガ」を正確に翻訳する言葉はないが、だいたい「安っぽい」とか「下品な」という意味になる。北部の貧しい地域であるパラ州で生まれた音楽で、ブラジルの伝統音楽をテクノサウンド調でにぎやかに奏でたものだ。露天商が扱うほかの多くのCDと同じで、テクノ・ブレーガのCDも大手レコード会社が出したものではないが、かといって、違法なものでもない。

CDをつくっているのは地元のレコーディング・スタジオで、その多くは地元のDJによって運営されている。CDの音源は、CDジャケットの写真とともにDJがバンド本人から受けとったものだ。DJたちは、地元のイベントプランナーや露天商、ラジオ局と協力してライブのプロモーションをする。ときにはDJがそのすべてを兼ねて、自分が主催するライブのためにCDをつくり、販売し、宣伝することもある。

バンダ・カリプソは、CDの売上げが自分たちの懐へ入ってこなくても気にしない。カリプソの主な収入源はライブ興行であり、それはうまくいっている。町から町を移動しながら、ライブ前にその町に激安のCDを大量に投入するやり方で、カリプソは年に数百回のライブをおこなう。通常は週末に二回か三回のライブを打って、国中をマイクロバスかボートで旅して回るのだ。

だが、彼らは道路と川だけを移動しているのではない。文化人類学者でありブラジル音楽の研究者であるエルマノ・ヴィアナの話はカリプソの成功を象徴している。彼がプロデュースするテレビ・グローボの音楽番組でカリプソの特集を企画したとき、遠方でライブをしている彼らに対してテレビ局が所有する飛行機で送迎すると申し出た。すると、カリプソはこう答えたのだ——必要ないよ。自家用飛行機があるからね。

露天商はカリプソがこれから訪れる町での先乗り宣伝チームだと言えるだろう。彼らは、一枚わずか七五セント相当でCDを売ってお金を稼ぎ、見返りとしてCDを目立つように陳列する。露天商の安いCDが海賊版だとは誰も思っていない。それはたんなるマーケティング活動であって、路上経済を利用して、文字どおりストリート・カルチャーにおける人気を獲得しているのだ。その結果、カリプソが町にやって来るときまでに、誰もがそのライブがあることを知っている。カリプソは野外イベントに大観衆を集めることができるが、そこで儲けとなるのは入場料だけではない。飲食物も売上げとなる。また、バンドのスタッフはライブを記録してその場でCDやDVDに焼き二ドル程度で売る。それを買った観客は、今見たばかりのライブをくり返し楽しむことができるというわけだ。

カリプソのCDはすでに一〇〇〇万枚以上売れているが、そのほとんどはバンド自身が売ったものではない。そして、それはカリプソに限ったことではない。テクノ・ブレーガ業界には今や何百ものバンドがあって、毎年何千回ものライブがおこなわれている。リオ・デ・ジャネイロのジェトゥリオ・ヴァルガス財団が運営する技術・社会研究所のロナウド・レモスと同僚による調査の結果、この業界はCDからライブまですべてを含めると、一年間に二〇〇〇万ドルの収入があることがわかった。

九割のバンドがレコード契約をしていないし、レコード会社に所属してもいない。必要がないからだ。自分たちの音楽を人々に無料で提供することで、料金をとるよりもはるかに大きな産業をつくったのだ。ブラジル人はこのことを誰よりもよくわかっている。二〇〇八年までブラジルの文化大臣を務めたポップスターのジルベルト・ジルは、クリエイティブ・コモンズのライセンス〔著作権のより広く柔軟な提供を目指した新しいライセンス体系〕のもと、無料で音楽を発表している（わが『ワイアード』誌も彼のＣＤをつけたことがある）。

中国と同じように、ブラジルでもフリーに向かう流れは音楽にとどまらない。一九九六年、ブラジルのエイズ感染率が警戒すべき高さになったことを受けて、当時のフェルナンド・エンリケ・カルドーゾ大統領率いる政府は、国内のすべてのＨＩＶ感染者に新しいエイズ治療薬の配給を保証した。五年後、エイズ感染率が下がったことで、この計画の効果があきらかになったが、同時に、特許薬は高額なために、計画を続けられないことがはっきりした。

そこで保健大臣は、主要な特許権保持者であるアメリカの製薬大手メルク社とスイスのロシュ社を訪れ、まとめ買いをするから割引してほしいと要請した。製薬メーカーが拒絶すると、大臣ははったりをかました。ブラジルの法律により、国家の非常事態において、特許権使用料を支払わずに特許薬を製造することを地元の研究所に許可する権限が自分にはあり、必要ならばそれを行使するとメーカーに告げたのだ。メーカーは譲歩し、薬の値段は五〇パーセント以下まで下がった。今日、ブラジルは世界有数のジェネリック医薬品産業を持つ。商品は無料ではないが、特許権使用料は無料だ。その産業は、知的所有権に対してテクノ・ブレーガのDJたちと同じ姿勢を持っているのだ。

またブラジルは、オープンソースの利用において世界の先頭に立っている。リナックスによるATMネットワークを世界で最初に構築した。国立情報技術研究所の主な使命は、フリーソフトウェアを政府、そして最終的には国全体に行き渡らせることだ。官公庁と学校は今、オープンソース・システムに切り替え中だ。そして、政府のデジタル化計画――現在コンピュータを利用できないでいる国民の八割が利用できるようにすることを目標とする――においては、リナックスが標準となっている。

「マイクロソフト・オフィスとウィンドウズのライセンスをひとつ取得するためには、ブラジル――二二〇〇万の国民が飢えているわが国――は、六〇袋の大豆を輸出しなければならない」と、国のフリーソフトウェア計画の責任者マルセロ・デリーア・ブランコが、ジャーナリストのジュリアン・ディベルに語っている。彼にして見れば、フリーソフトウェアは、消費者にとってだけでなく、国家にとっても望ましいものなのだ。

第15章

潤沢さを想像する

――SFや宗教から、〈ポスト稀少〉社会を考える

SF作家にはひとつの不文律がある――物理学の法則を破るのは、ひとつの小説につきひとつかふたつまでで、それ以外は現実世界を踏襲《とうしゅう》する、というものだ。だから小説の中で時間旅行ができたり、マトリックスの世界があったり、火星に人類が住めたりしても、それ以外は私たちと同じ普通の人々が登場する。SF小説のおもしろさは、ルールが変わったときに、人間がどうふるまうかを見ることにあるのだ。

科学技術ライターのクライヴ・トンプソンは、SFを「哲学的著作の最後の砦」と呼ぶ。一種のシミュレーションであり、ルールを変えることで人間についてより深く学ぶものだというのだ。「もしも私たちの寿命が五〇〇〇年になれば、愛情はどのように変容するのか。

過去に戻れるのなら、あなたは異なる決断をするだろうか。神と会えるのなら、あなたは話しあうのか、それとも殺すのか」

ＳＦ作家がくり返し利用する仕掛けは、稀少なものを潤沢に変える機械だ。スター・トレックのリプリケーターがそうだし（ボタンを押すだけでほしいものが出てくる）、『ＷＡＬＬ・Ｅ／ウォーリー』でロボットが管理する宇宙の世界がそうだ（人間はでっぷりと太り、日がな一日、飲み物を手に、プールに浮かべたマットに寝そべって過ごしている）。

ＳＦ業界では（そして、テクノロジーがユートピアをもたらすと考える人々からも）、これは「ポスト稀少経済」と呼ばれている。その点では、多くの小説はたんなる物語ではなくて、高価なものが無料に近づくにつれて何が起こるのかを、一冊の本の長さで考える思考実験なのだ。

たとえば、Ｅ・Ｍ・フォースターは一九〇九年に『機械が止まる』という短編を書いた。ポスト稀少世界を描いた初期の作品だ。そこでは人間は地下にもぐり、各自が蜂の巣のような個室に住んで、他人との肉体的接触をいっさい持たない。巨大な機械《マシーン》がまるで神のように、人間が生きるためのすべてを与える。食料も娯楽も与えてくれ、有害な地表からも守ってくれる。人間が最後には機械《マシーン》を崇拝するようになるのも当然だった。部屋に住む人々が欲するのは、面倒を見てもらうことなのだから。

どこもかしこもボタンとスイッチの列だ。食料ボタン、音楽ボタン、衣料ボタン。温水ボタンもあって、これを押すと大理石（人造）の浴槽が床からせり上がって来て、無色無臭の湯がいっぱいになる。冷水浴ボタンもある。文学供給ボタンもあった。もちろん、（主人公のヴァシュティが）友人と通信するボタンもあった。

――『E・M・フォースター著作集5』〔みすず書房、小池滋訳〕

ヴァシュティには、テレビ電話で知人に音楽の講義をすること以外に仕事も目的もない。そう、ここには潤沢な世界が描かれているのだ。その結末はどのようなものだろうか。よくはない。機械《マシーン》が人間同士のあらゆる交流に仲介したために、人間は面と向かって話をする方法を忘れてしまい、他人と会うことを怖がるようになったのだ。機械《マシーン》を管理する者たちは、人間同士が直接に接触することを避けるために、あらゆる情報は二段階、三段階、さらには一〇段階の中継を経て集められるべきだと考えた。こうして他人との交流をなくした人間は、協調した創造性を発揮することがいっさいなくなってしまい、進歩が止まった。人間は目的を失い、機械《マシーン》をたたえる芸術作品や書き物もしなくなった。

やがて機械《マシーン》が壊れはじめたときに、もはや修理方法を知る者はいなくなっていた。そして機械《マシーン》が止まり、地下の巣箱にいる大勢の人々は生きながら押しつぶされて死んでいく。それでも最後にひとりが虫の息で、地上には追放された者たち、潤沢さの奴隷状態から解放された者たちの社会があることをあかすのだった。よかった！

二〇世紀はじめに書かれたＳＦはどれも同じように暗い。産業革命のもたらした混乱がまだ続いていて、機械化、都市化、国際化により、ゆがんだ社会変化が起きていた。機械のつくる潤沢さは、少数の特権階級だけが享受しているように見えた。その恩恵を受けるのは工場経営者だけで、他の者はその工場で働くだけだ。

フリッツ・ラングが一九二六年に制作した映画『メトロポリス』では、社会はふたつの集団に分けられていた。ひとつは計画者と思考者で、地上に建つ摩天楼で優雅に暮らしていた。もうひとつの集団は労働者で、地下に住み、潤沢さを支える機械をあくせくと動かしていた。この映画は労働者の反乱を描いたが、大きなテーマははっきりしている。潤沢さは犠牲をともない、ほかのあらゆる場所で稀少性が生まれるのだ。

二度の世界大戦はＳＦのユートピア的理想主義の勢いを削いだが、宇宙時代の夜明けとともにそれは回復し、以前よりも暗い部分は減った。アーサー・Ｃ・クラークが一九五六年に発表した『都市と星』は、テクノロジーが発達した密閉された都市が舞台になる。そこでは機械が必要なものすべてを供給してくれ、人間は死ぬことはない。市民は哲学的議論をしたり、芸術作品をつくったり、仮想現実の冒険に参加したりして日々を過ごしている。数千年を生きると彼らは〈創造の間〉に戻ってきて、ふたたび意識をデジタル化される。クラークはその社会の姿を牧歌的に描いたが、そこには生きる意味が足りなかった。主人公は密閉された都市の周囲に広がる砂漠に何があるのかを見たいと思い、冒険に出る。そして、そこには生と死の正常なサイクルが営まれる、より人間的な世界があることを知るのだった。

デジタル時代とインターネットの到来は、コンピュータという説得力のある潤沢さの源をSFに与えた。みずからをメタヴァース（仮想空間）に接続すれば、自分が望む誰にでもなれる。稀少性とは仮想現実がつくりあげたことでしかなく、うまくハッキングすればなんでも手に入る。現代の作家は潤沢さについて、より前向きな見方をしている。なぜなら、インターネットが情報不足を終わらせたことで、彼らは潤沢さとは何かを経験していたからだ。

もちろん、小説には緊張状態も必要なので、潤沢なユートピアにもよくないことはある。コリイ・ドクトロウの『マジック・キングダムで落ちぶれて』〔ハヤカワ文庫、川副智子訳〕は、「ビッチャン世界」と呼ばれる不老不死の社会が舞台になっている。そこでは詳述されていないテクノロジーが医術というものをほとんど廃《すた》れさせていた。「クローンを育て、バックアップを取り、再生させることができるのにどうしてわざわざ手術なんかする必要がある？　風邪をひくとそれだけのために古い体を新しい体に交換する人もいるご時世なのだ」。だがその結果、人々は退屈し、無関心になった。登場人物のひとりは言う。「彼ら（麻薬中毒者）は自分が素面のときを恋しがったりしない。なぜなら、素面のときにどんなに明晰な思考ができるか、苦痛が喜びの甘美な味わいをどれほど増してくれるか、思い出せないからだ。わたしたちは生計を立てるために働いていたときの感覚を思い出せない。この稼ぎでは足りないんじゃないかと心配したときの、病気になるんじゃないかと、バスに轢かれるんじゃないかと心配したときの感じをもう思い出せないんだ」

ドクトロウの描く世界で稀少なのは「ウッフィー」と呼ばれる〈評判〉だ。それはデジタル通貨で、良いおこないをした人に与えられ、悪いおこないをした人は没収される。人々が装着しているヘッドアップ・ディスプレーに各自のウッフィーが表示され、ステイタスの基準となっている。物質的欲求がすべて充足されたときには、もっとも重要なコモディティが社会資本となるのだ。

ニール・スティーヴンスンの『ダイヤモンド・エイジ』では、ナノテクノロジーによる潤沢さが描かれている。物質合成機がマットレスから食料までなんでもつくってくれるのだ。人間に残された仕事はその機械につくらせる新しいものを設計することだけで、それに従事する人は少ない。二〇億の労働人口は怠惰に過ごしている。物語は、ひとりの人間が彼らに教育をほどこす方法を思いつく（初等読本《プライマリー》をつくる）ことから展開していく。これは第一次産業革命が起こったときの作家のテーマと共通する――機械がすべての仕事をこなすとすれば、人間は何によって動機づけられるのだろうか。

こうしたSFの中には、労働力不足の解消は人間の精神を解放し、資源をめぐる戦争を終わらせ、霊的で精神的な文明をつくる、とするものもある。また、稀少な時代の終わりが、人間を怠惰で退廃的、愚かで下品にする、という話もある。現代において両方の例を見つけるのに、長い時間オンラインを探す必要はない。

あの世

潤沢と稀少の世界がもっとも極端に描かれているのは宗教だろう。

天国は、人間が想像しうる究極の潤沢な場所だ。ふわふわした雲に天使が漂い、ハープを奏でている。物質的欲求はもはやない。敬虔な人が死ぬと、汚れなく輝かしい完璧な存在になる。現世では苦痛の種だった病気や障害も消えている。イスラム教の聖典にはさらに具体的に記されている。天国の住人は全員が同じ年（男性は三三歳）で、身長も同じだ。高価なローブをまとい、ブレスレットと香水をつけ、金や宝石がはめ込まれた寝台に寝そべっている。豪勢な宴会では永遠の青年から値打ちものの器で給仕を受ける。供される透明な液体は、泥酔したり、ケンカを起こしたりしない飲み物だ。

ジョージ・オーウェルは豊かな楽園のビジョンを風刺した。その著作、『動物農場』の中で家畜たちは、おまえたちのみじめな生が終わったあとは「一週間毎日が日曜日で、シロツメグサが一年中茂っていて、生け垣には角砂糖と亜麻仁かすが置いてある」場所に行けるのだ、と言われる。

だが、私たちが満ち足りた天国を真剣に想像して、そこがとても退屈な場所だと気づくには、雑誌『ザ・ニューヨーカー』の風刺漫画をいくつも読むまでもない。ローブ、ハープ、毎日が同じように過ぎる——やれやれ。『WALL・E／ウォーリー』のようなフィクションに描かれた潤沢な社会が、目的を失い、怠惰で太った人間を生みだすのは当然だろう。では、稀少性の時代が終わると規律や意欲も失われるのは必然なのだろうか。

歴史にその例を探してみよう。古代ギリシアのアテネとスパルタの文明がその答えになる。ふたつの都市国家は、膨大な数の奴隷に支えられた基本的に潤沢な世界だった。フォースターの小説の機械《マシーン》や、マジック・キングダムのビッチャン世界に似て、肉体を使う作業はすべて奴隷にさせていた。運よく正しい階級に生まれれば、生きるために働く必要はなかった。

それでもアテネとスパルタは、目的がないことで立ち往生したり、進歩を止めたりはしなかった。アテネ市民は芸術家や哲学者になり、観念の世界に目的を探した。一方、スパルタ市民は軍事力と勢力を拡大することに集中した。物質的豊かさは、生きる目的を奪ったのではなく、生きる意義の欠乏状態をつくり出したのだ。アテネ市民はマズローの欲求段階を登っていき、科学と創造性を探究した。では、スパルタ市民が戦いを求めたのはなぜだろうか。マズローならば、自己実現欲求の一種だと言うだろう。

フィクションは、大量にあるものを私たちがうまくイメージできないことを教えてくれる。私たちの脳は稀少性にとらわれていて、時間やお金など、自分が充分に持っていないものに心が向きやすい。それが私たちを突き動かすのだ。足りなかったものが手に入れば、私たちはすぐにそれを忘れて、自分がまだ持っていないものを見つけて追い求めはじめる。私たちは自分が持っているものではなく、持っていないものによって突き動かされているのだ。

だから三〇歳以下の人は、限界費用がゼロに近いインターネットの経済的恩恵について話されても、「フン」と思うだけなのだ。古いパラダイムでは、あまりに安くて気にする必要がないデジタル製品とは、想像もできないほどの潤沢さの象徴だった。だが新しいパラダイムではほとんどあたりまえのことだ。潤沢さとはいつでも二番目に光が当たる場所で、けっして一番にはなれない。経済的には、潤沢さがイノベーションと成長の原動力となる。だが心理的には、私たちは稀少さしか理解できないのだ。

産業革命の始まりにイギリスのシュロップシャーで起きた出来事を紹介することでこの章を終えることにしよう。一七七〇年、地元の製鉄工場が鉄の大きなかたまりを鋳造する技術を開発した。耐久性にすぐれたこの新しい建設資材の優秀さを示すために、工場経営者はすべてが鉄でできた橋をつくるようにエンジニアに依頼した。その世界最古の鉄橋（通称アイアン・ブリッジ）は今でもセヴァーン川に架かっていて、観光スポットになっている。それは建造者の野心とそれを具象化した驚異の建造物という点で注目されるだけでなく、橋がすべて木材による建築法によって建てられた点でも注目されている。

骨組みの各部分は別々に鋳造され、木材で使われるほぞ穴やあり継ぎで接続された。アーチの頂上で横梁《よこはり》を留めるのにはボルトが使われた。まるで鉄の森から切り出してきたかのような数千枚の鉄板がとりつけられた。その結果、橋は重くなりすぎて、二、三年のうちに三八〇トンの鉄の重みに耐えきれずに、土台の石積みに亀裂が入ったのだった。

人間が鉄と木の性質の違いを理解するまでに数十年がかかった。木には長さの制約とたわみやすいという弱点があるが、鉄にその弱点はない。鉄の橋は木よりもはるかに長いアーチをつくれるし、溶接も可能だ。その結果、アイアン・ブリッジの規模の鉄橋は当初の半分以下の重さでつくれるようになった。人間は潤沢さを目の当たりにしても、最初は気づかないこともあるのだ。

第16章 「お金を払わなければ価値のあるものは手に入らない」

──その他、フリーに対する疑念あれこれ

二〇〇七年秋、『ニューヨーク・タイムズ』紙の社説面担当編集者アンドリュー・ローゼンタールは雑誌『レーダー』のインタビューで、同紙がコラムニストのために有料にしていたタイムズセレクトというウェブ閲覧サービスを終了し、すべての内容が無料で読めるようにしたことについて聞かれた。

彼は次のように言った。

はっきりした理由もないのに、世界に向けて自分たちのやっていることはまったく

価値がないと発表すると決めたときに、私たち新聞業界は手に手をとって崖から飛び降りて集団自殺したのだと思います。私たちのウェブサイトは、はじめからすべて有料にして、ずっと購読料をとるべきだったのです。

紙には料金を支払う必要があります。ピクセルにも払う必要があります。元手がかかっているのですから。私たちはひとつの重大な過ちを犯しました。今になって元に戻すことはできません。インターネットについて考えると、唯一無料なのは私たちが提供しているもの、すなわち情報だけなのです。それ以外にはすべてお金がかかります。着うたも有料です。インターネットにアクセスするためには料金を支払います。電子メールにも料金を払います。電子メールは無料だとみんなは言いますが、無料ではありません。プロバイダにお金を払っているじゃないですか。それから、グーグルの無料メールサービスなどを使うときには、みずからが大企業の広告宣伝の一部になるのです。インターネットで無料のものなど何もありません。そんなのはたわごとです。

ローゼンタールの発言の中で、あきらかな矛盾点（大企業の広告宣伝の一部になることに疑問を感じているなら、彼は働く会社をまちがえている）には深く触れないでおくが、彼はいくつか重要なことを言っている。最初に彼の言葉を長々と引用したのは、この文章を雑誌で読んだとき、多くの人が賛同してうなずいたのではないかと思うからだ（そして、今もまた、うなずいているかもしれない）。彼の意見は私がよく聞かされるものだ。いわく、「無料のものは価値がない」「ピクセルにも料金を払う必要がある」、インターネットで無料のものはない、なぜなら「プロバイダに料金を払っているから」、「インターネットで無料なのは情報だけ」、といった意見だ。

それぞれの意見にはわずかばかりの真実も含まれているが、まちがっている。それも深いところで、頭をかきむしりたくなるほどまちがっている。フリーに関して誤った考えを聞かずにすむ日は一日だってない。そこで、フリーにもとづく経済について、よく耳にする一四の反対意見を紹介し、それぞれの例や私の返答をつづっていこうと思う。

1. フリーランチなんてものはない

経済学の教育をちゃんと受けた者は、本当に「タダ」のものなどないことを知っている。手に入れるものには、何かしらの方法で代金を払うことになるのだ。

――テリー・ハンコック、『フリー・ソフトウェア・マガジン』に載せた意見

「この世にタダのものはない」という昔から言われている意見は、経済の世界でTANSTAAFL（There Ain't No Such Thing As A Free Lunch）として知られていて、ノーベル賞受賞者で前シカゴ大学経済学教授のミルトン・フリードマンが有名にした。単純に、誰であれ何かを無料で手に入れることはできないと明言している。無料に見えるものがあっても、そこでかかるコストをすべて計算していけば、最後には個人や社会全体でそのコストを支払っていることがわかる。コストがたんに隠されたり分散されたりしているだけなのだ。

これは常に正しいのだろうか。経済面と現実面というふたつの方向から考えられる。私たちは、誰かがどこかで支払わなければならないことを頭ではわかっている。そして皆さんは、最終的には自分が支払わされるんじゃないかと思っているのではないだろうか。

まず経済面の答えはイエスだ。最終的に、すべてのコストは支払われる必要がある。ただそこには変化が起きている。それらのコストが「隠されたもの」（ランチのときに、ビールを頼まなければならないといった小さなこと）から、「分散されたもの」（誰かが払うが、たぶん皆さんではない。コストはとてもこまかく分散されているので、個人はまったく気づかない）に変わりつつあるのだ。

経済学者は通常このルールを、ランチを出すレストランのバランスシートといった「閉じた市場」の中で考える。皆さんがランチの代金を払っていなければ、同伴者が払っている。もしも同伴者も払っていないのなら、レストランのオーナーが。オーナーでなければ、食材卸業者が、というふうに。いずれにせよ、その市場の中で帳簿のバランスがとれていなければならない。

だが、世界には閉ざされていない市場もたくさんあって、そうした市場は周囲の市場と混ざり合っていくので計測するのはむずかしい。貨幣市場と非貨幣市場の相互作用と同じで、ランチは貨幣市場で考えれば無料だったかもしれないが、注目と評判の市場において、皆さんは時間を費やしてやりとりをすることでコストを支払っている。それは「別コスト」といって、経済学者が基本モデルに適合しないものにつけた呼び方だ。そのいい例が「機会費用」で、これはランチに費やした時間でほかのことをしていたら生じたであろう価値のことだ。

貨幣市場、非貨幣市場にかかわらず、すべての市場のやりとりを帳簿につけて正確に計算できれば、フリードマンの言うとおりになるのは疑いない。だが、それは無理な話だ。それに、たとえ仮に人間の一回の呼吸が環境に与える分散コストを計算できたとしても、その呼吸が世界を傷つけやしないかと心配する必要はまったくない。

経済は、少なくとも理想的な形としては、保存則に従う。入ってきたものは出ていかなければならない。たとえば紙幣を多く印刷したら、標準的な貨幣理論では、出まわっている貨幣の価値が同じ分だけ下がることになる。

「陰気な科学」と呼ばれる経済学は、人間の行動を研究する他の学問同様、かなり不明瞭だ。経済システムの中で直接はかることができないものは、なんでも「外部性」というカテゴリーに追いやられる(たとえば、靴を一足買ったときに、私たちはそれをつくるときに発生した二酸化炭素が環境に与える影響——これからくわしく語る「外部不経済」だ——について課金されることはない)。フリーランチにかかわる多くのコストも外部性というカテゴリーに分類される。理論的には存在しても、私たちには見えないものだ。

ためしにウィキペディアを読むときのお金の動きについて考えてみよう。ウィキペディアが使うサーバーと通信回線の費用を払っているウィキメディア財団は、非営利で企業と個人の寄付によって支援されている。さて、皆さんは個人寄付者ではないだろうが(個人の寄付者はごくわずかだ)、おそらく、財団に寄付しているサン・マイクロシステムズなどの企業の顧客だろう。その場合、皆さんはリン社のサーバーを使うことで、ごくわずかな金額を上乗せされた料金を支払っている。それが同社の利益を増やして財団への寄付へとつながるのだ。サンの顧客ではない? ではグーグルはどうだろう。グーグルもまた、財団に寄付している。もしも皆さんがグーグルの広告にお金を払っていれば、その料金はグーグルが寄付をしていない場合に比べて一セントの数百万分の一だけ高くなっている。グーグルの広告を利用したことがない？　それなら、グーグルの広告主のひとつから製品を買ったことならあるかもしれない。その製品はこの一連の仕組みの中で、数千万分の一セントだけ高くなっているのだ。

ここでは、硬貨の中の原子一個というレベルで、一セントのごくごく一部の話をしている。結局のところ皆さんは、自分もウィキペディアに利用料金を支払っていると主張できるかもしれないが、それは、中国で一匹のチョウがはばたけばアメリカの来週の天気が変わるという程度の正当さしかないのだ。厳密には関係があるとしても、はかれないほど小さいので気にしなくていい。

ふたたびローゼンタールの発言を見てみよう。新聞と同じように「ピクセルにも料金を払う必要がある」という部分だ。これも厳密には正しいが、紙媒体もピクセル媒体も扱う編集者として言わせてもらえば、私には両者の類似性より差異のほうがはるかに大きく思える。私たちは数ドルかけて印刷し、製本し、読者に配送する（ここでは、記事の中身にかかるコストは計算に入れていない）。同じものをウェブサイトで読者に見せるには、一セントの何万分の一、何十万分の一しかかからない。だから、私たちはそれを無料として扱えるのだ。ユーザー一人当たりで考えれば、計測できないほど安価なのだ。わが社のサーバーと回線の使用料は、ひと月数千ドルになるだろう。だが、それで数千万人の読者に届けることができる。読者の価値を考えれば、喜んでピクセルを無料にできる。ここで反対意見のポイントを考えてみよう。フリーは本当は無料ではないという意見だ。しかし多くの場合で、無料と見なせるくらい安いのだ。そのことこそ、生活やビジネスで私たちが意思決定するときに、もっとも重要なことなのである。

2. フリーは常にコストを隠している／フリーはまやかしだ

「フリー」の意味は以前とは違う。特にインターネットではそうだ。その歴史とテクノロジーそのものが、オンラインの情報やその他多くのものは無料になりたがるという考えにもとづいている。ウェブ上でタダになることの弊害は、コンピュータの不調やプライバシーの喪失やセキュリティに対する不満という形で急激に増えている。大規模な音楽の不正ダウンロードに対して高額な賠償を求める訴訟は言うまでもない。

——ジョン・シュワルツ、『ニューヨーク・タイムズ』紙よりこれは誤った考えというよりは、ステレオタイプな考えだと言えよう。そう、フリーに条件がつくことがあるのは確かだ。皆さんのページに広告が散乱する。制限が設けられる。別の製品を売りつけられそうになったり、クリックしていったら全然無料じゃなかったりする。おとり商法に引っかかりそうになる。

しかし、そのフリーは二一世紀型ではなく、二〇世紀型なのだと言える。それに対しては、概して、常識こそがよいガイド役になる。話がうますぎると思えば、とりわけアトムの世界では、おそらくそのとおりなのだ。デパートにある香水のサンプルひと吹き分の限界費用は、本当に無料だと信じていいほど充分に安い。反対に、無料で旅行にご招待という話では、なんらかの方法で料金を支払わされるだろうと考えるのは正しい。

とはいえ、二一世紀のフリーはビット経済を基礎にしていて、コストを隠す必要などない。シュワルツが警告するようにコストは存在するかもしれないが、それは保証書のない無料の製品といった場合だ。つまり、何か問題が起きても保証のない修理を頼まなければならないというコストだ。しかし、こうしたモデルはもはや通用しない。「無料」は、「有料」と同等か、もっといいものを意味する。そこにはペテンも引っかけも条件もないのだ(オープンソース・ソフトウェアがいい例だ)。

ビットをアトムと同じように扱い、同じ制限があると考えるのはもうやめよう。もはやペテンなど、このモデルには存在しないのだ。

3. インターネットは無料ではない。アクセスするのにお金がかかるじゃないか

すみません、いつからインターネットは無料になったんですか？　自由《フリー》だけど無料《フリー》じゃない。私たちはみんな、インターネットにアクセスするためにプロバイダに料金を支払わなければならないのだから、すでに有料じゃないですか。

——ローリー・ランガムのブログポストに寄せられたコメント

これはよくある混同だ。私たちは毎月、インターネット全体を支えるために三〇ドルとか四〇ドルのアクセス料金を支払っている。これは通信インフラに対する支払いであって、それで運ばれるコンテンツは無関係だ。同様に携帯電話の料金も、ビットの中身、すなわち話された内容とは関係なく、ビットの量である通話時間に対して課される。「コンテンツ」と「乗り物」はまったく別の市場なのだ。乗り物はタダではないが、コンテンツはタ

ダのものも多い。皆さんの月々のプロバイダ料金はコンテンツの配信にかかるもので、コンテンツの制作はまったく異なる経済モデルで動いている。

人々がこれを混同する理由は簡単だ。乗り物がコンテンツを支えている市場も実際にあるからだ。たとえばケーブルＴＶを見てみよう。ケーブル会社は配信する映像作品に対して著作権使用料を払うが、その費用は視聴者の月々の利用料金でまかなわれる。しかし、インターネットは違う。プロバイダは送信されるビットに対して制御も支払いもしないのだ（法律的には、電話会社と同じで「通信事業者」に当たる）。

常識的に考えれば、この混同はまた、ものの価値を誤った単位ではかっているせいだとわかる。たとえば、私の末の息子をミネラル含有量ではかると、今の現物市場価格で五ドルほどの価値になる。だからといって、息子を五ドルで売ったりしない。ミネラルや原子や量子などが結合してできている息子というひとりの人間は、私にとってはるかに価値があるからだ。コンテンツの制作コストや受信者にとっての価値をメガビットの送信コストと混同するのも、価値が存在する場所を誤解した同じ過ちだ。価値はネットワークの中にはない。制作と消費という両端にあって、そこでビットは意味のあるものに変わるのだ。

4. フリーは広告収入があるときだけの話だ（そこには限界がある）

今日の「無料」の世界では、ほとんどのオンラインビジネスの分野で、自立したスモールビジネスを始めて成長させていくことは実質的に不可能だ。デジタル世界では広告が唯一の現実的収入源であり、小さなデジタル企業に広告はつかないからだ。サービスに対して顧客が料金を支払うというビジネスであれば、会社は小さな規模でも成功し、成長していける。しかし、競争相手が無料でサービスを提供しているときに、料金を課すのはむずかしい。

——ハンク・ウィリアムズ、サイト「シリコン・アレー・インサイダー」の記事より

ウェブの世界でフリーに関する最大の過ちのひとつが、収入源が広告しかない、と考えることだ。広告収入で運営するビジネスモデルがウェブの初期に優勢だったのは確かだが、第2章で紹介したように、今日ではフリーミアム（少数の有料利用者が多くの無料利用者を支えるモデル）が急速に広がっている。たとえば、主にフリーミアム戦略をとっているオンラインゲームは、ウェブベースのソフトウェア・サービス（ＳａａＳ）の中で急速に成長しているカテゴリーだ。ウィリアムズが言うとおりで、ほとんどのウェブビジネスが小

規模なもので、小さな会社が広告収入を得るのはむずかしい。しかし、広告だけがオンライン企業に許されたビジネスモデルだと考えるのはまちがいだ。たとえば、シカゴの37シグナルズ社のような企業は増えてきている。同社は、ソフトウェアを売るために無料体験版と試用期間を利用し、昔ながらのやり方で収入を得ている。顧客から直接料金をもらっているのだ。

ずいぶんと古い経済モデルに思えるかもしれない。それでも、それに適した市場なら成り立つのだ。37シグナルズ社の創業者のひとり、デイヴィッド・ハイネマイヤ・ハンソンによれば、同社のマル秘戦略は、個人の顧客を対象にするのでなく（彼らに財布を開かせるのは大変だ）、大企業を対象にしているのでもない（競争もきびしく、購入を決めるまでに時間がかかりすぎる）。その代わりに「フォーチュン五〇〇社」ならぬ、「フォーチュン五〇〇万社」を狙う。つまり、満たされにくい特定分野のニーズを持つ小さな企業をターゲットとして、一二人ほどのチーム用のプロジェクト管理ソフトといった製品を売っているのだ。そういった企業は、大企業が売るような、すべてに対応するために大きくなりすぎたソフトや、使いにくいオープンソースのソフトに不満を抱いていて、37シグナルズが提供するソフトに喜んで年に数百ドルを支払う。

アップル社のApp Store《アップ・ストア》（iPhone、iTunes向けアプリケーションのダウンロード・サービス）を覗いてみれば、多くの会社が無料でソフトを提供するなかで、数百のスモールビジネス（その多くがプログラマーひとりでやっている）がソフトを売って、まあまあの儲けを出しているのがわかる。広告はなくてもいいのだ。直接に製品を顧客に売ることもあれば、無料の基本ソフトを試してもらい、その機能拡張版を売ることもある。同様に、ターゲットを絞ったユーティリティ・プログラムをオンラインで提供している何千という会社が存在する。そうしたソフトは無料で試せるものが多い。何も斬新なことはなく、シェアウェア市場は何十年間も存在してきた。しかし、そのソフトをウェブ上で扱うようになったので、ますます簡単に提供できるようになったのだ。

次に、オンラインのフリーはすべて広告収入で運営するしかないので、そこには限界があるというウィリアムズの意見へ反論しよう。たしかに広告のパイはすでにかなり大きいと言える。しかし、その限界がどこにあり、オンラインの広告市場がどこまで大きくなるかはわからない。グーグルによってオンライン広告——計測可能で、ターゲットを絞り、実際に利用されたときのみ課金される——はまったく新しい広告主を獲得できることが証明された。中小企業が一クリック当たり数セントでキーワードを買っているのだ。グーグルは広告というパイからより多くの収入を得ただけではなく、パイ自体を大きくしたのだ。

5. フリーは広告の増加を意味するので、ますますプライバシーが失われる

多くのフェイスブック中毒者に、フェイスブックが有料になるとして、いくらなら受け入れられるかと聞いた。答えは全員がゼロだった。結果としてフェイスブックは広告の奴隷となり、金のためにユーザー情報を利用している。個人情報がばらまかれないために、人々がサービスに金を支払うようになるという考えも、あながち非現実的だとは言えない。

——ポール・エリス、「シュードウサヴァン・ドット・コム」[pseudosavant.com]

広告についてよく語られる不安だ。広告のあるサイトはどこもユーザーの行動を追跡していて広告主にその情報を売っている、と考える人は多い。無料のものの多くが広告収入で運営されていることが、この考えをあと押しする。フリーはあらゆるところへと侵食し、そのすべての場所で、こそこそしたマーケティング活動をおこなうのだ。

だが実際のところ、フェイスブックの例は一般的というより例外にすぎない。広告に支えられているサイトのほとんどはプライバシー・ポリシーを持ち、ユーザー情報を広告主

に渡すことを禁じている（また、ほとんどの広告主はその情報を得たところで、どのように利用すればいいかわからないだろう）。

エリスは、サービスに直接、料金を支払うという形をとれば、広告主に支払わせるよりも、そのサイトがよりプライバシー保護に気をつかうだろうと言っている。つまり、サイトは広告主でなくユーザーのために動くということだ。そのとおりかもしれないが、そうする必要はない。

メディアの世界は、業界のガイドラインや、編集と営業の機能を分離する〈チャイニーズ・ウォール〉など、消費者と広告主のバランスをとる方策を何十年も考えてきた。だからこれは新しい問題ではないし、広告主が広告費を回収しているときでも編集の独立性は維持できることを私たちは見てきている。

一方で、プライバシーの対象自体も変わりつづけている。ヨーロッパには、個人情報を保護する広範な法体系があるが、アメリカでは、個々の企業の行動規範と消費者の圧力によるところが大きい。しかし、私たちが二〇年前に抱いていたプライバシーの程度と、オンラインで育ってきた世代のそれは同じではない。ブログにパーティで酔っぱらった自分の写真をアップしたり、自分の恋愛沙汰を詳細に書きこんだりしたあとでは、どこかの企業があなたの好みにあった服のセールのお知らせを送ってきたところで、何が問題だと言えるだろうか。

6. 無料イコール無価値

みんなが音楽を無料のものだと考えているのは悲しいわ。私たちの仕事に価値がないと言うのと同じだもの。友だち同士でCDをコピーして音楽を無料で手に入れるのは、アルバムづくりがどんなに大変な仕事なのか理解していないからよ。

——シェリル・クロウ、『ニューヨーク・タイムズ・マガジン』のインタビューより

どこがまちがっているかわかっただろうか。価値の物差しが金銭しかないというところだ。ウェブは主にふたつの非貨幣単位で構成されている。注目（トラフィック）と評判（リンク）だ。両方とも、無料のコンテンツとサービスにおいてとても重要なものだ。そして、グーグルのバランスシートを見れば一目瞭然なように、このふたつの通貨のどちらかでも金銭に変えるのはとても簡単なのだ。TEDカンファレンスを見てみると、そこでは数千ドルもするチケットを売りながらも、講演内容を無料で配信している（206ページのコラム参照）。ク

ロウだってもちろん、ファンがアルバムをデジタルコピーしてディスクに焼き、友人にあげることで、そのアルバムが評判になるという恩恵を得ている。CDのプレゼントは、信頼できる者からの推薦を意味するのだ。そうした本物の口コミをすばやく広げていくことに心血を注ぐマーケティング担当者さえいるほどだ。

人々がCDをコピーするとき（おそらく今日では、iTunesやファイル交換によって音楽を電子的に共有するほうが一般的だろう）、彼らは、クロウのアルバム制作は価値がないと言っているのではない。基本的に、流通という特定の行為、すなわちデジタルコピーの作成に関して、彼女は何もしていないと言っているのだ。そして実際そのとおりだ。コピーの作成におけるクロウの限界費用はゼロであり、ファイル交換世代のデジタル経済に対する感覚では、コピー作成について彼女への支払いはゼロであってあたりまえだという答えになるのだ。

クロウは最後にはコンサートやグッズ販売、コマーシャルやサウンドトラックへの楽曲使用料で稼ぐことになる。そしてもちろん、いまだにCDで音楽を聴くのが好きな人や、オンラインでちゃんと購入する人々への楽曲販売もある。その際には、彼女の音楽をダウンロードしてファイル交換したり、CDをコピーして交換したりした人々によって高められた彼女の評判や信用が役に立つ。少なくとも、ファイル共有が彼女に評判という通貨を与えたと言えるだろう。それが他の手段を通じてどれほどの金銭に変わったのかをはかるのは不可能だが、ゼロではないはずだ。それらの人々が彼女の音楽に正規の料金を払った場合に彼女が得たはずの直接収入よりも多いか少ないかは、誰にもわからない。

この本の巻末付録に私は、フリーを利用した五〇のビジネスモデルをあげておいたが、ほかにも何百と存在する。すべてのモデルが立脚するのは、無料のものにも価値があり、人間の行動を通してその価値をはかることができるという考えだ。人々が何に価値を置くのかを知るには、彼らが自分の時間を使って何をするのかを調べるのが最良の方法だ。私たちはより多くのものに囲まれるようになったが、一日の時間が増えることはない。クロウはかつてないほどの選択肢と競争に囲まれた、歴史上もっとも移り気な世代に音楽を聴かれることになってしまったわけだ。それはなかなか大変なことだろう。

7．フリーはやる気を失わせる

世界経済において、これまでにないほど知的財産の価値が重んじられています。昔に比べて共産主義者の数は減りましたが、ミュージシャンや映画制作者やソフトウェア制作者のやる気を失わせようとする新しい今日的共産主義者が、さまざまな姿で現れているのです。

――ビル・ゲイツ、二〇〇五年のインタビュー

自由と無料にまたがる特許権や著作権などの知的財産権を、フリーが攻撃しているという意見がある。それを唱える人は次のように考える。人々は報酬がなければものを創作しようとしない、と。特許権や著作権は、クリエーターが報酬を得られるように保証するものだ。では、価格がゼロに近づいていく市場において、特許権や著作権はどういう意味を持つのだろうか。

実際のところ、知的財産に関する法律の歴史は、フリーの力を充分に認識していた。科学の世界では伝統的に、研究者は先行する研究者の論文を自由に利用し、その上にみずからの実績を重ねていくことができた。それを見習って（トマス・ジェファーソンを中心とした）特許システムの考案者は情報の共有を奨励しようとしたが、それだと、人々が発明によって報酬を得るためには秘密にしておくのが唯一の方法になってしまうことに気づいた。そこで建国の父たちは、発明を保護する別の方法を考えた。それが一七年間の特許有効期間である。発明を開示して自由に使わせる代わりに、発明者は使用者から特許権使用料を

とることができる。そして、その期間が満了すると知的財産は無料となる。

すでに特許にはフリー（自由と無料）が組み込まれていた。それは一七年後に効力を発する（著作権も期限が設けられているが、アメリカでは連邦議会がその期限を延長している）。しかし、ますます拡大していくクリエーターのコミュニティは、そんなに長く待つつもりはない。彼らはそうした権利を手放し、自分たちのアイデア（言葉や絵、音楽、コードなど）を、クリエイティブ・コモンズなどのライセンスや、オープンソース・ソフトウェアのライセンスとして公開している。それを他の人がリミックスしたり、マッシュアップしたり、それをもとにしてさらに何かをつくることを容易にすることで、真のフリー（自由と無料）はイノベーションをうながすはずだとクリエーターは信じているのだ。

収入については、彼らは間接的に得ることになる。無料製品の近くでサービスを売ったり（リナックスのサポートなど）、他人が自分の作品に与えてくれた評判という通貨（正当な信用がついてくる）を利用して、よりよい職業を得たり、報酬の得られる仕事をしたりすることで金銭に変えるのだ。

8. フリーによって、海洋資源が枯渇し、公衆トイレが汚れ、地球温暖化が進む

無料駐車場は、車依存社会や都市部の拡大、莫大なエネルギーの浪費、その他さまざまな問題を生んだ。無料駐車場はもともと渋滞緩和のために考えだされたが、結局のところ、それは移動手段の選択をゆがめて都市デザインを劣化させ、経済に打撃を与え、環境を悪化させた。いたるところに無料駐車場があるために、都市は人間よりも車に適したスケールで広がっていった。今日のアメリカの自動車は、世界の石油生産量の八分の一を消費しているのだ。

——ドナルド・シャウプ、『無料駐車場の高いコスト（*The High Cost of Free Parking*）』

「共有地の悲劇」について語ることなしにフリーは語れない。代金を払う必要がないと、私たちはそれを過剰に消費しがちなのだ。共有地の悲劇（生態学者ギャレット・ハーディンが一九六八年の論文でこの言葉を使った）の古い例は、村が共有するヒツジ用牧草地だ。ヒツジの所有者はその土地をタダで使うことができるが、共有地なのでそこをよい状態に保とうという気持ちを持たない。いや、もっとひどいことに、彼らは他の村人も同じようにヒツジに草を食べさせられることを知っているので、自分の取り分を多くするために、自分のヒツジにより早く、より多くの草をより長い時間食べさせて、緑の草地を茶色の地面にしてしまうのだ。
これが経済学者が呼ぶところの「非補償型の外部不経済」だ。実際には稀少な（限界がある）ものを、潤沢な（本質的に無限）もののような値付けをすると、こうした悲劇が起こる。

地球温暖化を考えてみよう。二酸化炭素を大量に排出することで地球の気温が上昇し、さまざまな恐ろしい結果が生まれることを今では私たちも知っている。だがこれまで私たちは、二酸化炭素を大気に排出するのはなんでもないことだとしてきた。言ってみれば値段をつけないできたのだ。二酸化炭素を大気中に好きなだけ排出できるので、結果として無制限に排出してきた。言いかえれば、二酸化炭素排出の環境コストは私たちの経済システムに対して「外部性」があり、それがマイナスに作用することがやっとわかったのだ。現在の私たちが二酸化炭素税を課したり、排出の上限を設定したり、その他の制約を設けたりするのは、それらを私たちの経済システムの「内部」に組み込むことで、その環境コストを埋めあわせようとしているのだ。

この問題は私たちのまわりでよく見うけられる。海洋資源は限界がないか、制限がかけられていないために、漁師は魚をタダとして扱い、乱獲する。個人レベルでは、汚い公衆トイレに入ってしまうと、非補償型の外部不経済の臭いをかがされるはめになるはずだ。トイレは自由に使え、掃除のコストは誰かが負担してくれるため、利用者はコストが直接に実感できる自分の家のトイレと同じようには使わない。ゴミや森林破壊の問題も同じだ。フリーは強欲を生み、私たち共通の利益をだいなしにする。

しかし、フリーであることで支払う環境コストは、ほとんどがアトムの世界のものだ。すでに述べたように、アトムを真の無料にすることはむずかしい。それでも私たちが環境コストを感じないのは、たんに市場で正しく値付けをしてこなかったからだ。買い物のレジ袋は、木に引っかかった袋をとりはずすコストを私たちが直接請求されないからタダだと感じるだけなのだ。だが今日、私たちは外部不経済を測定し、明確にしはじめている（今それは、あきらかに閉じた経済システムの一部分になっているので、内部不経済に転換しつつある）。たとえば、スーパーではエコバッグを使う客に値引きをしたり（レジ袋を有料にするのと効果は同じだ）、レジ袋を廃止したりしている。

ビットの世界では、環境コストははるかにとるに足らない問題だ。処理速度、記憶容量、通信帯域幅の浪費は、つまるところ電力の問題になる。そして、市場はそうした環境コストに値段をつけることがますますうまくなっている。二酸化炭素排出の上限設定や再生可能エネルギーの利用義務化、地域による二酸化炭素の排出規制を受けて、グーグルやマイクロソフトやヤフーなどの企業は、データセンターを二酸化炭素を出さない水力発電所の近くに建てることを余儀なくされた。いずれ彼らは太陽熱や風力や地熱発電所のそばにも建てるようになるだろう。単純な経済行為――規制により、二酸化炭素を排出するような電力を再生可能電力よりも高価にする――によって、ビットを浪費してもアトムの浪費にはつながらず、環境に悪影響も及ぼさないようにできるのだ。

しかしデジタルにおけるフリーは、知らないうちにコストを抱えることもある。定額ブロードバンドは一般的に、どれだけ使っても自由だ。そのため、ビットトレントなどのP2Pのファイル交換ソフトで大量のファイルをやりとりするユーザーが出てくる。そうした一部の人間が、やがてネットワーク容量のほとんどを使うことになり、結果として私たちのネットのアクセス速度が遅くなるのだ。

それが理由で、ケーブルテレビ会社のようなインターネット・サービス・プロバイダは、個人ユーザーが使える容量を制限したり、膨大なファイルをやりとりしたい顧客には追加料金を課したりしている。消費者のほとんどはブロードバンド・プロバイダを自由に選べるので、速度が遅いという評判をもらいたいプロバイダなどまずいないのだ。一方で、通常はそうした制限が大半のユーザーに影響しない値になるようにプロバイダは気をつけている。

9. フリーは海賊行為を助長する

マイク、あんたは共産主義者か？　資本主義者でないことは確かだな。コンテンツのクリエーターは、つくったコンテンツの代金をもらうべきだ。まあ、俺はコンテンツを不正にダウンロードするし、可能ならこれからも盗みつづけるけどね。だが、その不道徳な行為を、「稀少性なき時代の経済」などというレトリックで正当化するつもりはないぞ。

――自称「ゼノハッカー」からテクノロジー系ブログ「テックダート［Techdirt］」の創始者マイク・マスニックへの返答（スペルをかなり訂正した）

いやそうではなく、反対だ。フリーは海賊行為を助長しない。海賊行為がフリーを助長するのだ。海賊行為がおこなわれるのは、製品の複製と分配にかかる限界費用が、値付けされた料金よりもかなり低いと市場が気づいたときだ。言いかえると、料金を支えるものは法律で保護された知的財産権しかない。法律を破れば料金は下がり、ときにはゼロになる。これは偽のルイ・ヴィトンのバッグ（価格は下がるがゼロにはならない）からMP3（無料で交換される）まで、すべてに当てはまる。

海賊行為は重力のようなものだ。ものが落ちるのを私たちが止めようとしても、遅かれ早かれ重力が勝ち、その物体は落ちる。デジタル製品も同じなのだ。法律化されたソフトウェアにコードとして組み込まれた著作権保護の方式は、重力にあらがって料金を高く支えている。だが、その料金は遅かれ早かれ、著作権保有者が落とすか、不正コピーで地面に叩き落とされるかして、低下するだろう。

私は海賊行為を大目に見るわけでも、奨励するわけでもない。それが教育や法律によってなくせるたぐいの社会的行為ではなく、もっと自然の力のようなものだと言っているだけだ。デジタル製品に対する不正コピーの経済的動機——コストはかからないし、得られるものは本物とまったく同じ——はとても大きいので、デジタル形式で価値のあるものはすべて、最終的には不正コピーされ、分配されるのだろう。それが隠れたサブカルチャー（企業内でソフトウェアを不正コピーすること）の世界にとどまることもあれば、メインカルチャー（音楽や映画）になることもある。だが、止めることはほとんど不可能だ。進化は種が絶滅しても感傷的にならないのと同じ理由で、経済活動が道徳を考慮することなどほとんどない。経済において起こることは、かならずしも起こるべきことではないのだ。

10. フリーは何に対しても価値を認めない世代を育てる

ほんの数十年前まで、人々は毎日の生活に過大な期待など持たずに懸命に働いていた。無料のものなど知らなかったし、期待したこともなかった。現在、それとは正反対のトレンドが起きていて、オンラインでは無料があたりまえになってきた。何かをタダで手に入れることを当然と思う新しい世代は、私たちがつくり出してきた高い生活水準を維持するために働こうと思うだろうか？

——アレックス・イスコウルド、ブログ「リード・ライト・ウェブ」より

これは産業革命以降、ずっと憂慮されてきたことだ。「タダ」を「蒸気」に置き換えてみれば、ヴィクトリア時代の人々が、筋肉や精神が軟弱になることを心配したのも理解できる。親の世代には価値があったものでも、子の世代になればあってあたりまえのものになるのはこの世の常だが、だからといって、新しい世代が何もかも評価しなくなるわけではない。評価の対象が変わるだけだ。私たちはもはや夜明けに起きだして牛の乳搾りに行かないでもすむようになったが、仕事への意欲そのものは失ってはいない。

今日、ブロードバンド環境で育った若者が、デジタルのものはすべてタダであるべきだ

と考えやすいのは本当だ（実際にほとんどがそうだからだろう）。彼らを「フリー世代」と呼ぼう。

この集団――主に先進国に住む二〇歳以下の若者――はまた、情報は無限であり、すぐに手に入ると考えている（彼らはグーグル世代とも呼ばれている）。彼らはコンテンツや他の娯楽にお金を払うことをますます敬遠するようになっている。なぜなら、無料の選択肢がたくさんあるからだ。万引きしようとは思わないが、ファイル交換サイトから音楽を不正にダウンロードすることについては何もためらわない。アトム経済とビット経済の違いを直観的に理解していて、アトム経済ではお金を払うべき本物のコストがかかるが、ビット経済はコストがかからないことをわかっている。その観点から言えば、万引きは窃盗だが、ファイル交換は被害者のいない犯罪なのだ。

彼らは、フリーが無料だけにとどまらず、自由でもあることを求める。登録システムによる制限や著作権管理スキーム、自分たちが手に入れられないコンテンツに抵抗する。彼らの質問は「いくら？」ではなく、「なぜ払わなければならない？」だ。と言っても彼らはごう慢なわけでも権利を主張しているわけでもない。フリーの世界で育った彼らの経験から出た言葉だ。

私が本書のテーマ――フリーの周辺でお金を稼ぐことがビジネスの未来になる――を説

明すると、この世代の反応はたいてい、「それでなに？」というものだ。彼らにとってはすでに自明のことなのだ。デジタル世代とそれ以外の者との違いだと言える。彼らはどういうわけか、ゼロに近い限界費用について、生まれたときから理解しているのだ（もちろん、こうした用語としてではないが）。

しかし、フリー世代はビットに当てはまるものがアトムにも当てはまるべきだとは思っていない。服やアパートをタダで手に入れられることは期待していない。実際のところ、彼らはこれまでの世代よりも、それらにお金を使っている。若者たちを信用しよう。彼らは物質世界と仮想世界の区別をつけられるし、それぞれの領域でそれに合った行動ができるはずだ。オンラインがタダだから、オフラインもタダだと期待することはない。ワールド・オブ・ウォークラフトの登場人物のような格好を現実世界でもみんながするべきだとは期待していないのと同じように。

11. タダには太刀打ちできっこない

これまでにタダを打ち破ったビジネスモデルはなかったたし、タダと競争できる者も数えるほどしかない。仮に私がピザハットの店を出し、一ドル五〇セントでピザを売っているとしよう。誰かがとなりにピザハットの店を開き、無料でピザを配りだしたら、ビジネスが成り立つだろうか？　——ジャック・ヴァレンティ、アメリカ映画協会

第7章はすべてこれに関する話で、特にマイクロソフトがどのようにオープンソース・ソフトウェアと競争することを学んだかを見てきた。要約すれば、フリーと戦うのは簡単なのだ。単純に無料のものよりよいものの、少なくとも無料版とは違うものを提供すればいい。会社員がオフィスの給湯室にある無料のコーヒーの横を素通りし外に出て、スターバックスで四ドルのヴェンティ・ラテを買うのには理由がある。スターバックスのコーヒーのほうがおいしいからだ。そこにはある種の消費者心理も働いている。小さな楽しみであり、ちょっとしたぜいたくで自分を甘やかしたいのだ。無料のコーヒーを手に入れるのは簡単だが、スターバックスはそれ以上のものを提供してくれる。

普通のピザハットのとなりに無料のピザハットが開店するというヴァレンティのたとえ話のような状況はまず起きない。でも、これならありそうだ。ピザハットのとなりにドミノ・ピザが開店し、配達に三〇分以上かかったら代金をタダにするというサービスをする。これは違うサービスを提供することになり、フリーは二店のどちらに注文するかを決める

ための多くの要素のひとつとなる。

フリーと競争するには、潤沢なものを素通りしてその近くで稀少なものを見つけることだ。ソフトウェアが無料なら、サポートを売る。電話が無料なら、遠くの労働力と能力をその無料電話を使って届ける（インドへのアウトソーシングがこのモデルだ）。もしも自分のスキルがソフトウェアにとって代わられたことでコモディティ化したならば（旅行代理店、株式仲買人、不動産屋がその例だ）、まだコモディティ化されていない上流にのぼって行って、人間が直接かかわる必要のある、より複雑な問題解決に挑めばいい。そうすればフリーと競争できるようになるだけではない。そうした個別の解決策を必要とする人は、より高い料金を喜んで支払うはずだ。

12. タダで提供したのに、あまり儲からなかった！

作家やミュージシャンが自分の作品で稼げなくなったら、いったいどうしたらいいのだろう？　スラッシュドットの常連は簡単だよと言う。ライブで稼げ（ライブ活動をしているようなミュージシャンなら）、Tシャツやグッズを売れ、付加価値をつけたサービスを売れ、と言うのだ。そうした意見の多くは、たんなる欲望を「情報は無料になりたがる」という誇大な理想論で偽装しているように私には思える。

――スティーヴン・プール、『トリガー・ハッピー（*Trigger Happy*）』の著者

スティーヴン・プールは二〇〇〇年に、テレビゲーム文化に関するすばらしい本を著した。だが残念なことに、その後、彼がおこなったフリーに関する実験は中途半端なものだった。二〇〇七年、その本がほとんどの書店で売られなくなったのちに、彼はそれをファイルにして自分のブログにアップしたのだ。さらに、希望する読者には寄付してもらおうと、寄付を受けつけるチップジャーも置いておいた。寄付者はわずか――一七五〇人に一人の割合で――しかいなかった。それで、彼は本の無料提供は失敗だと断じた。

たしかに彼の実験は失敗に終わったが、それはフリーが失敗したというより、やり方が悪かったのだと言える。無料のものとなりにチップジャーを置くのは、「テックダート」のマイク・マスニックが、「神頼みの無料提供」と呼ぶものだ。フリーを利用するビジネスモデルの失敗例というより、そもそもビジネスモデルですらない。

では、どうすればよかったのだろうか。まず、出版後数年経ってからではなく、刊行と近い時期に無料で提供することだ。ブラジルの作家パウロ・コエーリョの例を見てみよう。

彼の本の売上げは、二〇〇七年に累計一億冊を超えた。もっとも人気のある『アルケミスト――夢を旅した少年』や、その他ビットトレントからダウンロードしたさまざまな作品の各国語訳を彼のブログにアップして再分配したことで話題になったことが、その理由のひとつだとコエーリョは信じている。

当初、彼の作品の版元であるハーパーコリンズは、作者自身が海賊版を流すようなアイデアに反対した。そこでコエーリョは、パイレーツ・コエーリョという偽のブログを立ち上げ、一ファンになりすまして自分の作品を「解放した」のだ。それは注目を集め、彼の昔の作品さえ『ニューヨーク・タイムズ』紙のベストセラーリストに戻ってくるようになった。『ポルトベーロの魔女』が二〇〇七年に出版されたとき、彼は同じ手を使い、それもベストセラーになった。

その成功が今度はハーパーコリンズ社の目を引き、新しいコエーリョの本を自社のサイトで発表することに決めたのだ（発売後ひと月のあいだだけで、印刷できない特殊な形式でだったが）。

「読者が何章か読む可能性があれば、かならずあとでその本を買ってくれると私は思いました」。コエーリョはインタビューでこう語っている。「作者の究極の目的は読んでもらうことです。お金はそのあとです」

彼ほど有名ではなくてもフリーを効果的に使った作家がいる。『海賊版のジレンマ（*The Pirate's Dilemma*）』を書いたマット・メイソンだ。自分のeブックをいくらで買うか（ゼロも選択肢にある）、読者に決めさせる方式を使ったのだ。ペイパルを経由した支払いで、五ドルを基本価格とした。その本をダウンロードした八〇〇〇人近い読者のうち、六パーセントが代金を払い、平均は四ドル二〇セントだった。直接収入としては約二〇〇〇ドルにしかならなかったが、そのやり方で注目を集めたことで、講演の収入が五万ドル増えたと彼は見積もっている。

こうした例に比べたら、七年前の本の無料ＰＤＦファイルのとなりにチップジャーをつけるのはジョークでしかない（すまない、プール）。私から見れば、寿命の切れかけた本に新しい読者が三万二〇〇〇人もついたことにプールが大喜びしないことがまったく不可解だ。読者が増えたのに、彼はそれを間接的な収入源に変えることができなかった。講演や講義、執筆、コンサルタント、いや、たんに彼のブログへのトラフィックの増加でもいい。できなかったということは、私が思っていたほど彼は賢くないのだろう。

フリーは魔法の弾丸ではない。無料で差し出すだけでは金持ちにはなれない。フリーによって得た評判や注目を、どのように金銭に変えるかを創造的に考えなければならない。その答えはひとりずつ違うはずだし、プロジェクトごとに違うはずだ。その答えがまったく通用しないときもあるだろう。それは人生そのものとまったく同じだ。ただひとつわからないのは、失敗の原因が自分の貧困な想像力や失敗への恐れにあるのに、それをフリーのせいにする人がいることだ。

13. フリーの中でいいものは、人がお金を払うものだけだ

私たちは無価値なモノやサービスにかかわって時間をムダにしたくはない。価値のあるものがほしい。提供されたものを使うかどうかを決めるのに多くの時間を費やしたくもない。一番簡単に決定する方法？　誰かがそれを使っているか、それに料金を支払っているかを見ればいい。

——マーク・キューバン、億万長者でテクノロジー分野の起業家にして、NBAのダラス・マーヴェリックスのオーナー

キューバンの言うことには一理ある。私たちは無料のものの市場価値がどれくらいか考え、それによって価値を相対的に決めようとする。半額セールでは、別の人が定価で買っ

たモノを半分無料で手に入れられるという魅力にあらがえず、本気でほしいわけではなかったモノがすばらしく見えてつい買ってしまう。無料という色メガネだ。

しかし、これはふたつの理由から例外だと言える。まず台頭してきたフリーミアム・モデルは、実際にキューバンの説に当てはめてみるまでもなく、彼の望んだとおりの仕組みになっている。フリーミアムでは、自分ではなく誰か別の人がお金を支払っているが、それは自分が無料で手に入れた製品のプレミアム版に対して支払っているのだ。その場合、無料版はお金を支払う価値があるかどうかの審判を受けていなくても、その姉妹版が審判をクリアしているので無料版も信頼できる。たとえばグーグルアースは、かなり高価なグーグルアース・プロからいくつかの機能をとっただけなので、利用者はグーグルアースに専門的なクオリティがあると考えるのだ（公平を期すと、キューバンは、フリーミアムが彼の要求する基準に適合していることは認めている。だが彼は大げさに自説を主張しているし、多くの人が賛同しそうなので、私はずっとケチをつけてやろうと思っている）。

キューバンの意見がたいしたことのない二番目の理由は、かなり多くの反証があることだ。フェイスブックが無料だからといって誰も低い評価を下していないし、人々が有料のウェブブラウザを切望しているわけでもない。かつて有料だったものが無料になると、人はそれを低く見なしがちだ。以前は人気のあったクラブが、今は無料で誰でも入場可能になったようなものだ。だが、最初から無料で、それ以外になりようがない場合、人々がそれを軽く見なす根拠はほとんどない。ウェブサイトは有料か無料かでなく、その内容で評価されるのであり、人々は、しばしば有料サイトのほうが無料サイトよりもユーザーから盗むものが多いことを知っている。なぜなら、ユーザーの時間だけでなくお金までも盗みとるのだから。

14. フリーはクオリティを犠牲にして、アマチュアの肩を持ちプロを排除する

ニュースサイトの「ハフィントン・ポスト」が台頭して、人々がコンテンツを無料で提供するようになったことと、プロのジャーナリストが失業し、消えていっていることが同時に起きているのは偶然ではない。

——アンドリュー・キーン、『グーグルとウィキペディアとYouTubeに未来はあるのか?』の著者

そのとおりだ。フリーはプロとアマを同じ土俵にあげる。より多くの人が金銭以外の理

由でコンテンツをつくるようになれば、それを職業としている人との競争が高まる（プロのジャーナリストを多く雇っている者として、私はアマとプロの共通点や違いについて、常に考えている）。それらすべては、出版事業にたずさわることがもはやプロだけの特権ではないことを意味する。けっして、出版によってお金が稼げなくなることを意味してはいない。

プロのジャーナリストが自分たちの仕事がなくなっていくのを見るはめになるのは、彼らの雇い主が、潤沢な情報の世界で彼らに新しい役割を見つけることができないからだ。全般的に新聞はそうだと言える。おそらく新聞は音楽レーベルと同じように劇的に再構築されなければならない業界だ。『ニューヨーク・タイムズ』や『ウォールストリート・ジャーナル』などの一流紙は少し規模が小さくなり、その下の各紙は激減するだろう。

だが、血の粛清のあとには、プロのジャーナリストに新しい役割が待っているはずだ。参加資格が必要だった伝統的メディアの範囲を超えてジャーナリズムの世界で活躍できるプロは、減るどころかますます増えるだろう。それでも報酬はかなり減るので、専業ではなくなるかもしれない。職業としてのジャーナリズムが、副業としてのジャーナリズムと共存するようになるのだ。一方で、別のプロはその能力を使ってライターではなく編集者兼コーチとなり、アマチュアが自分たちのコミュニティ内で活躍できるように教育して組織していくかもしれない。そうなればフリーが広がっても、金銭以外の報酬のために記事を書くアマチュアを指導することで、プロはお金をもらえる。したがって、フリーはプロのジャーナリストの敵にはならず、むしろ救いの手になるのだ。

結び
経済危機とフリー

二〇〇一年にＩＴバブルがはじけてＩＴ関連銘柄の株式が急落すると、ドットコム経済のビジネスモデルはぜい弱な姿をさらけ出した。私たちは「アイボールをマネタイズすること」がビジネスの基礎になると信じてきたことを、なんと愚かだったのかと思った。オンラインでペットフードを売る会社の株式をポートフォリオに組み込んだときに、投資家は何を考えていたのだろうか。メディアは「アマゾン・ドット・ボム（爆弾）」と見出しで皮肉った。私たちは空想でしかなかった〈ニューエコノミー〉を信じたことを恥じいって、首をうなだれた。

だが数年が過ぎ、株式市場が回復すると、インターネットの成長にバブル崩壊の影響が見られないことを知って私たちは驚いた。インターネットは以前と変わらずに拡大を続け、市場が落ちこんだときも成長を止めていなかった。〈デジタル革命〉は幻ではなかったし、さらにはでっちあげでもなかった。オンラインの利用者数もトラフィック数も変わらぬペースで増えていたし、影響力も強くなりつづけた。

バブルだったのはウォールストリートだけで、テクノロジーは違ったのだ。ウェブはもっとも楽観的な予想とも遜色ないほどにあらゆる点で重要になったが、ただ、その成長ペースは株式市場が予想したよりは少し遅かった。

二〇〇八年秋から株式市場はふたたび急落している。フリーはウェブのトラフィック数と同じように関係なく成長しつづけるのか、それともかつてオンラインでペットフードを売っていた会社のようになるのだろうか?

消費者の立場からすれば、不景気のときにこそフリーの魅力は増す。お金がないときにはゼロはすばらしい価格なのだ。人々は無料のオープンソース・ソフトウェアへ切り替えるだろうし、無料のグーグル・ドキュメントなどのウェブベースの生産ツールが人気になるだろう。現在もっとも安く、流行のコンピュータはネットブックで、OSには無料のリナックスや、マイクロソフトの旧バージョンで安いウィンドウズXPを使っていて、価格は二五〇ドルにすぎない。ネットブックを買う人はマイクロソフト・オフィスを使わないので、マイクロソフトに数百ドルを払うことはない。その代わりに、ネットブックの名前どおりにオンライン上にある同種のソフトを使い、それらはたいていがタダなのだ。

消費者は、無料オンラインゲームをし、パンドラで無料音楽を聴き、ケーブルテレビを解約してフールーで無料動画を観て、スカイプを使って無料の国際電話をかけて、お金を節約する。それは消費者にとって天国だ。ウェブは史上最大の店舗になり、そこではすべてが一〇〇パーセントオフなのだ。

ウェブ上でビジネスを構築しようとする企業はどうしているだろうか。二〇〇八年九月のリーマン・ブラザーズ・ショックの前ならば、ビジネスモデルはとても単純だった。①すばらしいアイデアを持つ。②市場に参入するための資金を調達する。参入する際には、最大数の消費者を集められる無料モデルが理想だ。③人気を獲得できれば、規模を拡大するためにさらなる資金を集める。④ビジネスを続けて、より大きな企業に買収されるのを待つ。

ところが、現在では②から④のステップが使えない。そのためウェブ上でビジネスを始めた会社は、以前には考えられなかったことを実行するしかない。つまり、起業してすぐにお金が入ってくるビジネスモデルを考えなければならないのだ。

もちろん、ビジネスの世界でそうしたモデルは以前から存在する。だが、ウェブの世界ではかなりの衝撃だ。というのも、そこでは注目と評判こそもっとも需要のある通貨で、どちらかでも充分に集められれば、いつの日かどうにかしてそれをお金に変えられると考えられてきたからだ。

まだビジネスモデルを持たないウェブ企業にとって、標準的なモデルは広告収入になる。人気のあるサービスは多くのユーザーを集められるので、そこにいくつかの広告を獲得できれば経費が払える。しかし、そのモデルには問題がふたつある――オンライン広告の掲載料とCTR(クリック率)だ。フェイスブックは驚くほど人気のあるサービスだが、広告プラットフォームとしては驚くほど非効率的だ。女子高校生のパーティ風景を写した写真の横にどんな広告を載せればいいかがわかっていても、その写真をアップした本人やその友人はその広告をクリックしてくれないからだ。大手メディアのウェブサイトの広告掲載料は一〇〇〇ビューで約二〇ドルもするのに対して、フェイスブックは一ドル以下というのもうなずける。

グーグルは、ターゲットを絞ったテキスト広告という、うらやましがられるほどの経済エンジンを築いてきたが、そうしたテキスト広告を利用するサイトで得意な顔をできるところはほとんどない。ブログの横にアドセンスの広告を掲載するのはいいが、どれほど人気のブログでも、ブロガーがそれを書くことに費やす時間に対して広告収入では最低賃金すら払えない。成績のいい月で、プロバイダ料金をまかなえればよしとしなければならない。これは私の経験から言える。

では、古くからある手法はどうだろうか。つまり、モノやサービスを受ける当人から料金をとることだ。不景気のときこそ、ここにイノベーションが花開くはずだ。起業家にとって今が革新を起こすときで、それは新しい製品だけでなく、新しいビジネスモデルを考えだすことでもある。

iPhoneで遊ぶ人気音楽ゲームのタップ・タップ・リベンジ［Tap Tap Revenge］を開発したタピュラス［Tapulous］社を例に考えてみよう。ギターヒーローやロックバンドなどの音楽ゲームと同じように、これは音楽に合わせて画面上を流れてくる音符が所定の位置に来たときに画面を指で叩くゲームだ。その無料版は数百万人が遊び、その一部とはいえかなりの人数がウィーザーやナイン・インチ・ネイルズといった有名バンドの曲を使った有料版を喜んで買っている。

このビジネスの領域でもう一方の端にはマイクロソフトがいる。今の彼らは、ワープロやスプレッドシートを無料のウェブアプリケーションとして提供するグーグルなどの企業と競いあわなければならない。不公平な競争だと文句を言う代わりに（皮肉なことだ）、マイクロソフトは創業まもない中小企業に対して、ビジネスソフトのオンライン版を無料で提供するサービスを始めた。このビズスパーク・プログラムは、創業三年未満、年商一〇〇万ドル未満の会社ならば、マイクロソフトのソフトウェアを無料で利用することができるものだ。そうした会社が大きくなったときに、お金を出して自社のソフトを利用しつづけてくれることにマイクロソフトは賭けているのだ。それまでのあいだ、このプログラムを運営するコストはほとんどかからない。

とはいえ、フリーからビジネスモデルを引き出すのがいつも簡単だとは限らない。特に、ユーザーがタダを期待しているときはそうだ。たとえばツイッターは、一四〇文字以内で自分が何をしているのかを俳句のようにつぶやくとても人気の高いコミュニケーション・サービスである（もちろん無料だ）。このジャンルを支配するか、少なくとも熱心な顧客を確保したあとは、その通信費用を払えるだけのお金を儲ける方法を考えなければならない。二〇〇八年末に、ツイッターはビジネスモデルを見つけるべく事業開発の専門家を雇い入れ、二〇〇九年の収益につながる戦略をあきらかにすると発表した。戦略内容に関する憶測には、ツイッターを使って自社製品の広告をする企業に課金すること（それはバーガーキングがフェイスブックの「友だち登録」を利用するのに少し似ている）から、なりすましを避けるためにユーザーの個人認証を始めるというものまである。事業開発の責任者には仕事が山ほどありそうだ。

ユーチューブはいまだに人気に見合う収入を得られないでいるし、フェイスブックは押しつけがましい広告がユーザーの反発を招いたあとで、以前の安い広告を売ることに戻っている。ニュース共有サイトのディグは、数百万人のユーザーがいるにもかかわらず一セントも収益をあげていない。一年前にそれはほとんど問題にならなかった。そのビジネスモデルには「儲かる出口が組み込まれている。なるべくなら現金収入が望ましい」と思われていたからだ。しかし、今や出口は閉ざされ、キャッシュフローが王様となった。

これは不況のときはフリーが後退することを意味しているのだろうか。そうではないだろう。フリーに関する心理学的・経済学的影響はずっと変わらないからだ。つまり、デジタルにかかる限界費用は毎年半分になり、価格競争は確実にゼロに向かっているし、フリーは消費者の心理にこれまで以上に強い影響を与えているのだ。だからといって、無料であれば充分というわけではない。無料のモノやサービスが有料のものと釣り合って発展する必要がある。キング・ジレットが無料で配ったカミソリの柄は有料の替え刃とセットだったからこそビジネスになったように、今日のウェブの起業家は、消費者が好きになる製品を開発するだけでは足りず、それにお金を支払いたいと思わせなければならない。フリーは最良の価格かもしれないが、それしかないわけではないのだ。

巻末付録①

無料のルール

——潤沢さに根ざした思考法の10原則

1．デジタルのものは、遅かれ早かれ無料になる

競争市場では、価格は限界費用まで落ちる。インターネットは史上もっとも競争の激しい市場であり、それを動かしているテクノロジー（情報処理能力、記憶容量、通信帯域幅）の限界費用は年々ゼロに近づいている。フリーは選択肢のひとつではなく必然であり、ビットは無料になることを望んでいる。

2．アトムも無料になりたがるが、力強い足取りではない

デジタル世界の外では、限界費用がゼロまで落ちることはめったにない。しかし、フリーは人の心を惹きつける大きな魅力があるので、マーケティング担当者は自分たちのビジ

ネスを見直し、無料にするものと有料にするものを決めることで、常に無料を実現する方法を見つけるものだ。それは真の無料ではなく、いつかはその料金を払うことになるものだが、多くの場合で魅力的であることは変わりない。今日では、航空会社から自動車までいろいろな企業がみずからの業界の定義を創造的に広げることで、コアプロダクトを無料にしてほかのものを売る方法を見つけている。

3. フリーは止まらない

デジタルの世界では、法律や使用制限によってフリーを食い止めようとしても、結局は経済的万有引力に逆らうことはできない。それはつまり、製品が無料になるのを止めるための手段が不正コピー防止コードや恐ろしい警告しかないとすれば、かならずそれを打ち破る者が出てくるということだ。フリーを海賊どもの手からとり戻してみずから利用することで、アップグレード版を売ればよい。

4. フリーからもお金儲けはできる

時間を節約するためにお金を払う人がいる。リスクを下げるためにお金を払う人がいる。自分の好きなものにお金を払う人がいる。ステイタスにお金を払う人がいる。そういったものを皆さんが提供すれば（そして、人がそれに惹かれれば）、人はお金を払ってくれるはずだ。フリーのまわりにはいくらでもお金を稼ぐ方法がある（巻末付録③で五〇の例を載せておいた）。フリーは新しい顧客を獲得するドアを開けてくれる。無料だからと言って誰からもお金をとれないわけではないのだ。

5. 市場を再評価する

かつてはライアンエア社もライバル会社と同じく、航空機の座席を売るビジネスをしていた。だがそこで、自分たちは旅行ビジネスをしようと決めた。そこに差が生まれたのだ。たんに座席を売るよりも旅行ビジネスのほうが、レンタカー会社や旅行客を呼びこみたい観光地からのキックバックなど、お金を儲ける方法がたくさんある。ライアンエアは座席を安く、ときには無料で提供し、その周辺でそれ以上の金儲けをしているのだ。

6. ゼロにする

あるもののコストがゼロに向かっているならば、フリーは可能性ではなく、いつそうなるかという時間の問題だ。それなら真っ先に無料にすればいい。それは注目を集めるし、注目をお金に変える方法は常に存在する。無料にすることで何ができるか、今から考えてみよう。

7. 遅かれ早かれフリーと競いあうことになる

皆さんがビジネスにおいて課金しているモノやサービスを、内部相互補助やソフトウェアなどを活用してほかの誰かが無料で提供する方法を見つけるだろう。皆さんが提供するものとまったく同じではないかもしれないが、一〇〇パーセントのディスカウントは大きな意味を持つ。皆さんの選択はふたつしかない。その商品は無料にして別のものを売るか、価格の違いを埋めあわせられるだけの差別化を図るかだ。

8. ムダを受け入れよう

もしもあるものが気にする必要もないほど安くなっているのならば、もう気にするのはやめよう。革新的な企業のほとんどは、固定料金から無料まで、価格トレンドがどこを目指しているのかを見きわめて先まわりをしている。「あなたの留守番電話の録音はいっぱいです」というメッセージは、潤沢な記憶容量を持つ世界で稀少さにもとづくビジネスモデルに固執する業界の今際《いまわ》の声なのだ。

9. フリーは別のものの価値を高める

潤沢さは新たな稀少さを生みだす。一〇〇年前には娯楽は稀少で、時間が潤沢だったが、今はその逆だ。あるモノやサービスが無料になると、価値はひとつ高次のレイヤーに移動する。そこに行こう。

10. 稀少なものではなく、潤沢なものを管理しよう

資源が稀少な世界では、資源は高価になるので慎重に使う必要がある。そのためには、高くつく過ちを避けるために、すべてを管理できるような従来型のトップダウンのマネジメントが適している。一方、資源が安い世界では同じ方法で管理する必要はない。ビジネスの機能がデジタルになると各ビジネスのリスクは小さくなるので、母艦が沈む危険を考えずに独立して多くのビジネスができるようになる。企業文化は「失敗するな」から「早めに失敗しろ」に変わるのだ。

巻末付録②

フリーミアムの戦術

自分に合うフリーミアムのモデルを見つけよう

フリーミアムのモデルにはさまざまな種類がある。ここではある会社がビジネス用ソフトウェアを売る例で、どのモデルを選べばいいか検討してみよう。当初、この会社はすべてのユーザーに年間九九ドルから数万ドルを課金していたが、フリーを使ってより多くの人にアピールしたいと思ったのだ。候補として四種類のモデルが考えられる。

1．時間制限（三〇日間無料、その後は有料。業務アプリケーションを提供するセールスフォースが実践しているモデル）

・利点　実行しやすい。低価格競争で共倒れになるリスクが小さい。
・欠点　お金を払わないかぎり、三〇日を過ぎるとなんのメリットもないので、最初から本気でそのソフトを試してみようとする顧客が少ない。

2. 機能制限（基本機能版は無料、機能拡張版は有料。オープンソースのブログソフト〈ワードプレス〉がその例。オートマティック社がそれの企業用強化版を有料で売っている）

・利点　最大数のユーザーを得る最良の方法である。顧客が有料版に移るのは、お金を払うだけの価値があると納得したからなので、その顧客は製品に忠実になり、価格に敏感ではなくなりやすい。

・欠点　ふたつの製品をつくらなければならない。無料版に多くの機能を入れすぎると有料版に移る顧客が少なくなるし、反対に無料版の機能を制限しすぎると顧客が有料版を検討するほど長く利用してくれない。

3. 人数制限（一定数の人は無料で使えるが、それ以上の利用者は有料。インテュイット［Intuit］社の小規模事業向け会計ソフトのクイックブックがその例）

・利点　実行しやすく、システムがわかりやすい。

・欠点　低価格競争で共倒れになるリスクがある。

4. 顧客のタイプによる制限（小規模で創業まもない企業は無料で、それ以外は有料。マイクロソフトのビズスパークがその例。創業三年未満で年商一〇〇万ドル未満の企業に対し、ビジネス用ソフトを無料で提供する）

・利点　企業の支払い能力に応じて課金する。有望な新興企業をいち早く顧客にできる。

・欠点　確認プロセスが複雑で管理しにくい。

結局、その企業は実行がもっとも簡単だという理由から、時間制限を採用した。それでもCEOはまだほかの選択肢も考えている。お試し無料の問題点は、まじめに試してみようとする者が少ない点だ。消費者は次のように考える。期限が来た時点でお金を払うほどではないと思うかもしれないものを、時間をかけて試す必要があるだろうか。それなら最初から使わないほうがいい、と。

時間制限のフリーミアム・モデルは試行期間の最後まで使っていたユーザーが有料版に移行する割合が比較的高い可能性はあるが、そもそも試行する人が少ない恐れがある。時間制限を設けないで、無料のユーザーにもっと有益な経験をさせられるバージョンがあれば、その製品を試す人の数を増やすことができる。たとえ有料版に移行する人の割合は下がっても、それを補えるほど分母を大きくできればいいのだ。

適切な移行割合は？

第2章で私は、従来の試供品と異なるものとしてフリーミアムを説明した。従来は製品の九五パーセントを売るために、五パーセントを無料で提供するのだが、フリーミアムは五パーセントを売るために、九五パーセントを無料で提供する。これが成り立つのは、デジタル製品の限界費用がゼロに近いので、九五パーセントの製品にかかるコストも少なく、大きな市場にアクセスするためならそのコストを容認できるからだ。だから五パーセントという移行割合は、大きな分母の五パーセントを意味する。

だが、これは違いを強調するための仮の数字だ。現実世界で有料ユーザーと無料ユーザーの適切な割合はどのくらいだろうか。市場が違えば答えも違うが、ゲームの世界にはいくつかすぐれたデータがある。

オンラインの無料ゲームにおいて開発企業は、有料ユーザーが全体の五～一〇パーセントいれば破綻しないコスト構造を目指している。それを超えれば利益になる。ゲーム業界にくわしいブロガーのナベール・ハイアットが、大成功している企業を紹介している。

＊クラブ・ペンギン（子ども向けオンライン仮想世界）　全体のユーザーのうち二五パーセントが有料会員で、一人当たりの平均支払額はひと月五ドル

＊ハボ［Habbo］（アバターチャット）　全体のユーザーのうち一〇パーセントが有料会員で、一人当たりの平均支払額はひと月一〇ドル三〇セント

＊ルーンスケープ（オンラインＲＰＧ）　全体のユーザーのうち一六・六パーセントが有料会員で、一人当たりの平均支払額はひと月五ドル

＊パズル・パイレーツ（多人数参加型オンラインゲーム）　全体のユーザーのうち二二パーセントが有料会員で、一人当たりの平均支払額はひと月七ドル九五セント

ハイアットがブログで書いているように、一般的なダウンロードゲーム市場で有料ユーザーは二パーセントにすぎないし、ペニー・ギャップ〔一セントでも課金すると顧客が大きく減る現象〕と格闘する多くのウェブのスタートアップ企業では三〜五パーセントなので、前述の企業の数字がとてもすばらしいことがわかる。フリッカーの無料ユーザーが有料のフリッカー・プロに移行する割合は五〜一〇パーセントと推算されている。そして、シェアウェアでは有料ユーザーが〇・五パーセント以下というところも少なくない。

それよりもはるかにいい数字を出している企業もある。インテュイット社は税計算ソフトのターボ・タックス・オンラインのうち、連邦税計算ソフトは無料で提供し、州税計算ソフトは有料だ。同社によると、無料ユーザーの七〇パーセントが有料版を買うという。事実上、すべてのユーザーが連邦税と州税を両方とも納めなければならないのでこれは特殊なケースだが、フリーミアムで有料ユーザーへの移行割合をかなり高くできるという証拠にはなる。

フリーミアムを収益モデルとして利用することを考えているウェブ2・0企業に対する私のアドバイスは、ユーザー全体に対する有料ユーザーの割合は五パーセントを損益分岐点にすることだが、望ましい割合は一〇パーセントだ。それ以上の有料ユーザーがいる場合は、無料版の性能を絞りこみすぎていて最大数の潜在顧客をつかまえていない可能性がある。一方、割合が一〇パーセント未満のときは、無料ユーザーを支えるコストが高すぎて利益をあげられない恐れがある。

無料ユーザーの価値は何か？

無料ユーザーは全員が一様なわけではなく、その価値は彼らがユーザーとなった時期で異なる。企業や製品の初期にあって、とにかく人を引きつけたいと思うときに、フリーは最善のマーケティング手法になる。

新たなユーザーにしてみれば、低いリスクでその製品を試せるので、無料にすれば多くの人に試してもらいやすい。だが時間が経過してその企業や製品が定着し、知名度も上がると、その製品を試すことのリスクは低くなるのでフリーはもはや必要不可欠ではなくなる。

これを数量化したのがハーヴァード・ビジネススクールのふたりの教授、スニル・グプタとカール・メラだ。ふたりは「オークションズ・ドットコム」という仮名のオンライン・オークション会社（たぶんイーベイのことだろう）を調査して、『ハーヴァード・ビジネスレビュー』誌の二〇〇八年一一月号で調査結果を発表した。そのオークション会社では、売り手は有料だが、買い手は無料でサービスが利用できる。疑問は、この無料で参加する買い手にどんな価値があるかだ。

その答えはこうだ。企業が創業まもないときの買い手は、数年後の買い手よりも価値が高い。特に、創業一年目からオークションを利用した無料の買い手の生涯価値は二五〇〇ドルになる。無料のサービスに誘われた彼らがオークションに参加することによって、他の買い手を呼びよせて、ある一定規模以上の買い手が集まることで、それに見合った数の売り手を呼びよせたからだ。

八年が経ってオークション会社も軌道に乗ると、その年から新しく顧客となった者の生涯価値ははるかに下がって二一三ドルとなった。彼らは初期の買い手と同じくらいの金額を使うが、他のユーザーを大量に呼びよせることがないので価値が低いのだ。会社が買い手の参加を無料のままにしているのは、コストがゼロに近いからだ。コストが高い企業ならば、ビジネスが軌道に乗ったところで有料に変えるかもしれない。時間の経過にともなう顧客の価値の変化を知れば、フリーの使いどきがわかり、それがもはや不用になるときもわかるのだ。

巻末付録③

フリーを利用した50のビジネスモデル

現在すでにうまくいっているフリー・ビジネスモデルは無数にあり、ここでは五〇の例を紹介しよう。大きく三つの種類に分けている。

フリー① 直接的内部相互補助

・サービスは無料、製品は有料（アップル・ストアのジーニアスバーの技術サポート）
・製品は無料、サービスは有料（銀行口座を開くと景品がもらえる）
・ソフトウェアは無料、ハードウェアは有料（ＩＢＭやＨＰのリナックス版製品）
・ハードウェアは無料、ソフトウェアは有料（Ｘｂｏｘ３６０などのゲーム端末を原価を大きく下まわった価格で提供する）

・携帯電話は無料、通話は有料（多くの携帯電話会社）
・通話は無料、携帯電話は有料（同じく携帯電話会社の夜間や週末の無料通話プラン）
・ショーは無料、ドリンクは有料（ストリップクラブ）
・ドリンクは無料、ショーは有料（カジノ）
・商品が無料（小売店の特売品）
・ひとつ買うと、もうひとつは無料（スーパーマーケット）
・無料のおまけ（シリアル）
・二五ドル以上の注文で送料無料（アマゾン）
・無料サンプル（新生児の母親へのプレゼントや、スーパーマーケットの試供品）
・無料購読期間（雑誌の定期購読）
・駐車無料（ショッピングモール）
・無料の香辛料（レストラン）

フリー② 三者間市場あるいは市場の〝二面性〟（ある顧客グループが別の顧客グループの費用を補う）

・コンテンツは無料、視聴者へのアクセスは有料（広告収入で運営されるメディア）

・クレジットカードの発行は無料で、商店から決済手数料をとる
・学術論文の閲覧は無料、著者が投稿するのは有料（パブリック・ライブラリー・オブ・サイエンス〔PLoS。オンラインの科学学術雑誌〕）
・PDF文書の閲覧ソフトは無料、作成ソフトは有料（アドビ）
・女性は入場無料、男性は有料（バー）
・子どもは入場無料、大人は有料（博物館）
・プロフィール作成は無料、くわしい検索は有料（マッチ・ドットコム〔恋愛結婚マッチングサイト〕）
・リスト掲載は有料、検索は無料（クレイグスリストのニューヨークの不動産案内）
・旅行サービスは無料、レンタカー会社やホテルからキックバックを受ける（旅行サイト大手のトラヴェロシティ）
・売り手から料金をとり、顧客に安く売る（スーパーマーケットが売り手から棚貸料をとる）
・物件リストは無料にし、住宅ローンを売る（不動産情報サイトのジロー〔Zillow〕）
・コンテンツは無料にし、顧客情報を売る（プラクティス・フュージョン）
・コンテンツは無料、ユーザーが小売商を使うと紹介料が入る（アマゾン・アソシエイト）
・コンテンツは無料で、モノを売る（スラッシュドット〔コンピュータ関連のニュースを扱うウェブ上の電子掲示板〕。シンク

ギーク［ThinkGeek］（ちょっと変わった商品を専門に扱うオンライン小売店））

・コンテンツは無料、広告主から掲載料をとる（プロダクト・プレイスメント）

・プロフィールの一覧は無料、くわしい検索は有料（リンクトイン［LinkedIn］）

・一般消費者がコンテンツやデータを利用するのは無料、企業がＡＰＩを使ってコンテンツにアクセスするのは有料（イーベイ。リサーチツールのテラピークなどを使い、大規模な分析をおこなう企業に対して）

・環境にやさしいエコハウスの建築プランは無料、そうした建築を請け負う業者として登録するのは有料（フリーグリーン・ドットコム）

フリー③　フリーミアム（一部の有料顧客が他の顧客の無料分を負担する）

・基本情報は無料、くわしい情報を利用しやすいフォーマットで提供するのは有料（映画調査会社のボックス・オフィス・モジョ）

・一般的な経営アドバイスは無料、個別のアドバイスは有料（マッキンゼー社とマッキンゼー・ジャーナル）

・連邦税計算用ソフトウェアは無料、州税用は有料（ターボ・タックス）

・低品質のＭＰ３は無料、高品質のＣＤは有料（レディオヘッド）

・ウェブコンテンツは無料、印刷したものは有料（雑誌や本）
・お得意さん以外には高く売って、お得意さんに安く売る赤字分を補填する（コストコなどの会員制チェーン店）
・オンラインゲームは無料、そのゲームをさらに楽しめる会員登録は有料（クラブ・ペンギン）
・ビジネス・ディレクトリへのリスティングは無料、その企業に〈お墨付き〉を与えるのは有料（ブラウンブック・ネット）
・デモ版は無料、完全版は有料（ほとんどのテレビゲーム。最初の数ステージをプレーでき、好き嫌いがわかる）
・コンピュータ同士の通話は無料、コンピュータと電話の通話は有料（スカイプ［Skype］）
・画像共有サービスは無料、追加の保存容量は有料（フリッカー）
・基本ソフトウェアは無料、機能拡張版は有料（アップル社のクイックタイム）
・広告つきサービスは無料、広告をとりはらうのは有料（SNS作成ツールのニン［Ning］）
・一部抜粋は無料、本は有料（グーグルのブックサーチを利用する出版業者）
・バーチャル世界の探索は無料、その世界の土地は有料（セカンドライフ）
・音楽ゲームは無料、追加楽曲は有料（タップ・タップ・レボリューション）

[ペーパーバック版]解説

小林弘人

一世を風靡したソーシャルゲームのほとんどは、フリーミアムを自明のように基本的なビジネスモデルとして採用している。また、われわれが何気なく使うウェブサービスはフリーを入口として、その先のプレミアムに誘う。もはや、デジタルコンテンツのほとんどがフリーであることが当り前のこととして捉えられつつあるなか、二〇〇九年にハードカバーの単行本として刊行された本書『フリー』が果たした役割は大きい。ここで、著者のクリス・アンダーソンの現況に触れ、彼が本書で語ったフリーを取り巻く現状について見てみよう。

クリス・アンダーソンの三部作

本書執筆当時のクリス・アンダーソンは、米ワイアード誌の編集長を務めていた。その後ワイアードを去って自身が共同創業者を務める３Ｄロボティックス社のＣＥＯに専念すると、この転身劇はメディア業界を驚かせた。同社はUAV（無人航空機）の開発・製造・販売を行う。UAVは今日ではドローンとも呼ばれ、日本でもドローン関連の報道が増えたので、それについての説明は不要だろう。

　そんなアンダーソンの、もうひとつ大きな功績といえば、ネット上における新たな経済法則のひとつ、「ロングテール」を提起したことだ。そのことにより、彼の名はネット史に名を刻むこととなった。また、ハードカバー版『フリー』の刊行後には『MAKERS』を上梓。こちらは、デジタル・ファブリケーションツールやオープンソース・ハードウェア（ユーザーによって共創された改変可能なハードウェア）によって力を得た新たな個人の製造業者《メイカーズ》らの未来像を描き出した。まさに著者自身の転身も含めて、製造業のロングテール化を勇気づけ、世界各地で勃興するメイカームーブメントの手引書となっている。

『ロングテール』から『フリー』、そして『MAKERS』まで、アンダーソンが毎回異なる角度から語るのは、そこに通底するひとつの主題、つまり「大衆文化から超並列文化への移行」についてだ。ここで言う大衆文化とは、インターネット以前のそれを指す。それまでは、製造から流通、コミュニケーションまで含めて、少数のモノや情報を多数の人々に届けることしかできなかった。そのため、ニーズは常に希少性を中心にして存在していた。しかし、インターネットが浸透した現代では、多数のモノを多数の人々に向けて届けることが可能になった。「1：N」ではなく、「N：N」となる超並列社会の誕生である。その中では、生み出されたコンテンツやモノの果てしないリストがロングテール曲線を描く。誰もが送り手になることができ、製造や販売が民主化するに伴い、これまで一部の権益者だけが生みだしていた希少な価値は、次第に潤沢化していくのだ。

「新しい希少を探そう」

では、潤沢なモノに対価を払おうとしない世界において、いかに換金化を目論むのか？その回答が本書となる。中に描かれている具体的な回答の数々は実用的だが、看過してはならないのは、その奥にあるメッセージだ。それは常に経済が孕む問題――今日の希少が明日の潤沢になる――をどうわれわれが理解し、取り組むべきかというものだ。それについてアンダーソンは、「新しい希少を探そう」という重要な示唆を与えている。これは、ハーバード・ビジネス・スクール（HBS）のクレイトン・クリステンセン教授の著作『イノベーションへの解』において語られる「魅力保存の法則」にも共通する。つまり、これまで希少性ゆえに価値があったものが潤沢化していく最中でも、次の希少性が準備されているということだ。テクノロジーの激しい進化と国をまたぐ激甚な競争に晒される今こそ、かつての輝きにすがるばかりではなく、新たな希少を発見すべきである。そこにリソースを投下し、次代の換金化を構築するのが、企業のみならず、国家やわれわれ個々に突きつけられた今日的な課題でもあるのだ。

今日、「フリーミアム」はウェブサービスを起案するスタートアップ企業を中心に、盛大に引用される言葉のひとつとなった。私が大学でフリーミアムについての講義を行なうと、多くの生徒は自身のビジネスアイデアとして「ビジネスモデルはフリーミアム」と記入しがちだ。しかし、換金化について問われると、多くは「将来的には有料課金ユーザーからの収入で賄う、もしくは広告で賄う」と楽観的な回答を返す。確かに、有料課金ユーザー化への誘導(=コンバージョン)においては、まずはその母数となる無料ユーザーの獲得が先とばかりに、宣伝広告費を大量に投下する企業も少なくない。しかし、調達した資金のほとんどを宣伝費として使い、最悪の場合、資金が底をついて、中途半端な数の無料ユーザーを抱えたまま、青色吐息で運営しなければならないという事態に陥りかねない。

フリーをめぐる状況

ソーシャルゲーム業界において、ゲーム・アプリのほとんどがフリーミアムを採用している。英語圏では「フリー・トゥ・プレイ」とも呼ばれる(対する概念は「ペイ・トゥ・プレイ」だ)。つまり、無料でアプリをバラまき、その後ＩＰＡ(アプリ内課金)で収益を賄う。Ｉ

ＰＡは、ユーザーによる機能追加が収益の柱となる。それによってユーザーはアバターなどの育成や外観の変更、またゲーム内の目標達成などを早めることができる。

ＨＢＳのヴィニート・クマール助教授によれば、無料ゲーム・アプリの九〇％がＩＰＡによって収益を上げているそうだ。ただし、非ゲーム・アプリではその傾向は減少し、ＩＰＡによる換金化は二六％にしか過ぎない。また、〈キャンディ・クラッシュ〉のような超人気ゲームは、ＩＰＡを促すための広告出稿を積極的に行なうが、フェイスブックのようなプラットフォーマーから敬遠される方向にある。

では、ゲーム・アプリの換金化は、すべてフリーミアムのみだろうか？〈マインクラフト〉は無料の機能限定版が配布されているため、広義にはフリーミアムだが、有料のゲームとして各国のアップストア内で最上位を占めている。さらに総合ランキングでも無料版に混ざって上位にランクされている。同ゲームはＰＣ・マック版からスタートし、今ではあらゆるゲーム機プラットフォームに展開されている。無料版から有料版へのコンバージョン率は実に一四・三パーセントを誇り、登録ユーザー数も一億人を突破する（二〇一四年）。

また、昨今では「ペイミアム」といった造語まで登場している。「ペイミアム」は、まず購入時にダウンロード課金を行い、さらにＩＰＡでも収益を生むといった有料課金の理想型だ。〈インフィニティ・ブレード〉のようなゲームがそれにあたる。同ゲームは有料にもかかわらず、IPAが収益の半分を占めるという。つまり、「お金を払ってでもプレイしたい」ユーザーは地上から消滅したわけではないということだ。逆に強力なブランドさえ構築できれば、ユーザーはより多くの対価を支払うことだろう。

コンテンツ業界の未来

本書では中国やブラジルにおける音楽のコピー文化に触れ、「フリーでバラ巻いて、コンサート・ツアーで儲ける」やり方を紹介している。フリーミアムがもつプロモーション効果とリアルの希少性を換金化する意義について、アンダーソンの予見は正鵠を射ている。日本を見ても、実際にCD生産数は下げ止まらないが、それを補填するかのようにライブやフェスの数はうなぎ上りで増えている。

そのような状況のなか、今では定額購読制《サブスクリプション・モデル》が台頭してきた。毎月定額を支払えば、全コンテンツにアクセス・フリーとなる。音楽コンテンツでは英国初のクラウド音楽サービス〈スポッティファイ〉が人気だが、それに追従し、アップルも〈アップルミュージック〉をスタートさせた。この潮流はフリーミアムとは異なる。また、個別商品ごとのダウンロード課金とも違う。最初の一か月は無料にしているケースも多いが、どちらかと言えばプロモーションのための「内部相互補助フリー」と捉えるべきだろう。この定額制は、第三の流れとも言える。すでに「サブスクリプション・エコノミー」といった造語も飛び出すほどで、音楽業界以外にも広がりを見せつつある。

たとえば、アドビによる同社ソフトウェアの定額利用は衝撃をもって業界に受け止められた。ほかに映画やドラマ視聴の〈フールー〉〈ネットフリックス〉なども有名だ。最近では日本の中古車販売大手ガリバーが月額による定額制で車が乗り放題のサービスを開始するとのことだ。

新聞・雑誌についてはどうだろうか。初期には、「三者間市場フリー」による広告モデルが多く散見された。しかし、それでは採算が合わず、料金を支払わないと記事が読めない有料の壁《ペイウォール》を築いた時期もあった。現在は、新聞業界においてはフリーミアムが定着しつつあるようだ。ニューヨークタイムズのように一日に読める記事の本数に制限をつけ、それ以上読みたい場合はサブスクリプションによって有料会員になれば読めるというやり方だ。ニューヨークタイムズの場合、最初は無料で読める記事の本数が多過ぎてうまく機能しなかったが、いまでは最適解を見つけたようだ。フリーミアムにおいて、プレミアムとの差別化は、運用しながら調整していくのが定石だ。

オランダの『ブレンドル』は、提携するドイツの主要日刊紙・週刊誌の記事を個別販売している。まさにジャーナリズム界のiTunesストアだ。このようなやり方はフリーミアム・モデルに比較すれば、まだ特殊な例とも言える。しかし、着実に会員数を増やしており、読者は必ずしもただ乗り《フリーライダー》ばかりではないことを証明した。

また、AP通信社が二〇一五年にアメリカで実施した調査では、ミレニアル世代（二〇〇〇年以降に成人となる若年層・人類初のデジタル世代）はコンテンツに対してお金を支払うことを厭わない傾向が読み取れる。しかし、ニュースに対して個人的に対価を支払うことについては、まだ意識が低いと言わざるを得ない。フリー戦略を用いて、ニュース購読における心理障壁の高さを緩和し、同時に啓蒙することが喫緊の課題とも言えるだろう。

ただし、フリー戦略に対する新たな脅威もある。これまでは広告モデルがコンテンツ業界を支えてきた。しかし、最近はユーザーによる広告ブロックの流れが世界的に顕著となってきている。広告ブロックはブラウザーの拡張機能として用いられ、サイトへのアクセス時に広告表示を遮る。日本においてはほぼ影響が見られないが、世界的には懸案事項となりつつある。

アドビとページフェアの共同調査によると、全世界で広告ブロックのアクティブ・マンスリー・ユーザー数は、一億八一〇〇万人を数える。二〇一〇年から一五年にかけて、実に九倍も急増しているのだ。広告ブロックによるコンテンツ企業の損失は、二一八億ドルと見積もられている。これはニュースなどのコンテンツばかりではない。エンターテインメントやゲームに関する記事コンテンツにも及ぶ。ただ、この風潮に対し、メディア側もただ傍観しているわけではない。米コンデナスト社は、広告ブロック使用ユーザーが同社のメディア『GQ』『ワイアード』にアクセスしたら、ブロックを解除するか、記事ごとに購読するか週一ドルの支払いをしないと記事が読めないように対策している。ここでも先の『ブレンドル』のように、小額決済《マイクロペイメント》がカギとなりそうだ。

さて、駆け足でコンテンツ業界におけるフリーの状況を見てきたが、アンダーソンによって書かれたフリーとそれを用いた戦略は、今日も研究・調査に値する対象であることは間違いない。

先のクマール助教授の調査によれば、無料ユーザーのうち一五%から二五%が有料課金ユーザーに値するという。これは希望的な数値だろう。さらに、その無料ユーザーは有料ユーザーに促すためのクチコミを発生させる力をもつという。

クマール氏は指摘する。「プレミアム部分の価値を高め続けるべきだ。賢い企業は、フリーミアムが収益モデルではなく、イノベーションへのコミットメントだと見ている」と。フリーミアムを名乗る以上は、サービスそのものを進化させ続けることをユーザーに理解してもらう必要があるだろう。コンバージョン率が高くても、プレミアム部分を磨かずに、失速していったサービスも多い。本書刊行から数年が経過したが、人類はまだフリーとの付き合い方を学ぶ過程にある。

二〇一六年三月

補足

本書にも登場する、米ワイアード共同創業者であり、編集局長を務めたケヴィン・ケリーは、自身のブログに『無料より優れたもの』と題する記事を掲載している。そのなかでケリーは、「8つのコピーできない価値」として、ネットワーク経済においてコピーできない価値を定義している。ご興味ある方はご参照いただきたい。

オリジナル　http://kk.org/thetechnium/better-than-fre/
日本語訳　http://memo7.sblo.jp/article/121121626.html（堺屋七左衛門・訳。同記事は、達人出版会が発行する『ケヴィン・ケリー著作選集 1』にも収載）

本書は単行本『フリー〈無料〉からお金を生みだす新戦略』（二〇〇九年刊）に新たな日本語版解説を加え、［ペーパーパック版］として刊行したものです。

著者紹介

クリス・アンダーソン *Chris Anderson*

3D Robotics社CEO。ワイアード誌元編集長。「ロングテール」「フリーミアム」「メイカームーブメント」といったキーワードでデジタル時代の新しいパラダイムをいち早く提示し、2007年にはタイム誌の「世界でもっとも影響力のある100人」にも選ばれている。著書『ロングテール』(邦訳は早川書房)、『フリー』、『MAKERS』(邦訳は共にNHK出版)はいずれも世界的ベストセラー。2012年にドローン開発のスタートアップ、3D Roboticsを創業。カリフォルニア州バークレー在住。

監修・解説

小林弘人 *Hiroto Kobayashi*

株式会社インフォバーン代表取締役CVO。1994年ワイアード誌の日本版を創刊。編集長を務め、98年にインフォバーン社を設立。同社は国内外企業のデジタルマーケティング全般を支援。また、『ギズモード・ジャパン』ほか多くのウェブ媒体やサービスの立ち上げを行う。著書に『新世紀メディア論 —— 新聞・雑誌が死ぬ前に』(バジリコ)、『ウェブとはすなわち現実世界の未来図である』(PHP新書)など、監修・解説にレイチェル・ボッツマン他著『シェア』(NHK出版)、ベン・パー著『アテンション』(飛鳥新社)など多数。

翻訳

高橋則明 *Noriaki Takahashi*

翻訳家。1960年東京生まれ。立教大学法学部卒。主な翻訳書に、ジョン・ロビンズ『100歳まで元気に生きる!』(アスペクト)、ケン・シーガル『Think Simple』(NHK出版)、シェリ・フィンク『メモリアル病院の5日間』(共訳、角川マガジンズ)などがある。

校正　株式会社円水社
組版　畑中 亨
編集　松島倫明

フリー［ペーパーバック版］

〈無料〉からお金を生みだす新戦略

2016（平成28）年4月25日　第1刷発行

著者
クリス・アンダーソン

監修・解説
小林弘人

訳者
高橋則明

発行者
小泉公二

発行所
NHK出版
〒150-8081　東京都渋谷区宇田川町41-1
電話　0570-002-245（編集）
　　　0570-000-321（注文）
ホームページ　http://www.nhk-book.co.jp
振替　00110-1-49701

印刷
亨有堂印刷所／大熊整美堂

製本
ブックアート

乱丁・落丁本はお取り替えいたします。
定価はカバーに表示してあります。

Printed in Japan
ISBN978-4-14-081698-1 C0098